감각의
제국

감각의 제국 개정판
- 문화평론가 문강형준 헬조선 읽기

초판 1쇄 발행 2015년 11월 25일
개정판 1쇄 인쇄 2017년 3월 25일
개정판 1쇄 발행 2017년 3월 31일

지은이 문강형준   펴낸곳 (주)북노마드
      출판등록 2011년 12월 28일 제406-2011-000152호

발행인 윤동희

      주소 08012 서울특별시 양천구 목동서로 280 1층 102호

북PD 윤동희   전화 02-322-2905
디자인 위앤드   팩스 02-326-2905
제작처 새한문화사(인쇄)
      한승지류유통(종이)   전자우편 booknomadbooks@gmail.com
      페이스북 /booknomad
      인스타그램 @booknomadbooks
      트위터 @booknomadbooks

ISBN 979-11-86561-40-9 03300

www.booknomad.co.kr

감각의 제국

북극성

문화평론가
문강형준

헬조선
읽기

일러두기

이 책은 《한겨레》에서 2012년 2월 첫 주부터
2015년 11월 첫 주까지 연재된
〈크리틱〉을 엮은 것이다.
———

개정판에서는 2015년 11월 27일부터 2016년 6월 10일까지의
〈크리틱〉 연재를 추가했다. 응답하라 1988, 세월호,
젠트리피케이션, 프로듀스 101, 강남역 여성 살인 사건,
여성혐오 등 우리 사회가 진지하게 고민하고 풀어가야 할
문화사회적 의제를 담았다.
———

매 꼭지 뒤에 당시의 시대 상황을 설명하는 각주는
편집부에서 작성했다.

"한 작품 속에 필생의 업적이,
필생의 업적 속에는 한 시대가,
그리고 한 시대 속에는
전체 역사의 진행 과정이
보존되고 지양되는 것이다."

발터 벤야민

차례

정치
혁명과
문화
혁명

"피청구인 대통령 박근혜를 파면한다."

2017년 3월 10일, 텔레비전에서 이 문장을 듣는 순간 나는
한 줄기 탄성을 내질렀다. 인민이 자기들의 손으로 뽑은 대통령을
자기들의 힘으로 끌어내린 순간이었다. 이상하게도 눈물이
흘렀다. 왜? 민주주의라는 제도가 가지는 아름다운 균형의 형식이
주는 카타르시스 때문이 아니었을까 생각한다. 그가 정치권력의
꼭대기에 있는 최고 권력자일지라도 부정과 부패와 권력 남용을
저질렀다면, 인민은 국회를 통해 그를 끌어내리리라고 요구하고,
헌법재판소는 사안을 심의하여 그를 파면하는 판결을 내릴 수
있다는, 입법·사법·행정의 견제와 균형이라는 그 원리를
교과서 바깥의 현실에서 이처럼 극적으로 목도할 수 있었을까.
피 한 방울 없는 '정치 혁명'이라는 2017년 3월의 이 사건은
한국의 정치사에 길이 남을 것이다.
            이 놀라운 사건은 앞으로 한국의 정치사를 바꿀 수 있을까?
아마도 그럴 것이다. 이 사건은 우리의 삶을 바꿀 수 있을까?
아마도 아닐 것이다. 나쁜 대통령을 끌어내리는 일은 중요하지만,
그것으로 우리 삶이 바뀌지는 않는다. 박근혜가 떠난 자리 - 심지어
그는 자신이 광고하며 기르던 진돗개 아홉 마리를 버려두고 갔다. 끝까지
할 말을 잃게 만든다 - 에 그보다 나은 대통령이 들어오는 것으로
우리는 우리의 삶도 '혁명'해낼 수 있을까? 청소년들은 입시
지옥에서, 대학생들은 취업 지옥에서, 직장인들은 노동 지옥에서,
비정규직들은 해고 지옥에서, 여성들은 혐오 지옥에서, 노인들은

빈곤 지옥에서 빠져나올 수 있을까? 만약 우리 삶이 좋은
대통령 하나로 총체적으로 바뀔 수 있다면 더할 나위가 없겠지만,
그런 일은 그리 쉽게 일어나지 않는다. 실제 우리 일상은 대개
자본의 질서 속에 있지만, 그 자본은 정치권력 위에 있기
때문이다. 대통령은 끌어내릴 수 있어도, 이재용을 끌어내리는
건 그리 간단한 문제가 아니다. 정치권력이 무소불위의 자본을
통제하여 평범한 이들의 삶을 살만한 것으로 만드는 일은,
우리가 바라는 일이지만 현실화되기는 힘들다. 이번 대선에서
나는 그 일을 이재명 후보가 해낼 수 있을 것이라 믿고 그를
지지하지만, 그는 '과격' 이미지에 갇혀 좀처럼 반등세를 얻지
못하고 있다. 사람들은 대통령을 바꾸는 '혁명'은 이뤄도,
자본의 행태를 바꾸는 '혁명'에는 미적지근하다. 진보정당이
소수당에 머무르는 형국도 계속된다.

　　우리 삶을 바꾸는 일은 정치 혁명만으로는 불가능하다.
사람들이 부패한 정치인은 미워해도 급진적 정치인은 못 믿는
이유는, 자신들의 삶을 한 번도 급진적으로 살아본 적이
없기 때문이다. 우리 시대에 급진적 삶을 경험했던 마지막
청년세대이던 이른바 486 정치인들은 중년에 접어들자 노쇠한
'여의도 정치인'으로 변한 지 오래다. 지금 급진적 삶을 실험해야
할 청년들은 자신들 앞에 놓인 입시와 학점과 스펙과 취업 앞에서
살아남기 위해 스스로 관리하는 삶을 산다. 우리 시대에 유일하게
급진적인 사람들은 냉전적 사고와 박정희 향수에서 벗어나지
못한 일부 노인들뿐으로 보인다. 그들의 급진성이 반동을

향한다는 게 애처로울 뿐이다. 급진적 삶이라는 게 뭘까?
거창한 게 아니다. 자신을 옥죄는 제도에서 벗어나는 삶,
자신의 자유를 끝없이 확장하는 삶, 자신이 원하는 것을 마음대로
하는 삶일 것이다. 이런 삶을 가능케 만드는 것은 자신이
그동안 옳다고 믿었던 상식, 자신을 기존의 질서에 가두는 생각,
내면으로부터 자신을 옭아매는 관념들을 의심하는 일이다.
그것이 첫 시작이다. 생각이 바뀌지 않으면 행동할 동기조차
생기지 않는다. 경쟁과 생존에 길들여진 생각을 자유와 사랑을
추구하는 생각으로 바꾸지 못하면, 급진적 삶은 없다.
대통령을 끌어내도, 삶은 그대로다.

　　'문화 혁명'이 필요한 이유는 그 때문이다. 문화란 의미가
생산되고 소비되고 유통되는 영역을 가리킨다. 우리 삶에는,
행동에는 언제나 의미 부여가 필수적이다. 정치도, 경제도 그것이
뭔가를 실행하기 위해서는 의미 부여를 필요로 한다. 문화적인
조치가 필요한 것이다. 박근혜와 최순실이 블랙리스트를 만들어
문화 영역을 잡아먹으려고 노력했던 이유는 그것이 사람들의
생각을, 사람들의 의미화 과정을 좌우하는 중요한 역할을 하기
때문이다. 내 삶의 의미를 멋지고 자유롭고 정의롭고 행복한
것들로 채우지 않으면 나는 그렇게 행동할 수 없고 그렇게 살
수 없다. 지금 우리 삶은 어떤가? 행복과 자유는 생존과 경쟁에
저만큼 밀려 있다. 생존과 경쟁에서 승리해야 행복과 자유를
누릴 수 있다고 믿는다. 그래서 우리는 지금의 행복과 자유를
포기한 채 더 노력하고, 더 경쟁하지만, 그 노력과 경쟁의 끝은

영원히 없다. 흙수저와 헬조선이라는 유행어, 자살율과 출산율과 노인 빈곤의 통계치는 이를 정확히 보여준다.

우리 삶의 의미를 다시 만들어내야 한다. 그 첫 걸음은 새롭게 생각하는 훈련을 하는 것이고, 익숙한 것을 달리 보는 연습을 하는 것이다. 틀에 박힌 생각을 깨고, 과감하고 근본적으로 다시 바라보고, 그래서 한국의 억압적이고 위선적이고 관습적인 문화가 내게 요구하는 의미화의 무게로부터 벗어나는 것이다. 내가 옳다고 믿었던 생각에서 벗어나는 일은 쉽지 않지만, 불가능하지도 않다. 내가 얼마나 얕았는지, 내 경험이 얼마나 단편적이었는지, 내 생각이란 게 얼마나 한정되어 있었는지를 깨닫지 않으면, 우리는 결국 삶을 바꿀 수 없다. 문화비평은 우리 사회, 우리 삶을 둘러싼 사소하고 묵직한 의미들을 비판적으로 바라보며, 그것들을 달리 의미화하려고 하는 작업이다. '문화 혁명'이라는 거창한 말을 썼지만, 사실 문화는 국회나 촛불이나 헌법재판소가 아니라, 우리 삶의 의미, 경험, 태도, 철학에 대한 공부와 성찰만을 필요로 한다. 그것은 가장 어려운 일이지만, 우리에게 가장 절실한 일이기도 하다.

몇몇 대학에서 이 책을 교재로 쓴다는 요청이 있다는 말을 전해 들었다. 재고가 소진되어 다시 찍어야 하는 차에, 초판에 담지 못했던 2016년《한겨레》칼럼까지 모두 포함해 개정판을 내자는 출판사의 제안을 받아 이렇게 책을 낸다. 완전히 새로운 글이면 좋을 텐데 그렇지는 않아 '개정판'이라고 부르는 게 영 부끄럽기는 하다. 그래도 이 작은 책을 통해 문화비평적 시각,

문화비평 글쓰기에 관심을 가졌다는 독자들이 있다. 지친 일상을 다시 살만한 것으로 만들어주는, 나의 보람이다.

2017년 봄,
흑석동 메이 카페에서
문강형준

이야기에
대하여

우리는 현실 속에 산다고 믿는다. 과연 그럴까? 나는 그렇게
생각하지 않는다. 우리가 사는 현실은 '이야기'로 이루어져 있기
때문이다. 우리는 태어나기 전부터 이야기 속의 존재였고,
이야기 속에서 살다가, 죽어서도 이야기로 남는다. 이야기란
무엇인가? 우리가 사는 현실, 우리가 발 딛고 있는 세상을
설명해주는 서사다. 인간은 현실을 살아가기 위해 이야기를
필요로 하고, 이야기가 없이는 현실을 결코 이해할 수 없다.
그런 점에서, 어쩌면 이야기는 현실보다 먼저 존재한다. 이야기는
현실 저편에도 존재한다. 포스트-아포칼립스 서사가 보여주듯이,
인간은 세상의 종말을 상상하면서도 반드시 극소수의 인간을
남겨둠으로써 종말 후의 이야기를 만들어내고야 만다.

　　중요한 것은 현실 이전에 '이야기'다. '이야기'의 다른
이름은 '이데올로기'(알튀세르)이고, '신화'(바르트)이고, '문화'이다.
우리는 흔히 정치와 경제와 문화가 각각 다른 영역이라고
생각하지만, 그렇지 않다. 세 영역은 뗄 수 없이 연결되어 있으며,
그중에서도 핵심은 문화가 하는 역할, 곧 이야기를 통해 의미를
만들어내는 역할이다. 기존의 정치-경제적 질서는 언제나 그
질서를 '설명'해주는, 그리고 이를 통해 '신뢰'를 주는 '이야기'를
필요로 한다. 문화가 없이 정치와 경제는 작동하지 않는다. 정치와
경제는 그래서 제도나 숫자나 법칙만이 아니라 언어를 필요로
한다. 정치학과 경제학이 언제나 가장 솜씨 좋은 이야기꾼들을
하인으로 두고 있는 것은 이 때문이다. 언제나 영원할 것처럼
상상되는 민주주의는, 실제로 그것이 소수의 정치 자영업자들의

놀이터로 전락했음에도 불구하고(혹은 전락했기 때문에), 국민이
나라의 주인이라는 이야기를 강조해야만 한다. 이제는 그
어떤 라이벌도 없이 사회의 모든 영역을 자신의 영역 속으로
빨아들이고 있는 자본주의는, 그것이 가장 불평등하고 가장
잔인하고 야만적인 결과들을 만들어내면 낼수록 가장 즐겁고
가장 긍정적이고 가장 희망찬 이야기들을 함께 만들어내야 한다.

우리 시대의 문화가 하는 일이란 이런 것이다. 사회복지가
사라질수록 부모와 자식의 유대가 강조되고, 청년들이 잉여로
전락할수록 김연아와 손연재가 부각되고, 일상이 쓰레기가
되어갈수록 일상의 소소한 감동적 이야기들이 전경화되고,
일하느라 먹을 시간이 없을수록 요리사들이 나와 보여주는
환상적인 손놀림에 현혹된다. '문화'가 만들어내는 이야기는
대부분 창조적이지도 새롭지도 않지만, 가끔은 비판적이고
성찰적으로 보이는 것들도 등장한다(리버럴/좌파 셀렙은 이때
필요하다). 기존의 체제를 비판하고 성찰하는 것처럼 보이는
이 '쿨함', '진지함'의 역할은 기존의 체제가 비판과 성찰마저도
수용하는 관용의 체제임을 보여주는 바로 그 지점에서 그친다.
감동의 눈물을 흘리고 나서, 우리는 다음날 다시 지하철을 타고,
다시 지옥 같은 일상은 시작한다. 그렇다고 우리가 이런
일상의 반복에 메스꺼움이나 분노를 느끼지는 않는다
(주로 느끼는 것은 '피곤함'이다). 이 일상이 끝나고 저녁이 되면
또 나는 즐거운, 감동적인 이야기들에 빠져들 수 있으니까.
'문화'의 가장 위대한 성취는 이것이니, 곧 내 일상이 이미

지옥이라는 것을 잊게 만들고, 알아서 기꺼이 그 지옥 속으로
들어가게 하는 것. 혹은, '우리는 지옥에 산다'(헬조선!)고
외칠 수 있는 그 즐거움과 자유로움을 절대 '지옥에서 벗어나려는
사회적 실천'과 맞바꾸지 않는 것.

　　아무리 가볍게 보일지라도 이야기는 그 이야기를 듣는
이들이 세상을 보고, 느끼고, 반응하는 감각을 만들어낸다.
감동을 주기도 하고 혐오를 야기하기도 하는 이야기들은
곧 우리의 일상적 감각, 우리의 정치적 감각을 생성시키는
것이다. 우리 시대의 특정한 이야기는 그래서 특정한 감각의
저장고이기도 하다. 이 책의 제목을 『감각의 제국』이라고
지은 이유는 여기에 있다. 한국 사회의 특정한 이야기를 통해
만들어지는 특정한 현실의 '감각', 그리고 다시 그 감각을 통해
만들어지는 실제적 '현실' 간의 순환 속에서 우리는 나고, 살고,
죽는다. 우리는 그러한 '감각의 제국' 속에 사는 신민들이다.

　　우리의 감각을 생성시키고, 욕망을 컨트롤하는 이야기들이
그토록 우리를 즐겁고 자유롭게 만들 수 있는 것은 그러한
즐거움과 자유로움이 있어야만 억압적 정치도 작동할 수 있기
때문이다. 하지만, 이야기의 정치는 그렇게 일면적으로만
작동하지는 않는다. 우리가 대중문화의 즐거움과 자유로움에
몰두하는 또다른 이유는 우리의 깊은 내면에 이러한 즐거움과
자유로움이 실현되길 바라는 유토피아적 욕망이 있기 때문이다.
'노력하면 원하는 것을 이루는 세상'에 대한 꿈. '각자의 자유로운
발전이 모두의 발전의 토대가 되는 세상'에 대한 꿈. 바꿔 말하면

대중문화의 이데올로기적 이야기는 역설적으로 '좋은 세상'에 대한 인간들의 어떤 오래된 꿈을 되비춰준다. 이로부터, 우리는 '이야기'라는 영토를 둘러싼 전투를 상상해볼 수 있다. 이 위대한 이야기를 기만적이고 착취적인 체제에게 도움 되도록 쓰지 않는 것, 이야기를 더 나은 세상을 위한 사회적 실천의 동력으로 사용하게 만드는 것, 이야기를 새롭고 급진적인 감각을 생성하는 매개로 삼는 것. 문학 강의, 문화비평, 인문학은 결국 '이야기'를 둘러싼 전투의 장이다. 인류의 위대한 이야기들, 인간의 복잡다단한 욕망에 대한 이야기들을 자본과 권력의 '콘텐츠'로 쓸 것이냐, 인간 해방의 근거로 쓸 것이냐.

　　여기 모은 문화비평들은 오늘날 한국인들을 둘러싼 이야기들에 대한 이야기들이다. 급격하면서도 강도 높은 변화와 전환 가운데 있는 한국은 그 속도와 강도에 비례하는 이야기들을 끊임없이 생산해야만 한다. 한국인의 삶이 역동적인 이유는 우리가 그런 엄청난 이야기의 홍수 속에 살기 때문이다. 《한겨레》가 준 기회를 통해서 나는 4년 동안 3주에 한 번씩 이런 이야기들을 살펴볼 수 있었다. 이야기의 실체, 이야기의 이면, 이야기의 효과는 무엇인지 따져 묻는 이 문화비평의 작업은 이야기의 홍수 속에서 우리가 도대체 어떤 이야기를 취하고 어떤 이야기를 버려야 할 것인지에 대한 내 정치적 입장과 관련되어 있다. 그리스인들에게 '크리틱critique'이라는 개념이 그러했듯, '비평'은 궁극적으로 양 갈래로 나뉜 길 앞에서 어디를 버리고 어디를 택할지에 대한 판단과 선택을 의미한다.

여기 묶은 64편의 문화비평은 나의 판단을 보여준다. 우리는
너무 쉽게 대안을 이야기하지만, 그전에 반드시 진단과 판단이
필요하다. 비평은 그러한 판단을 내리는 일이며, 대안은
그 이후에나 가능하다. 우선은 이야기를 어떻게 읽을지에 대한
시각이 먼저다. 비평의 죽음이란 말이 유행하는 이유는 이 시대가
(역사교과서 국정화 정책이 보여주듯) 자신과 불화하는 판단과 시각을
용납하지 않는, 혹은 판단과 시각을 갖는 것을 무의미하게 여기는
방향으로 퇴행하고 있기 때문이다. 권력과 대중은 때로 행복하게
이 퇴행 과정에서 손을 잡는다. 퇴행을 막아내기 위해서라도,
이야기의 안과 밖을 읽어내는 일은 중요하다. 문화비평은 중요하다.

우리를 둘러싼 이야기들을 낯설게 대할 수 있고, 우리의
감각과 현실을 빚어내는 문화의 힘을 인식하고, 그래서 기존의
질서와 불화하며 새로운 세상을 상상하는 이야기를 만들어 내는
계기를 독자들이 이 책을 통해 찾을 수 있다면 저자로서 그보다
더한 기쁨은 없을 것이다. 나는 20년 전인 1995년, 리영희 선생의
《한겨레》칼럼 모음집인『自由人, 자유인』을 우연히 읽으며
그런 계기와 마주쳤다. 칼럼은 시기가 지나면 가치 없는 글이
된다는 인식이 있지만, 어떤 칼럼은 시간을 거슬러 사람의 인생을
바꾸기도 한다. 내 인생이 그렇게 바뀌었다. 그날 이후 리영희
선생은 나의 영원한 스승이셨다. 20년이 흘러 선생이 쓰셨던
그 신문에 나도 칼럼을 연재했고, 이제 그 칼럼들을 묶어서
여기 발간한다. 한없이 건방진 바람이지만, 그래도 간절하게,
기존의 이야기에 맞서는 '대항 이야기'로서의 이 칼럼들이 권력과

자본의 이야기에 빠져 있던 누군가의 생각을, 인생을 바꿀 수
있길 바란다. 이야기의 힘은 그런 것이고, 나는 여전히
그 힘을 믿기 때문이다.

2015년 초겨울,
대방동에서
문강형준

감각의 제국,

2012

좀비,
우리의
거울

인간은 예로부터 인간이 아닌 존재를 끊임없이 상상해왔다.
세상을 창조한 유일신, 인간을 닮은 신들, 반인반수, 실체 없는
귀신과 유령의 목록은 길다. 세상의 비밀이 신화로만 설명되던
때, 비인간적 존재들은 인간 내면의 불안과 공포, 자연의 신비와
힘을 재현했다. 인간은 언제나 자신의 바깥을 통해 자기를
되돌아보는 능력을 가지고 있었던 것이다. 이러한 상상이 합리적
이성 앞이라고 멈출 리는 없다. 첨단 과학의 시대인 현대에도
사이언스픽션, 판타지 문학, TV 드라마, 영화 등의
문화 생산물 속에서 비인간들은 넘쳐난다.

　　　현대 서양 대중문화가 만들어낸 대표적인 비인간은 아마도
'좀비'일 것이다. 좀비의 기원은 아이티의 부두교 흑마술로
알려져 있다. 일단의 흑마술사들이 사망 상태인 것처럼 보이게

하는 약을 사람들에게 먹여 '죽였'다가 다른 약으로 나중에 '살려'내어, 환각 상태에 빠진 이들을 농장의 노예로 부렸다는 이야기가 그것이다. 이처럼 좀비는 삶과 죽음의 권리 자체를 박탈당한 채 영원한 노예가 되어버린 자들의 이름이다.

1960~1970년대 전성기를 맞았던 좀비서사에서 좀비가 흔히 노동자 계급 출신으로 묘사되는 것은 이 때문이다. '자유롭게' 노동력을 팔면서도 사물로 변해버린 노동자의 형상은 좀비와 닮았다. 자본주의하의 노동자는 동시에 소비자이기도 하다. 소비하기 위해 노동하고, 노동하기 위해 소비하는 끝없는 순환 속에서 좀비는 또한 쇼핑몰을 배회하는 소비자로 그려진다. 쇼핑몰은 해방감을 선사하며 자본주의 체제의 생존을 보장해주는 또다른 억압의 공간이다. 그 속에서 좀비는 여전히 노예다.

1980~1990년대의 호황기에 사라졌던 좀비는 자본의 축적 위기로 인한 불황이 주기적으로 발생하기 시작하던 2000년대 이후 되살아난다. 자본주의의 위기는 사회적 동요, 기후 변동, 에너지 위기 등과 연결되어 전지구적인 파국의 분위기를 형성한다. 주로 미국에서 생산되던 좀비서사가 최근 한국의 소설, 영화, 드라마에서도 나타나는 현상은 위기의 전지구적 성격을 말해준다.

파국의 가능성 앞에서 인간은 구원자인 슈퍼히어로뿐 아니라 파괴자인 좀비도 상상함으로써, 자신과 사회를 서사화한다. 하지만 좀비로 인한 절멸의 위기 상황에서 국가는 아무런 역할을 하지 못하며 오히려 상황을 악화시키기 일쑤다. 이처럼 좀비서사는 자본의 메커니즘과 결합된 국가 장치가 만들어낸 오늘의 시대,

즉 공통의 것이 사라지고 실패의 책임은 개인에게 전가되는 신자유주의 시대를 포착하는 것이기도 하다. 그 속에서 각자가 무엇을 선택하고, 누구와 연대하고, 어떻게 생존할 수 있는지에 관한 문제는 절실해진다. 좀비서사는 우리에게 낯설지 않은 이러한 상황들을 다룬다는 점에서 더없이 현실적이다.

좀비가 그렇듯 파국은 언제 어디서 갑자기 우리를 덮칠지 모른다. 이는 일상화된 위기 속에서 살아가는 오늘날 모든 인간의 조건이다. 사유할 줄 모르는 욕망의 노예인 좀비를 통해 인간은 어쩌면 성찰 없이 살아가기 급급했던 노예로서의 자신을, 또 반복되는 위기를 낳는 우리 시대의 구조적 모순을 응시하고 있는 것일지 모른다. 좀비는 위기의 표상이면서 동시에 우리 자신의 모습이기도 한 것이다. 그런 점에서 좀비는 현대인의 거울상이다. 좀비를 뜻하는 '살아 있는 시체'라는 표현이 애초에 프리드리히 니체Friedrich Nietzsche가 인간을 묘사했던 말에서 온 것이 의미심장한 이유다.

2012. 02. 04.

대중문화에 등장하는 전형적인 좀비는 1968년 조지 A. 로메로의 영화 〈살아 있는 시체들의 밤(Night of the Living Dead)〉에서 시작되었다. 로메로는 부두교 좀비에 흡혈귀의 특징을 가미해 새로운 공포의 대상인 '살아 있는 시체'를 만들어냈다. 그가 만든 〈시체들의 새벽(Dawn of the Dead, 1978)〉도 '좀비'라는 말을 대중화한 유명한 작품이다. 근래에는 주술이나 마법이 아닌, 화학 실험과 바이러스 감염 또는 기생충에 의해 좀비가 된 설정이 주를 이룬다. 영화뿐 아니라 드라마, 뮤직비디오, 게임, 책 등 다양한 매체의 소재로 등장하고 있다.

감각의
제국

우리 시대의 문화를 감각으로 판별한다면 아마도 '부드러움'이라는
단어가 적절할 것 같다. 이 시대는 미세하고, 부드럽고, 유들유들한
것들이 거칠고, 딱딱하고, 꼿꼿한 것들보다 사랑받는다.
권위주의와 군홧발과 이데올로기와 대규모 시위의 시대가 지난
곳에는 민주주의와 소통과 소셜네트워크서비스SNS와 촛불집회가
자리를 잡았다. 딱딱한 시대가 이데올로기에 의한 전쟁의
시기였다면, 부드러운 시대에는 즐거움과 쾌락을 줄 수 있어야만
힘을 얻는다. 부드러움과 달콤함은 한 쌍의 감각이다. 이를 가장
잘 드러내는 매체는 아마도 딱딱하게 누르는press 휴대전화를
매끄러운 터치와 가상의 앱들로 대체한 스마트폰일 것이다.
　　부드러움의 감각은 소통 방식에서도 나타난다. '토크
콘서트'라는 형식이 그것이다. 최근 SBS의 〈지식 나눔 콘서트

아이러브 인〉이 보여주듯, 청춘과 심리에 관한 베스트셀러를
펴낸 교수들과 '소프트'웨어로 유명해진 벤처사업가 출신 교수,
말랑말랑한 언어로 수많은 팔로워를 거느린 소설가가 무대에
올라 희망에 대한 '토크'를 하면 가수들이 뒤에서 '콘서트'로
분위기를 띄운다. 또한 〈KBS 스페셜 '괜찮아 서른'〉을 비롯한
지상파의 소위 '스페셜' 다큐들은 알바하는 대학생이나
만년 고시생의 모습을 담으면서도 약속이나 한 듯, 속삭이는
목소리의 성우와 감각적인 미장센, 일상을 주제로 한
인디밴드들의 노래를 결합하여 따뜻한 눈으로 세상을 바라본다.

　　청년들이 따르는 이 시대의 '멘토'들은 왜 모두 착해만
보이고, 왜 '다큐'들은 입만 열면 희망, 꿈, 미래, 청춘, 위로,
용기만을 말할까? 폭력적이고 거칠어져가는 세상에 등장하는
청년 실업, 교육 전쟁, 경제 위기, 불행, 절망 등의 문제를 부드럽고
매끈한 소통과 공감의 형식으로 풀어가는 '토크 콘서트'와 '스페셜
다큐'의 정체는 무엇일까?

　　바로 이 간극 속에 이데올로기가 사라진 시대에 더욱
충만해진 이데올로기가 담겨 있다. 그것은 사회적이고 구조적인
모순들, 체제 자체에 대해 급진적으로 문제 제기를 해야만 할
여러 과제들을 희망과 청춘의 문제로, 심리적인 문제로,
자기계발과 혁신의 문제로 환원시키는 방식이다. 신자유주의의
주체 생산 방식인 '자기 관리'는 토크 콘서트와 스페셜 다큐가
말하는 '희망과 꿈' 속에서 자신의 얼굴을 볼 것이다. 착한
멘토들이 서사화하듯 위기와 불안을 돌파할 진정한 열쇠가

'자기'를 바꾸는 데에 있다는 말과 '철의 여인' 대처의 유명한
"사회는 없다"는 말 사이의 거리는 가깝다. 모두가 '자기'만을 찾는
사회를 가장 반기는 이들이 누구일까?

그러니까 이것은 하나의 역설이다. 가장 거친 폭력들이
난무하는 사회에서 가장 부드럽고 달콤한 언어들이 번성한다.
체제의 문제에 근본적인 질문을 던져야 할 사회에서 자기의
내면으로 돌아가라는 조언들이 인기를 얻는다. '아프니까
청춘이다'라는 유행어는 역사적으로 사회의 기존 질서에
저항하는 역할을 담당했던 청춘들을 내면의 고민과 아픔이라는
심리적 틀 속에 묶어두는 구속복straitjacket이다. 사회적 문제에
저항하는 거친 투사들은 감옥에 가고, 자기를 혁신하라는
부드러운 멘토들은 국민적 명사가 되는 감각적 불균형은
근본적 사유 자체를 억압하는 부드러운 시대가 닿는 종착지다.
부드러움이라는 문화적 감각이 지배하는 이 시대에 가장
정치적인 접근이 요청되는 이유는 여기에 있다.

2012. 02. 25.

2000년대 중반 이후 청년 실업, N포세대 등 청년 문제를 분석한 책들이 연달아 출간되었다. 경제학자 우석훈의 『88만원 세대』, 김난도 교수(서울대)의 『아프니까 청춘이다』가 대표적이다. 2010년 12월 출간된 『아프니까 청춘이다』는 청춘 담론에 위로와 힐링 메시지를 담아서 베스트셀러를 넘어 시대의 유행어가 되었다. 이 책은 청춘들에게 많은 비판을 받기도 했다. 사회 구조적 대안 없이 청년들의 아픔을 '성장통'으로 여긴 태도가 바람직하지 않다는 것이다. 교수와 멘토로 상징되는 기성세대, 선배 세대의 진단과 충고가 청춘의 삶에 실질적 영향을 미치지 못한다는 것이다. 이후 청년들이 직접 나서서 자기 세대 문제를 분석한 책들이 나왔다. 『우리는 왜 공부할수록 가난해지는가』『나는 지방대 시간 강사다』『대리사회』 『청춘의 가격』 등이 그것이다.

이러한 변화에 따라 김난도 교수의 후속작 『천 번을 흔들려야 어른이 된다』『웅크린 시간도 내 삶이니까』 등은 "근본 없고 대책 없고 공감 없는 낙관주의" "청춘팔이"(온라인 서점 알라딘 독자 서평)라는 독자들의 싸늘한 반응에 직면해야 했다.

유명해져야
하는
시대

1968년에 앤디 워홀Andy Warhol은 자신의 전시회 카탈로그에
"미래에는 모두가 15분 동안 세계적으로 유명해질 것"이라는
문장을 썼다. 워홀의 이 말은 영어에서 '15분 동안의 유명세
15 minutes of fame'라는 표현으로 굳어졌지만, 1960년대에 이 표현을
썼던 이들 중 누구도 워홀의 말이 문자 그대로 실현되리라고
생각하지는 않았을 것이다. 하지만 유튜브와 스마트폰,
소셜네트워크서비스와 리얼리티 쇼로 대표되는 우리 시대에
워홀이 말한 '미래'는 실제로 구현되었다고 해도 지나치지 않다.

불과 몇 년 사이에 우리는 수많은 '일반인'들이 '유명인'으로
거듭났던 일을 지켜봤다. 방송사의 오디션 프로그램에서
배출된 신인 스타들, 유튜브에 올린 기타 연주로 알려진 소년,
스마트폰에 찍힌 영상 속의 수많은 '막말녀'와 '폭행남'들,

트위터 세계의 유명인들, 나아가 공개적으로 짝을 찾아 '애정촌'에 모였던 남녀들이 그 예다. 그것이 어떤 유명세이든 간에, 이 시대는 유명해질 수 있는 기회가 찾아올 가능성이 누구에게나 열려 있는 시대다.

이러한 변화는 물질적 상품의 생산이 핵심인 산업자본주의 시대가 세계적으로 이미 오래전에 지나갔다는 점과도 맞물려 있다. 전통적 상품 대신, 안토니오 네그리Antonio Negri와 마이클 하트 Michael Hardt가 '비물질적 정동의 생산'이라고 부르는, 정서와 감정, 욕망과 쾌락의 생산이 상품화되는 새로운 방식의 자본주의가 도래한 것이다. 스마트폰의 애플과 소셜네트워크서비스의 페이스북은 이러한 시대를 대표하는 기업들이다. 눈에 보이지 않는 욕망과 쾌락을 제공함으로써 부를 축적하는 새로운 자본주의 시대에는 그래서 스마트폰 창에 '뜨는' 애플리케이션, 사람들 사이에 '뜨는' 유행, '뜨는' 인물들이 중요해진다. 유명세의 다른 표현이기도 한 '뜨다'라는 동사가 이 시대의 키워드가 되는 것은 이 때문이다.

유명세는 이 시대의 가장 강력한 문화적 상징자본이다. 서울대, 삼성, 김앤장, 김연아, 소녀시대 등은 모두 우리 사회에서 이미 유명세를 획득한 대표적 명사고, 바로 그렇기에 어떤 비판에도 흔들림이 없다. 겉으로는 아닌 척해도, 대중은 저 유명한 것과 어떻게든 연결되고 싶어한다. 자기계발서에서부터 '사생팬'에 이르기까지 유명세에 대한 소유욕은 강하고 깊다. 재벌 2세 남자와 서민 여자의 사랑을 그린 한국의 전형적

드라마는 바로 유명세에 대한 대중의 갈망을 드러내는 형식이다.

유명세라는 문화적 상징자본의 힘이 정치를 집어삼키는 일은 대중의 지지를 본질로 하는 민주주의 제도가 떠안은 숙명이다. 한나라당 비대위의 27세 이준석 위원, 통합민주당의 '슈스케 방식' 청년 비례대표 공천이나 정봉주 전 의원의 자리에 전략공천된 〈나꼼수〉 김용민씨의 사례는 유명세라는 문화적 상징자본이 어떻게 정치를 지배하고 있는지를 드러낸다. 자못 비장한 외침으로 가득한 저 '선거 혁명'은 마치 일반인이 유명인이 되는 오디션 쇼처럼, 새로운 유명인 배출의 스펙터클한 장이 되었다. 역설적으로, 이 정치적 과정에서 사라지는 것은 대중이 자신의 몫을 급진적으로 요구하는 행위를 의미하는 전통적 '정치' 개념 그 자체다. 어쩌면 이 역설적 '사라짐'이야말로 뜨고 지는 것을 본질로 하며 끊임없이 순환(해야만)하는 유명세 문화가 일깨우는 우리 시대의 미래일지도 모른다.

2012. 03. 17.

미디어와 SNS에서 인기를 얻은 유명 인사의 몸값이 유행과 소비를 좌지우지하고 있다. 우리는 이들을 '셀러브리티(Celebrity)' 혹은 '셀럽'이라고 부른다. 유명인, 명성이란 뜻이 담겨 있는 셀러브리티의 라틴어 어원은 셀레브리타템(Celebritatem). 사람들이 한눈에 알아보는 사람이라는 '명성의 조건'이라는 뜻을 갖고 있다. 고대 그리스의 운동선수, 로마의 검투사, 르네상스 시대의 메디치 가문, 왕실가 사람, 할리우드 스타에 이어 이제는 정치인, 경제인, 예술인, 운동선수, 작가, 일반인 SNS 스타 등으로 '셀럽'이 확장되고 있다.

셀럽의 조건은 대중의 사랑과 혐오를 동시에 받는 사람이다. '스캔들 셀러브리티'로 불리는 패리스 힐튼과 그의 친구 킴 카다시안은 가십거리와 논란을 불러일으킬수록 셀럽의 유명세가 상업적 성공으로 이어진다는 것을 보여준다.

국내에서는 청춘의 힘겨운 현실을 위로하는 담론을 통해 김난도, 안철수, 박경철, 강신주 등에 이어 케이블 방송, 종편, 1인 방송 등에서 활동하는 방송인들도 새로운 셀럽으로 각광받고 있다.

하지만 전통적 의미의 셀러브리티 시대는 저물고 있다는 의견도 있다. 여자 배우의 이름을 딴 향수 매출이 줄고 수제향수의 매출이 느는 데서 알 수 있듯이 대중은 "이미 만들어진 것들보다 만들어 갈 수 있는 가능성에 점수를 주고 있다"(김홍기 패션 큐레이터)는 것이다.

왕자와
청소부

브라운관이 왕과 왕자들로 넘쳐난다. 얼마 전 막을 내린 드라마
〈뿌리 깊은 나무〉와 〈해를 품은 달〉은 최고의 시청률을 기록했고,
현재 방영중인 〈더킹 투하츠〉와 〈옥탑방 왕세자〉 역시 인기를
얻고 있다. 실감나는 팩션이든 허술한 픽션이든 간에, 드라마 속
왕과 왕자들은 모두 비슷한 연애 관계 속에 있다. 이들은 자신보다
신분이 낮은, 혹은 맺어져서는 안 될 인연들을 갈구한다.
어떤 왕은 머리가 뛰어난 나인을 경애하고, 다른 왕은 무녀를
사랑하며, 어떤 왕제는 북한 여장교에게 마음을 열고, 다른 왕자는
전생에서 못다 한 (처제와의) 사랑을 이룬다. 왕의 위치에 있는
남자와 평민의 위치에 있는 여자의 사랑은 지금껏 반복되어온
한국 드라마의 전형적 구도다. 왕의 자리를 재벌 2세로 대체한다
해도 달라지는 것은 없다. 대부분의 한국 드라마는 이처럼 신분이

높은 왕과 마음씨 착한 평민 간의 결합을 다룬다. 한글이나 남북 관계나 시간 여행은 이미 클리셰가 된 이 연애 관계를 치장하는 장식물에 불과하다.

왕과 평민 간의 결합이라는 '시대착오적'인 집착은 한국인들의 마음에 박혀 있는 이중적인 욕망을 드러낸다. 하나는 '신분 상승의 욕망'이다. 더 나은 내가 되어야만 하는 강박은 삶이 온통 경쟁과 승패의 서바이벌로 짜여 있는 한국인들에게 익숙하다. 드라마 속 왕이나 재벌 2세와의 결합은 이 처절한 서바이벌을 낭만적 사랑이라는 외피로 감싼 것이다. 다른 하나는 '인간적 지배자에 대한 갈구'다. 드라마 속 왕들은 겉으론 까칠하나, 속은 너그럽고, 여리고, 유머러스하고, 열려 있는, 신분은 높지만 소박한 미덕을 갖춘 이들이다. 이들은 왕이지만 서민을 이해하는 인간적 지배자들이다.

신분 상승과 인간적 지배자에 대한 갈구라는 욕망의 역학은 알렉시 드 토크빌Alexis de Tocqueville이 말하는 '조건의 평등'이라는 근대 민주주의의 본질과는 반대편에 있다. 모두가 각자의 자리에서 평등하고 자유로운 민주주의 사회에서라면 '드라마틱'한 경계 허물기의 서사가 인기 있을 리 없다. 신분을 뛰어넘은 사랑이나 평민을 감싸안는 지배자는 왕정 시대에나 인기 있는 판타지인 것이다. 한국은 아직 이 '동화'를 극복하지 못했고, 새로운 민주주의의 서사를 만들어내지 못한 셈이다. 그런 점에서 독재자의 딸로 '공주'라는 별명을 가진 박근혜, 크게 성공했으나 인간적이고 착한 'CEO' 안철수 등이 누리는 정치적 인기는

드라마 속 왕에 대한 대중의 욕망과 동일한 뿌리를 가진
샴쌍둥이다.

　　민주주의의 정치적 성숙은 왕과 평민의 이상적 결합이라는
전근대적 서사를 뛰어넘을 수 있을 때 비로소 가능하다.
이 퇴행적 판타지를 극복할 진보적 서사는 드라마 속이 아니라
우리 현실에 있다. 청소 노동자로 일하며 비정규직 차별 철폐를
위해 싸워오다 진보신당 비례대표 1번으로 공천을 받은
김순자씨는 그 한 예다. 김순자씨의 이야기는 낮은 자리에서
차별받던 이가 스스로 인간임을 천명하며 투쟁하여 승리한,
'아무나의 평등'이라는 급진적 민주주의의 본질을 드러낸 서사다.
드라마와 거대 정당의 판타지 속에 매몰되는 대신, 투표를 통해
청소부 김순자씨를 국회의원으로 만들 수 있을 때, 우리가 그토록
외치는 민주주의에 어울리는 새로운 이야기가 탄생하는 것이다.
바로 이런 이야기들을 현실로 만드는 행동, 그것이 없다면
우리는 다시 왕자의 사랑을 갈구하는 드라마 속 판타지 세상으로
돌아갈 수밖에 없다.

_____

2012. 04. 07.

2012

김순자는 1955년 경상남도 울산군 언양면에서 태어났다. 평범한 주부로 살다가 2003년 울산과학대학교 청소용역업체에 입사하여 청소미화원으로 일했다. 2006년 6월 전국민주노동조합총연맹에 가입했으며, 청소 노동자의 처우 개선을 위해 노동조합을 결성했다. 이를 빌미로 2007년 학교 측이 전체 계약 해지에 따른 해고를 통보하자 단체 농성을 주도하여 고용을 보장받고 복직되었다. 2007년 12월, 그가 지부장으로 속한 전국민주노동조합총연맹 울산과학대지부가 국가인권위원회 대한민국 인권상을 수상했다. 제19대 총선에서 진보신당 비례대표 1번으로 출마했으나, 진보신당이 1.13퍼센트 득표율을 얻어 낙선했다. 제18대 대선에도 무소속 출마하는 등 활발한 정치 활동으로 노동자들의 권익을 대변하고 있다. 중앙선거방송토론위원회가 주최한 제19대 국회의원 선거 비례대표 후보 토론 방송에서의 발언은 '김순자 어록'이라는 이름으로 회자되었다.

"새누리당이 그동안 일자리를 얼마나 만들었는지 아십니까? 제가 정확하게 말씀드리겠습니다. 81개입니다. 그럼 새누리당이 재벌 세금은 얼마나 깎아줬는지 아십니까? 제가 정확하게 말씀드리겠습니다. 82조입니다. 82조를 깎아서 일자리를 81개 만들었습니다."

적대가
사라진
공간

『성경』에 등장하는 인류의 첫번째 범죄는 카인의 아벨 살해이다.
둘은 형제지간이지만, 동생 아벨의 제사만을 받는 신을 보며
형 카인은 아벨을 질투하여 그를 죽인다. 카인의 질투는 자신이
신에게 용납되지 못했다는 데에서 기인하는 게 아니라 아벨만이
받아들여졌다는 데에서 기인한다. 바로 이 인정에 대한 욕구에서
최초의 범죄가 발생했다는 점은 의미심장하다. 문명이 아무리
발달했어도 신화 속 인정욕구는 여전히 인간의 사회적 관계를
규정하는 가장 강력한 요소 중 하나다.

　　　　10억 명의 가입자를 가진 우리 시대 최고의
소셜네트워크서비스인 페이스북과 트위터는 인간의 본능적
인정욕구를 모델로 하고 있다. 페이스북과 트위터에 글을 쓰는
주체는 자신이지만, 그 공간은 기본적으로 타인과의 관계

2012

감각의 제국

맺음을 통해 이루어진다. 이는 1인 매체인 블로그와 다른 점이다. 페이스북은 '친구friend' 관계를, 트위터는 '추종following' 관계를 기반으로 한다. 자신의 사진이나 글을 봐줄 사람이 없다면 페이스북과 트위터는 무용지물이다. 두 매체는 타인에게 자신을 전시하는 행위, 그리고 이에 동참하는 타인들의 결합으로 이루어진다. 이 결합은 곧 자신이 타인에게 어떤 식으로든 인정받고 있음을 의미한다.

카인과 아벨의 예가 말해주듯 인정욕구는 필연적으로 갈등을 내포한다. 문화인류학자 르네 지라르Rene Girard는 신화 연구를 통해 인정욕구가 일으키는 폭력의 역학을 연구했다. 그에 따르면 이 폭력의 사이클은 인간 사회가 존재하는 한 결코 완전히 제어되지 않는 것이다. 하지만 인정욕구를 기반으로 한 가상공간인 페이스북과 트위터에는 갈등과 폭력이 원천적으로 배제되어 있다. 페이스북에 올리는 글에는 '좋아요like' 버튼만 있지, '싫어요'는 없다. '친구' 관계를 끊는 일은 싸움이 아닌 '친구 끊기' 버튼을 클릭하는 것으로 해결된다. 이 긍정 과잉의 공간은 얼굴 붉힐 일 없이 깔끔하다. 반면, '친구'들로 구성된 페이스북과 달리 불특정 다수를 대상으로 하는 트위터에서는 논쟁이 가능하다. 하지만 과열된 논쟁은 '언팔'이나 '블록'을 통해 쉽게 시야에서 제거할 수 있다. 그래서 트위터는 같은 생각을 공유한 무리들이 모이는 경향성을 가진다. 결국 무리들 속에는 논쟁보다는 다른 무리에 대한 조롱이나 냉소만이 남는다. 요컨대 페이스북과 트위터에는 적대가 없다. 그곳에는 광신과 근본주의와 급진적 갈등 대신 도를 넘지 않는 온건한 자유, 고통을 동반하지 않는 안전한 정념, 혐오를 지워버린 평등만 있다. 이곳이 온건하고 관용적인 긍정의 문화를 기반으로 하는 미국에서 탄생한 것은 이 때문이다.

페이스북과 트위터는 그래서 니체가 말하는 바, 자신을 경멸하지 못하는 인간, 적대와 위험 대신 안정과 평안만을 갈구하는 '최후의 인간'에게 최적화된 공간이다. '카페인 없는 커피'라는 표현으로 대표되는 포스트모던적 문화는 페이스북과 트위터를 통해 이미 구현되어 있다. 이 속에서 인간은 수많은 타자들 앞에 자신의 상징자본을 전시함으로써 인정욕구를 충족하지만, 그 인정이란 자신이 발을 내딛어야 하는 현실 앞에서는 무력하기만 한 것이다. 현실은 '친구'와 '추종자'만으로 구성되어 있지는 않기 때문이다. 온건한 인간을 위한 이 피난처는 여러 위기들이 점차 고조되어가는 위험사회의 대체재다. 그러나 피난처를 나와 현실 앞에 서야만 할 때 그때도 마냥 '좋아요' 버튼을 누를 수는 없다. 문제는 이것이다.

2012. 04. 28.

2012

2004년 2월, 하버드대 학생이었던 마크 저커버그가 설립한
페이스북(Facebook)이 미국 증시에서 주가 100달러대를 돌파하기까지
걸린 시간은 10년이면 충분했다. 페이스북은 2015년 10월 23일 뉴욕
증시에서 주당 102.19달러로 장을 마감, 시가총액 2879억 달러
(약 327조 원)를 기록했다. 2012년 5월 상장 이후 3년 6개월 만이다.
얼굴 사진이 들어 있는 동창회 명부로 시작한 페이스북은 스마트폰과
PC로 지인들과 간편하게 근황을 주고받는 세계 최대 인맥관리 서비스를
넘어 비즈니스 플랫폼으로 확장되고 있다. 저커버그는 "페이스북의
미래는 '메신저'에 있다"고 선언하며, 소비자가 기업과 텍스트로
소통하는 메신저를 비즈니스에 활용하겠다고 밝혔다.
2006년 6월 출범한 트위터(Twitter)는 140자 한정의 '트윗(tweet)'을
페이지에 올리거나 전송하며 네트워크, 실시간 문자 뉴스, 정보의
민주화 가치를 전하는 대표적인 SNS로 떠올랐다. 페이스북,
사진 공유 SNS 인스타그램과 스냅챗에 밀리며 잭 도시(Jack Dorsey)
트위터 공동설립자가 최고경영자로 복귀했지만, 구글, 세일즈포스,
마이크로소프트(MS), 버라이즌 등에 매각을 추진하고 있다는
뉴스가 나오고 있다.
국내에서는 2016년 하반기, 문인들로부터 성추행이나 성희롱을
당했다는 폭로가 트위터를 중심으로 '#문단_내_성폭력'이라는
해시태그로 이어지며 활발한 논쟁을 불러일으켰다. 그러나 "트위터는
인생(시간) 낭비다"(알렉스 퍼거슨 전 맨체스터 유나이티드 감독)라는
말처럼 SNS에 대한 반론도 만만치 않다.
한편 격월간 문학잡지 《릿터》 3호는 '랜선-자아'를 커버스토리
삼아 1990년대 PC통신에서부터 2016년 각종 SNS에 이르기까지
'랜선'이라는 세계를 대하는 우리의 자아, 혹은 '랜선'이라는 또다른
현실로 대체되어버린 우리의 삶을 돌아보았다.

페이스북과 트위터에는 적대가 없다.
그곳에는 광신과 근본주의와
급진적 갈등 대신 도를 넘지 않는
온건한 자유, 고통을 동반하지 않는
안전한 정념, 혐오를 지워버린
평등만 있다.

    •

2012

페이스북과 트위터는 그래서
니체가 말하는 바, 자신을 경멸하지
못하는 인간, 적대와 위험 대신
안정과 평안만을 갈구하는 '최후의
인간'에게 최적화된 공간이다.

•

'멘붕'이라는
징후

트위터, 페이스북, 블로그 등 인터넷 공간뿐 아니라 일상에서도
요즘 특히 유행하는 단어가 있다. '멘붕'이 그것이다. 멘붕은
'멘탈 붕괴'의 줄임말이고, '멘탈'은 '정신 상태'를 의미하는
'멘탈리티mentality'의 줄임말이다. 즉, '멘붕'은 '정신이
허물어져버린 상황'을 의미한다. 일반적으로 이 단어는 대개
게임을 하다 갑자기 아이템이 사라지거나 상대에게 졌을 때,
커뮤니티상의 논쟁에서 패배했을 때, 실생활에서 갑작스레
당혹스럽거나 창피한 일을 당했을 때, 혹은 예상치 못했던 일에
직면하여 어찌할 바를 모를 때 사용된다. 다시 말해, '멘붕'은
자기도 모르게 '갑자기' 찾아오는 심리적 공황 상태다. 그것은
구조적인 문제로 인한 논리적인 결과 앞에서의 비판적 성찰이
아닌, 사건의 강도와 속도에서 발생하는 심리적인 쇼크에 가깝다.

이 단어는 날마다, 아니 거의 매 시간마다 새로운 이슈가 터지는 게 일상이 된 '다이내믹 코리아'의 어떤 측면을 잘 드러낸다.

'멘붕'과 더불어 미디어를 장악하고 있는 또다른 표현들인 '××남', '○○녀'라는 호칭 역시 수시로 발생하는 사건의 속도를 따라잡기 위한 임시방편에 가깝다. 두 표현 모두 기저에는 상식을 뒤엎는 일을 경험할 때 느끼는 '황당함'의 감정이 깔려 있다. 사회를 지탱하는 가치에 대한 광범위한 합의가 사라지는 시대, 곧 가치의 상대성이 증폭되는 시대에 '황당함'은 지배적인 감수성이 된다. '멘붕'을 일으키는 '황당함'의 빈발은 우리 사회가 문화적 위계의 해체와 상대적 가치의 만개로 특징지어지는 소위 포스트모던 사회에 확실히 들어섰음을 보여준다. 이런 점에서, 황당한 취향을 가진 이들을 등장시켜 평범한 '지구인'의 '멘붕'을 초래하는 상황을 잡아내는 〈화성인 바이러스〉와 같은 프로그램은 의미심장하다. 이러한 문화적 변화의 기미는 이미 1990년대부터 감지되었으나 명확하게 나타난 것은 최근이다. 가령 2000년대 초반에 유행했던 '엽기'가 대상에 대한 혐오감을 강하게 표현함으로써 가치의 구분을 명확히 하는 주체의 모습을 여전히 담고 있는 데 반해, 현재의 '멘붕'은 상대화된 가치와 해석을 요하는 사건의 범람 앞에서 어찌할 바를 모르는 주체의 무기력감을 드러낸다.

무력한 주체의 모습은 사회경제적 환경의 변화와 맞물려 있다. 신자유주의 세계화와 더불어 한때 견고하고 안정적이었던 질서와 제도가 곳곳에서 허물어지고 있다는 진단은 더이상 논란거리가 아니다. 사회학자 지그문트 바우만Zygmunt Bauman은 이를 '액체화된 근대'라고 표현한다. 국가나 노조, 복지 제도, 공동체 등 근대를 지탱했던 견고한 질서가 모든 사회적인 것을 해체하며 시장에 넘기는 신자유주의에 의해 액체처럼 흘러내린다는 뜻이다. '견고한 질서'조차 제대로 있었던 적이 없는 한국에서 '액체화'의 강도는 세계 어느 곳보다 심하며, 변화에 대한 책임은 거의 전적으로 개인에게 전가된다. 그 속에서 어떻게든 생존해야만 하는 개인들이 밀려오는 항상적 충격과 공포들을 '멘붕'이라는 유머러스한 표현으로 완화시켜 숨을 고르는 일은 생존을 위한 일종의 전술이다. 삶의 모든 결과를 개인이 책임져야 하는 곳에서 '사회의 붕괴'는 '개인의 멘붕'으로 대체되는 것이다. 어쩌면 미래는 '멘붕'이라는 단어를 통해 이미 우리 앞에 도달해 있는지도 모른다. '멘붕'이 징후적인 이유는 이 때문이다.

2012. 05. 19.

〈화성인 바이러스〉는 2009년 3월부터 2013년 11월까지 tvN에서 방영된 토크쇼 프로그램이다. 독특한 생각이나 생활 습관, 행동 양식을 보여주는 사람들을 보통의 지구인과는 다르다는 뜻에서 '화성인'이라고 명명하고 게스트로 초대해 이야기를 나누었다. 이경규, 김구라, 김성주가 진행했다. 공주병 화성인, 파충류 마니아 뱀녀, 쓰레기와 함께 사는 난장판녀, 매운 음식 마니아, 여장남자 화성인 등 숱한 화제를 뿌린 다양한 출연자들이 등장했다.

〈짝〉,
혹은
길들여진
사랑

사랑의 속성에 대한 말은 많지만, 그 본질을 가장 잘 드러내는
것은 사랑이 가진 어떤 강렬함일 것이다. 사랑의 강렬함은
인위적으로 만들 수 있는 것이 아니라, 어쩔 수 없이 사로잡히는
것으로 묘사되곤 한다. 사랑은 '빠지는fall in' 일이다.
사랑에 빠진 이들의 강렬한 결합 앞에서는 나이도, 성별도,
신분도, 국가도, 나아가 죽음도 문제될 것이 없을 정도다.
사랑을 다루는 문학작품들이 흔히 사랑을 가로막는 '경계를
뛰어넘는' 이야기인 것은 모두 그 강렬함의 속성 때문이다.
바로 그렇기에 사랑은 '위험'할 수 있다.

　　　경계를 가르는 것으로 유지되는 체제는 사랑의 위험한
속성을 길들여야 할 필요가 있다. 한 방법은 사랑을 자본주의적
'소비consumption'의 범주로 끌어들이는 것이다. 원래 자신을

소진시킨다는^{consume} 의미에서 사랑의 속성을 가진 '소비'는
자본주의하에서는 상품을 매개로 이루어진다. 할부와 차용증으로
나타나는 에마 보바리의 사랑이 그 전형이다. 하지만 새로운
자본주의 난계는 상품으로 매개되는 사랑을 넘어 삶 전체를
상품화하는 사랑의 방식으로 나아간다. 스스로를 경영하고
관리하고 상품화해야 생존할 수 있는 체제에서 소비되어야 하는
것은 궁극적으로 자기 자신이기 때문이다. 사랑이 우연히 '빠지는'
운명이었다면, 이제 사랑은 철저히 준비된 주체의 마케팅이 된다.

SBS 프로그램 〈짝〉은 이러한 사랑의 방식을 잘 보여준다.
물론 비밀스럽게. 〈짝〉은 표면적으로는 사랑의 이상적 속성을
구현하고자 애쓰는 것처럼 보인다. 현실과 동떨어진 벽촌에
마련된 공간인 애정촌, 노동에서 유예되어 짝을 찾는 데만
바쳐지는 일주일의 시간은 그 예다. 하지만 이후에 이곳에서
벌어지는 활동들은 '사랑'이라기보다는 끝없는 '탐색'에 가깝다.
정해진 시간 안에 짝을 얻어야만 하는 참가자들이 하는 일은
자신의 취향, 스펙, 가치관을 끊임없이 전시하는 일이다.
'이름'은 지우지만 '자기소개'는 필수인 이곳에서 출연자들은
때로는 학벌로, 연봉으로, 집안으로, 외모로, 심지어는 영어
실력과 사는 곳으로 자신을 '어필'한다. 남자가 학벌이나 연봉으로,
여자가 외모나 '끼'를 '무기'로 내세우는, 교과서적인 성역할 분담
역시 자주 나타난다. 때로 감동적인 구애와 눈물 섞인 비탄이
등장하기도 하지만, 그것은 벽찬 사랑의 '사건'이라기보다는
감정 과잉의 '이벤트'에 더 가깝다.

무엇보다 〈짝〉은 '경쟁'의 서사다. 첫 등장, 첫인상 선택, 자기소개, 도시락 선택, 데이트권에 이르는 과정은 직간접적인 경쟁으로 나타난다. 경쟁과 선택, 전략과 도전 속에서 우리는 진화생물학으로, 적자생존으로 환원되는 사랑을 지켜본다. 성우의 내레이션과 출연자의 인터뷰는 여기에 합리성마저 부여한다. 〈짝〉은 경쟁과 생존을 기본 모티프로 삼는 이 시대 자본주의의 서사가 감정과 사랑의 영역마저도 포섭했음을 드러낸다.

　　〈짝〉이 보여준다고 말하는 '사랑'의 과정 속에는 자신을 구속하는 기존의 경계에서 벗어나려는, 때로는 강렬하고 때로는 추악한 사랑의 혁명적 힘이 없다. 있는 것은 자기 자신을 전시하고, 틀 지워진 경쟁을 통해 '최종 선택'에 다다르며 울고 웃는, 게임의 법칙에 말없이 따르는 놀랄 만큼 순응적인 남녀들이다. 이 시대의 주체 생산 방식인 '자기 관리'는 유일하게 남은 인간적 영역인 사랑마저도 이런 방식으로 흡수해버리려는 듯하다.

2012. 06. 09.

〈짝〉은 2011년 3월부터 약 3년간 방영된 SBS 프로그램이다. 미혼의 일반인들이 '애정촌'이라는 공간을 무대로 일주일 동안 합숙하면서 실제로 짝을 찾아가는 과정을 보여주었다. 그러나 결혼 상대자의 외모, 학벌, 경력 등을 우선하는 문화를 부추긴다는 비판이 일었고, 사업 홍보나 연예계 데뷔 등을 목표로 한 진실성이 의심되는 출연자 섭외 문제 및 제작진의 조작설도 꾸준히 제기되었다. 급기야 한 출연자가 합숙 도중 자살하는 사건이 벌어지면서 2014년 2월 26일 방송을 끝으로 폐지되었다.

'녀'자의 전성시대

하루살이녀, 화끈녀, 5억 스폰녀, 통진당 미모녀, 무개념녀, 돌직구녀, 김여사. 최근 포털 사이트의 기사 제목 속에 등장했던 여자들의 명칭이다. 자극적인 명사 뒤에 '녀'를 붙여 사람들의 호기심을 자극하는 이 기사들은 한국에서 여자들이 '누리는' 지위를 드러낸다.

여기에는 모든 것을 남녀로 나눠야만 직성이 풀리는 놀라운 강박이 담겨 있다. '여고생'과 '여대생'에서 시작해 '여류소설가', '여배우', 심지어 '여신도'와 '여죄수'에 이르기까지, 어떻게든 여자의 성별을 강조해야만 하는 언어적 강박은 남자가 표준이자 기준이 된 사회에서나 가능한 것이다. 아무리 관습화된 명칭이라 해도 여성이 이루어낸 성취가 유별나거나 대단하게 여겨진다는 것은 그만큼 성적인 구별과 차별이 심하다는 말이다.

'조선시대'의 여자가 가부장적 억압의 피해자였다면, 우리 시대의 여자들은 사회적 모순의 매개자이다. 대개 '○○녀'로 불리는 이들은 보편적 가치들이 사라진 자리에 남은 각양각색의 취향들을 매개한다. 맘에 들지 않는 취향은 황당함이라는 감각으로 변환되어 '○○녀'라는 명칭을 통해 공격성의 배출구로 활용된다. 대중문화 텍스트에서도 마찬가지다. 영화 〈화차〉의 여주인공은 빚으로 운용되는 현 자본주의 비판의 매개로, 영화 〈돈의 맛〉의 필리핀 하녀는 모욕적이지 않은 삶을 위한 매개로, 드라마 〈유령〉의 여배우와 여고생은 지배층과 학벌주의의 비밀을 드러내는 매개로 나타난다. 영화 〈건축학개론〉의 첫사랑 여인은 화룡점정이다. 남자에게 그녀는 자신의 순수함을 기만한 '썅년'으로 남았다가, 다시 추억과 진실을 부르는 '기억의 습작'이 된다. 매개의 역할이 그러하듯, 이 여자들은 자신의 언어를 갖지 못한 채 남자 혹은 남성화된 사회의 자기비판과 성찰을 이끌어내고는 장렬히 전사한다.

'○○녀'라는 호명의 유행은 인간의 상품화가 당연시되는 체제의 산물이기도 하다. 상품의 이름이 특징을 간명하게 드러내는 것이듯, 인간이 상품화된 사회에서는 인간에 대한 호칭 역시 그렇게 변한다. 수없이 많은 상품이 진열된 백화점에서 상품 간의 차이가 사라지듯, 상품으로 변한 인간들에게서도 특이성과 개성은 사라진다. 고만고만한 상품들 속에서 살아남기 위해 필수적인 것은 화려한 볼거리를 담은 '스펙터클'이다('스펙'은 '스펙터클'의 쌍둥이 형제). 전통적으로 '아름다움'의 가치를 강요당해온 여자는 이러한 체제의 가장 주된 행위자이자 피해자다. 살아남거나 성공하기 위해 여자들은 스스로 스펙터클이 된다. 내레이터 모델, 여자 도우미, 레이싱걸, 치어리더, 배트걸, 기상 캐스터 등 거의 모든 곳에서 여자들의 성적 아름다움은 시선을 사로잡아 흥미를 끄는 도구로 쓰인다. 노골적으로 성적인 이미지를 팔면서 동시에 청순함과 귀여움도 구비해야 하는 소위 '걸그룹'은 상품 스펙터클 사회가 가진 분열증적 면모를 전형적으로 드러낸다.

총체적으로 펼쳐지고 있는 여성의 대상화와 상품화는 '범죄'를 구성하지 않는 한 대개 용인된다. 생존은 말할 것도 없고 존엄한 삶을 영위할 권리마저도 개인의 책임으로 전환되어버린 사회, 모두가 무한히 도전해야만 하는 전쟁터 같은 사회에서 취약한 여성에 대한 이용과 공격은 갈수록 거세어진다. '○○녀' 현상은 이러한 경향의 가장 대중적인 방식이며, 가볍게 소비되고 만다는 점에서 어쩌면 더 위험한 방식이다.

2012. 06. 30.

2004~2005년 일부 누리꾼들 사이에서 '된장녀'에 대한 풍자, 패러디가 여러 건 올라오며 화제가 됐다. '된장녀'는 '사치를 즐기고 허영이 많은 여자'를 일컫는 말로, 2006년 신어 자료집에 오르기도 했다. 이후 여성들을 하나의 유형으로 집단화하여 '○○녀'라는 이름을 붙이는 경우가 많이 등장했으며, 기업의 노이즈 마케팅으로 이용되기까지 했다. 2015년 현재까지도 '○○녀'라는 식으로 여성을 비하하고 공격하는 여성혐오적 발언들이 쏟아지고 있는데, 특히 최근 2~3년 사이에는 특정 온라인 공간에서 떠돌던 단어들이 사회 전반으로 확산되며 '여성혐오'가 하나의 시대적 화두로 자리매김했다.

'○○녀'라는 호명의 유행은 인간의
상품화가 당연시되는 체제의 산물이다.
상품의 이름이 특징을 간명하게
드러내는 것이듯, 인간이 상품화된
사회에서는 인간에 대한 호칭 역시
그렇게 변한다.

●

상품으로 변한 인간들에게서도
특이성과 개성은 사라진다.
고만고만한 상품들 속에서
살아남기 위해 필수적인 것은
화려한 볼거리를 담은
'스펙터클'이다.

●

전통적으로 '아름다움'의 가치를
강요당해온 여자는 이러한 체제의
가장 주된 행위자이자 피해자다.
살아남거나 성공하기 위해 여자들은
스스로 스펙터클이 된다.

●

영웅시대

우리 시대 대중문화의 가장 강력한 아이콘 중 한 자리는 당연히
'슈퍼 히어로'의 몫이 될 것이다. 제2차세계대전을 전후해 미국에서
탄생한 원조 슈퍼 히어로인 '슈퍼맨'(1938년)과 '배트맨'(1939년)을
비롯해, '스파이더맨'과 '헐크'(1961년), '아이언맨'과 '엑스맨'(1963년)
등은 만화나 할리우드 영화를 통해 한국인들에게도 친숙하다.

　　헤라클레스와 페르세우스에서부터 베오울프와 홍길동에
이르기까지, 초인적 능력으로 악당을 무찌르고 무고한 이들을
구하는 이야기는 인류의 상상력과 함께해왔다. 과학과 지식이
발전하지 않은 시대, 권력에 저항하는 행위가 죄악이 되던 시대에
초인적 영웅이 도탄에 빠진 민중을 구하는 서사는 즐거움을 주는
기능을 넘어 새로운 세상에 대한 유토피아적 열망이기도 했다.
슈퍼 히어로는 이러한 영웅 신화의 현대적 변형이다.

모든 대중문화 생산물들이 그렇듯, 미국산 슈퍼 히어로 역시 역사적 산물이다. 슈퍼 히어로의 탄생 시기는 파시즘에 맞선 세계대전이 한창이던 1940년대, 공산주의와 자본주의 간 냉전이 시작되던 1950~1960년대다. 슈퍼 히어로가 법과 질서를 수호하는 '착한 시민'인 데 반해 그의 적이 불만에 찬 범죄자이자 인류를 위협하는 전체주의적 악의 세력으로 표상되는 것은 이 때문이다. 권력 기구보다는 자경단 전통이 강한 것도 미국에서 슈퍼 히어로가 발생하게 된 주요 원인이다. 무엇보다 독립 이후 한 번도 외국의 지배를 받거나 본토 침략을 겪은 적이 없는 미국인들에게 슈퍼 히어로의 전투는 역사의 가상적 대체물로 기능한다. 북한의 위협이 사라진 자리를 '주사파'로 대체하는 한국의 극우파들처럼, 파시즘과 공산주의의 몰락으로 '주적'이 사라진 1990년대 이후의 슈퍼 히어로는 테러리스트를 호출하거나, 선악의 경계를 묻거나, 자신의 어두운 내면이라는 정체성 문제로 들어가곤 한다.

흥미롭게도, 초인적 힘을 가진 슈퍼 히어로는 자본주의의 문제, 기후 급변, 자원 부족 등 전지구적 모순들에는 전혀 대처하지 않는다. 유일한 예외는 디스토피아 서사의 전통이 강한 영국의 작가 앨런 무어Alan Moore가 만든 '왓치맨'이나 '미라클맨' 정도이다. 미국의 슈퍼 히어로들은 대개 도시에 머무르며 자경 활동을 하거나, 곤경에 처한 이들을 돕는 데서 나아가지 못한다. 움베르토 에코Umberto Eco가 슈퍼맨을 분석하며 말하듯 "악이 사유재산에 대한 공격이라는 형식만을 취하듯, 선은 오직 자선으로만 표상된다." 요컨대 슈퍼 히어로들의 초인적 힘은 사회의 근본적 변혁이라는 '급진적 정치성'을 지향하는 대신 '시민적 의무의 수행'이라는 테두리 안에서만 발휘된다. 악을 생산하는 사회구조 대신 사악한 인물만을 응징하는 전형적 슈퍼 히어로 서사가 언제나 반복에 그치는 것처럼 보이는 것은 이 때문이다.

생각해보면, 체제의 근본 모순보다 대중의 재산과 안전에만 신경쓰는 현대의 영웅은 결국 대중 자신이 만들어낸 것이다. 민주주의 시대에 요구되는 정치 역시 대개 그 틀 안에 있다. 우리는 날마다 한숨을 내쉬면서도 그 한숨을 내쉬게 만든 근본적 원인을 사유하려 하지 않으며, 그저 누군가가 '나쁜 놈'들을 처리해서 나와 가족의 삶만은 안녕하길 바랄 뿐이다. 슈퍼 히어로는 바로 그러한 소시민적 갈망의 표상이다. 우리 시대의 정치가 그렇듯, 본질은 그대로 둔 채 표면만을 매끈하게 한다는 점에서 그것은 하나의 거대한 '스펙터클'이다.

2012. 07. 21.

슈퍼 히어로물은 초인적인 능력을 지니고 악과 싸워 사람들을 보호하는 주인공이 등장하는 장르로 미국 만화 시장의 80퍼센트를 점유하고 있다. 1990년대 중반 이후 컴퓨터그래픽 기술 발전과 함께 슈퍼 히어로들을 스크린에서 만날 수 있게 되었다. 2008년 마블 사의 〈아이언맨〉이 성공을 거두며 히어로 그래픽노블을 원작으로 삼는 영화가 대세가 됐다. 이후 마블 코믹스 히어로들 가운데 가장 대표적인 히어로들로 구성된 〈어벤저스〉가 영화화되었다. 국내에서는 2012년 4월 26일에 개봉되어 큰 인기를 끌었다. 2012년 7월 19일에는 배트맨 시리즈 〈다크 나이트 라이즈〉가 개봉해 6일 만에 300만 관객을 모으며 흥행했다.

한편 2016년 제작된 〈닥터 스트레인지〉는 영웅 캐릭터가 아닌 '마법사'를 주인공으로 삼으며, 슈퍼 히어로가 '마법'의 세계로 변화하고 있다는 평가를 받았다. 지금까지 슈퍼 히어로물의 주인공은 과학기술이나 돈의 힘, 외계에서 지구로의 이동 등을 통해 초인적인 능력을 얻은 존재들이었지만 시공간의 물리 법칙을 거스르지 않았다. 그러나 마법사라는, 다른 차원을 넘나드는 초현실적 존재가 등장함으로써 물리학의 기반을 벗어난 새로운 슈퍼 히어로물이 등장한 것이다.

사람이
아니무니다

TV 프로그램 〈개그 콘서트〉에 '갸루상'이라는 이름의 갸루족
캐릭터가 등장했다. 일본의 하위문화인 '갸루족'은 특이한 분장을
한 소녀(갸루)들을 일컫는다. 과장된 캐릭터 연기의 달인 박성호가
표현하는 갸루상은, 그러나, 외양만 갸루족일 뿐이다. 갸루상의
웃음 코드는 갸루족의 본질인 '분장'이 아닌, '분열'에서 나온다.
학생인 갸루상에게 교사는 일본 사람인지 한국 사람인지를
묻는다. 일본 사람도 한국 사람도 아니라면서 갸루상은 대답한다.
"사람이 아니무니다."

　　갸루상은 일본인도 한국인도, 남자도 여자도 아닐 뿐
아니라, 가지도 오지도 않았다. 그는 한국어를 쓰지만 말투는
일본식이며, 소녀의 옷을 입었지만 남자 개그맨이 연기한다.
갸루상에게 의미는 언제나 분열 상태인데, 그 분열된 의미가

저항이나 반항 같은 어떤 반의미를 지향하는 것도 아니며, 차라리 무의미에 가깝다. 이 분열적인 무의미는 고정된 의미의 세계에서 사는 정상 주체의 정신을 무너뜨린다. 갸루상이 다니는(?) 학교의 이름이 '멘붕 스쿨'인 것은 이 때문이다.

무의미와 마주해 붕괴해버린 의미. '꺾기도' 역시 비슷한 구조 속에 있다. 꺾기도는 기존의 언어체계 일부를 갑자기 비틀어 (즉, '꺾어') 의미를 무너뜨리고 상대방을 '멘붕' 상태로 만드는 기술이다. 1990년대 이후 한국 유머의 한 축이었던 '허무 개그'가 극단화된 것이 바로 '꺾기도'와 '갸루상'이다. 의도적으로 의미의 세계를 벗어나려는 이러한 시도들의 목록은 점점 늘어나는 중이다. 많은 인디밴드들이 무의미를 극대화한 형식을 통해 웃음과 공감을 획득하고 있다. 인디밴드 '무키무키만만수'는 '벌레'들의 이름을 나열하며 소리 지르는 노래를 만들어 그 제목을 '안드로메다'라 지었다. 언제나 '빠져드는' 우주 저편 안드로메다는 무의미의 공간을 지칭한다. 주류 대중음악의 경우는 전체 맥락과 상관없이 반복되는 구절에 의지하는 '후크송'으로 드러난다. 의미의 붕괴는 정치 영역에서도 나타난다. 여도 야도 아닌 '무소속', 정치인도 공무원도 아닌 '멘토'에 대한 지지인 소위 '안철수 현상'은 지루한 의미 싸움 자체를 벗어나려는 국민적 몸짓이라고 할 수 있다. 그런 점에서 '안철수 현상'은 하나의 '시대정신'이다.

표면상 무의미의 극단화는 '소통'을 위한 갈구처럼 보이지만, 그렇지 않다. 그것은 오히려 소통이 불가능하다는 '진리'를 보여준다. 이명박 5년은 그 증거다. 주체들의 합리적 소통을 통해 모순을 해결할 수 있다는 하버마스적 근대성의 기획은 역사적 경험을 통해 폐기되는 중이다. 지배적 의미에 맞선 과거의 저항이 학생운동, 노동운동, 민중가요, 정당정치 등 집단적·비판적 의미 형성을 통해 이루어졌다면, 이제는 의미 자체가, 저항 자체가 '의미'를 잃는 중이다.

'갸루상'으로 대표되는 무의미의 극단화, 멘붕의 보편화는 단지 현실의 반영이 아니다. 그것은 어쩌면 이미 도착해 있는 미래이다. 공통된 사회적 의미를 둘러싼 싸움이 결과를 내지 못하고 생존 자체만이 문제가 된 곳, 경제만이 유일한 진리인 사회 속의 개인들은 '의미' 자체가 부담스럽다. '말 많으면 공산당'일 뿐이다. 의미가 사라진 자리의 대체물은 피로를 달래는, 나를 흥겹게 하는 일차원적 즐거움이다. 문화와 마찬가지로, 이제 정치 역시 콘서트와 베스트셀러와 예능 없이는 불가능하다. 그렇다. 갸루상은 사람이 아니무니다. 굳이 그럴 필요가 없는 것이다.

2012. 08. 11.

'갸루'는 일본 패션문화의 하나로, '소녀'를 뜻하는 영어 단어 girl을 일본식 발음 갸루(ガール)로 읽은 데서 비롯했다. 초창기에는 진한 눈 화장, 태닝한 피부에 밝은 염색을 한 화려한 헤어스타일의 소녀를 일컫는 말이었다. 지금은 일본 소녀풍 패션의 대명사로 쓰인다. 갸루식으로 꾸민 사람들을 '갸루족'이라 부른다.

KBS 2TV 〈개그콘서트-멘붕스쿨〉의 박성호가 갸루 분장을 한 캐릭터 '갸루상'으로 인기를 얻었다. 학교의 진로 상담 선생이 자퇴를 원하는 학생들과 상담하며 말 그대로 멘붕을 겪는 모습을 보여주는 옴니버스식 코너에서 '갸루상'은 당시 국민과의 소통을 외면한 이명박 정권을 풍자한 의미로 해석되었다.

한편 일본의 한 포털사이트에 '갸루상 일본 반응'이라는 제목으로 관련 뉴스와 일본 누리꾼들의 댓글을 번역해 소개한 글이 게재되면서 논란이 벌어졌다. '한국 개그맨이 일본인을 폄훼하는 개그로 인기를 얻고 있다' '개그 자체에 반한 감정을 섞는 것은 옳지 않다' 등으로 양국 네티즌이 논쟁을 벌였다. 캐릭터를 연기한 박성호는 "짙은 화장과 말투는 개그를 위한 장치일 뿐, 일본인의 패션이나 문화를 비하하려는 의도는 전혀 없었다"고 밝혔다.

무의미의 극단화는 '소통'을 위한
갈구처럼 보이지만, 그렇지 않다.
그것은 오히려 소통이 불가능하다는
'진리'를 보여준다.

        •

이명박 5년은 그 증거다.
주체들의 합리적 소통을 통해
모순을 해결할 수 있다는
하버마스적 근대성의 기획은
역사적 경험을 통해
폐기되는 중이다.

        •

지배적 의미에 맞선 과거의 저항이
학생운동, 노동운동, 민중가요,
정당정치 등 집단적·비판적 의미
형성을 통해 이루어졌다면,
이제는 의미 자체가, 저항 자체가
'의미'를 잃는 중이다.

●

'힐링'이라는
돌팔이

한국 사회에서 종교가 담당해왔던 중요한 역할 중 하나는 '치유'이다. 문학이나 대중문화 속에서 교회나 성당, 사찰은 상처 받은 이들이 안식을 찾을 수 있는 유일한 곳으로 그려지곤 한다. 쫓기는 자들, 갈 데 없는 자들, 몰락한 자들이 마지막으로 선택하는 장소, 그래서 때로는 거대한 사기극이 벌어지기도 하는 장소. 지상의 불쌍한 이들은 천상을 바라봄으로써 지금껏 누리지 못했던 '치유의 은사'를 경험하기도 하는 것이다. 하지만 다른 모든 곳들과 마찬가지로 종교 역시 하나의 '비즈니스' 모델로 업종 변경을 한 사회에서 영혼을 치유하는 역할은 속세에 전가되게 마련이다.

     요즘 번성하고 있는 '힐링healing'이라는 브랜드가 이를 잘 보여준다. 예컨대 TV 프로그램 〈힐링캠프, 기쁘지 아니한가〉는

2012

녹음이 우거진 야외에서 유명인들과 대화를 나눔으로써 그들의 '상처'를 치유해준다는 포맷을 가지고 있다. 박근혜, 문재인, 안철수 등 유력한 대선 후보들이 이곳을 통해 일종의 대중적 신고식을 치렀다는 점은 프로그램의 인기를 증명해준다. 이 프로그램에서 '상처의 치유'라는 말뜻을 가진 '힐링'은 진지함과 심각함보다는 즐거움과 예능으로 나타난다('기쁘지 아니한가'?). 진지한 말과 심각한 의미를 극도로 기피하는 사회에서는 이처럼 상처와 치유의 과정마저도 가능하면 가볍고 발랄하게 재현하려 노력한다. 아니, 어쩌면 애초에 '힐링'이라는 브랜드 자체가 딱 그만큼의 무게를 지닌 것인지도 모르겠다. 인터넷 서점 검색창에 '힐링'이라는 단어를 입력하면 나오는 수많은 정체불명의 책 제목들, 가령 '힐링 육아' '힐링 코드' '힐링 브레드' '힐링 가든' '힐링 모차르트' 등은 우리 사회에서 '힐링'이라는 말이 어떤 식으로 범람하는지를 보여준다.

그런가 하면 최근 박근혜 후보 측은 한국의 상처를 치유하려는 박근혜 후보가 자신의 캠프를 '힐링캠프'로 여기고 있다고 전했다. 민주당은 '힐링 코리아 정책'을 제안했다. 이 정책에는 '일자리 치유'를 위해 공공 부문 일자리를 만들고, '사회경제 치유'를 위해 연령별 복지 정책을 세우겠다는 등의 공약이 들어가 있다. '일자리'나 '사회경제'가 질병으로 은유되고 정치인들이 치유자를 자처하는 이런 상황은 현실 정치가 아닌 구약성경에서나 볼 법한 종교적인 수사법이다.

'힐링'의 범람 현상은 어쨌든 한국인들이 느끼는 상실감과 불안감이 그만큼 크다는 사실을 반증한다. 2000년대의 유행어였던 '웰빙'이 더 조화롭게 잘 살기 위한 대중의 욕망을 표현한 것이라면, 2012년의 '힐링'은 더 잘 살고 싶기는커녕 받은 상처를 치료라도 하고 싶은 몸부림이라는 점에서 차이가 있다. 그동안 살기는 더 팍팍해진 것이다.

모든 이에게 '자기 경영'을 하는 기업가가 되기를 촉구하는 새로운 자본주의 속에서 개인은 한번 몰락하면 다시 일어서기 힘들다. 삶 전체를 걸고 '무한 책임 경영'을 해야 하는 이 시대의 주체는 항상적 불안감에 시달릴 수밖에 없다. '힐링'은 이런 현실적 모순을 심리적 차원으로 환원시키려는, 어떻게든 자본주의의 본질만은 건드리지 않으면서 뭔가를 해소해보려는 놀라운 전략이다.

'테라피therapy'가 상처에 가해지는 구체적 치료 행위를 의미한다면, '힐링'은 이를 통해 상처가 회복되는 과정을 의미한다. 제대로 된 치료가 없다면 치유는 불가능하다. 오늘의 '힐링'이란 실질적인 치료가 필요한 '중증외상' 환자에게 마음의 안정을 취하면 된다고 말하는 돌팔이에 가깝다. 우리 시대의 또다른 유행어인 '멘토mentor' 역시 마찬가지다. 하지만 오늘날 대중이 사랑하는 것은 근본적 테라피보다는 부드러운 '힐링'이나 따뜻한 '멘토'이다. 이 '예쁜' 사랑이 괴물을 낳지 않게 되기만을 바랄 뿐이다.

2012. 09. 01.

〈힐링캠프, 기쁘지 아니한가〉는 2011년 7월에 시작한 SBS 토크쇼 프로그램이다. 이경규, 한혜진(성유리), 김제동이 진행했다. 다양한 분야의 유명인들이 게스트로 출연하여 자신의 이야기를 들려주었다. 그들이 겪었던 희로애락에 공감하면서 시청자들도 자신의 아픔과 고통을 치유하고 용기를 얻을 수 있다는 콘셉트로 '힐링캠프'라 이름 붙여졌다. 프로그램에 나와 진솔한 이야기를 전한 스타들이 인간적인 매력으로 재조명되는 계기를 얻곤 했다. 2012년 12월 19일에 치러진 제18대 대선을 앞두고 유력 후보 3인방(문재인, 박근혜, 안철수)이 출연해 시청률 경쟁을 하기도 했다. 2015년에는 방송 4주년을 맞이해 변화를 선택했다. 이경규와 성유리가 하차했고, 잔류한 MC 김제동을 포함한 시청자 500명이 매회 특별 출연자와 함께 이야기를 나누는 '힐링캠프-500인'으로 재단장했다. 하지만 시청률 저조와 연예인의 힐링이 시청자들에게 흥미롭게 다가오지 않는다는 이유 등으로 2016년 2월 1일을 마지막으로 4년 7개월 만에 폐지되었다. 진행자 김제동에 대한 정치적 압박이라는 분석도 있었다. 그 자리에는 〈동상이몽, 괜찮아 괜찮아〉가 시간대를 옮겨 편성되었다. 〈힐링캠프〉, MBC 〈놀러와〉 등이 폐지되면서 토크쇼의 시대가 저물었다는 분석도 나왔다.

'진정성'이라는 가면

최고의 인기를 구가했던 연예인 강호동이 평소 자주 쓰는 말 중
하나가 '진정성'이었다. 〈무릎팍도사〉 등 자신이 진행하던
TV 토크쇼에서 강호동은 성공한 명사가 인생 역정과 직업 정신을
이야기할 때마다 '진정성이 있다'고 표현하며 감동했다.
그가 없는 지금도 '진정성'의 물결은 여전하다. 〈슈퍼스타 K〉 등
오디션 프로그램에 빠짐없이 등장하는 감동적 사연의 가수
지망생들, 〈강연 100℃〉에 나오는 자수성가형 노력가들, 〈짝〉에서
진심을 담아 이벤트를 펼치는 남녀들에게까지 '진정성'이라는
표현은 널리 쓰인다. 오디션에 나온 이들이나 자수성가한
이들, 사회적 명사들 모두 성공하고 싶어하거나 이미 성공한
이들이라는 점에서, '진정성'은 오늘날 '성공'의 한 척도로까지
재현되고 있다고도 말할 수 있다.

원래 '진정성authenticity'은 '진짜authentikos'라는 그리스어에서 기원했다. 가짜들이 많은 곳에서 '진짜'는 '원본' 혹은 '독창성'을 의미했다. 독창성이 담긴 원본을 만들어내는 이들이 '작가author'라고 불린 것은 이 때문이며, 따라서 이들의 작품은 '권위를 가진authoritative' 것이 된다. 서구에서 '진정성'이라는 에토스는 18세기 이후 근대적 개인의 등장과 함께 시작되는데, 고유한 '진심'을 가진 도덕적 개인이 진실되지 않은 사회와 대면하면서 그 사회를 바꿔나가기 위해 노력하는 자세를 의미했다. 그래서 '진정성'은 흔히 사회 진보를 염원하는 청년들로 표상된다. 한국 사회에서 '진정성'의 에토스는 1980~1990년대를 풍미하며 청년 문화의 헤게모니가 되었다가 외환위기를 맞으면서 급속히 사라진다. '생존'이 정언명령이 된 강력한 자본주의 체제 속에서 '진정성'을 가진 이들은 가장 먼저 망하기 십상이다. 오늘날 유일하게 '진정'한 것은 자본이기 때문이다.

　　　다른 많은 개념들이 그렇듯, '진정성' 역시 그것이 사라졌기에 더 남발된다. 생존의 압박 속에서 무한 경쟁하는 주체들은 '진심'이 인정받고 권위를 가졌던 '옛날'을 가끔 그리워할 것이므로. 찍어낸 듯 똑같은 아이돌 그룹의 노래 홍수 속에서 〈나는 가수다〉나 〈불후의 명곡〉이 다시 호출하는 1980~1990년대의 명곡들은 잠깐이나마 느껴보는 진정성 있는 옛날이다. 〈건축학개론〉, 〈응답하라 1997〉 등 '1990년대로의 복고' 역시 마찬가지다. '첫사랑의 아련함'만큼 우리가 진심이었던 적이 있었던가. '사람이 먼저다'를 내세우는 문재인 후보, '진심의 정치'를 외치는

안철수 후보 등도 모두 '진정성'에 기대고 있다. 속물의 대명사가
된 이명박 대통령과 차별화하는 데 '진정성'은 강력한 슬로건이다.
　　하지만 생존경쟁의 체제에서 끝없이 속물화된 주체들에게
'진정성'은 그저 하나의 위안일 뿐이다. 그것은 살아남기
위해서라면 어떤 일도 할 수 있는 오늘날 '우리들'이 자신의
수치스러움을 감추기 위해 더 열심히 찾는 가면 같은 것이다.
라 로슈푸코La Rochefoucauld의 말처럼, "우리의 미덕은 대개
변장한 악덕이다." 드러나는 이미지와 현실이 다른 곳으로
알려진 연예계와 정치권에서 '진정성'이 가장 열심히 호출되고,
누구나 개탄하는 이 폭력적인 사회에 붉은 십자가가 도시를
뒤덮고 있으며, 성공을 돕는다는 자기계발서와 '진정성'을
설교하는 멘토들의 책이 나란히 베스트셀러 목록에 놓여 있는
현상들은 그 자체로 모순이다. 어떤 이들은 이러한 분위기를
'열망'이라 표현하지만, 그것은 대중에 대한 비판이 유일한
터부인 곳에서 만들어진 환상이다. 오히려 우리에게 절실한
것은 현실의 더러움과 모순들을 있는 그대로 지적하면서 우리가
얼마나 '쓰레기'가 되어가고 있는지 읊조리는 냉소적인 목소리다.
따뜻하고 긍정적이고 부드럽기만 한 '진정성'이라는 문화적
분위기 속에서 완전히 사라지다시피 한 차갑고 딱딱한, 무엇보다
'진실된' 그런 목소리 말이다.

2012. 09. 22.

소위 'X세대'로 불리는, 1990년대에 대학 생활을 한 이들이 소비문화의 새로운 주축이 되고 있다. 영화 〈건축학개론(2012년 3월 개봉)〉이나 드라마 〈응답하라 1997(2012년 7~9월 방영)〉 등 1990년대를 배경으로 한 콘텐츠들이 그 증거이다. 특히 그 시대에 초등학생이었던 20대까지도 복고 열풍에 동참하고 있다는 점이 독특하다. 이런 현상은 경기 침체 등 최근의 팍팍한 사회 환경 때문에 민주화가 본격화되고 경제적으로 호황기였던 1990년대에 향수가 생긴 것이 원인으로 보인다. 한편 30~40대가 소비 여력이 상대적으로 높아 이들을 목표로 한 마케팅이 유효했다는 분석도 있다. 복고 열풍은 〈응답하라 1994(2013년 10~12월 방영)〉 〈무한도전 '토토가'(2015년 1월 방영)〉 〈응답하라 1988(2015년 11월 방영중)〉 등으로 계속되고 있다.

영혼
바꾸기

최근 몇 년간 한국 드라마에는 영혼이 뒤바뀐 이들의 이야기가
줄을 잇고 있다. 〈돌아와요 순애씨〉(2006년)에서는 바람난 남편의
부인과 남편 애인의 영혼이, 〈시크릿 가든〉(2010년)에서는
두 남녀의 영혼이, 〈빅〉(2012년)에서는 여주인공의 약혼남과
그녀가 교사로 있는 학교 학생의 영혼이, 현재 방영중인 〈울랄라
부부〉에서는 바람난 남편과 그 부인의 영혼이 바뀌었다. 서로가
서로를 차별화하기 위해서인지는 몰라도, 네 편의 드라마에서
영혼이 바뀌는 대상들은 모두 조금씩 다르다. 언젠가 나올 또다른
드라마에서는 이전과는 다른 방식으로 영혼을 바꿀 것이다.

　　영혼이 바뀌는 드라마들에는 공통의 서사적 관습이
존재한다. 이야기는 언제나 영혼이 바뀌기 전에 시작하는데,
주인공들 사이에는 표면화된 갈등이 상존해 있다. 그 갈등이

터져 관계가 어긋나려는 순간, 갈등 당사자들의 영혼이 갑자기 뒤바뀌는 사건이 발생한다. 이후에는 그로 인한 자질구레한 소동이 이야기의 대부분을 차지한다. 애초에 서로를 결코 이해하지 못했던 인물들은 상대의 몸을 '입고' 난 후에 비로소 상대를 이해하며, 드러나지 않았던 진실들이 모습을 드러낸다. 영혼은 다시 원래 주인에게로 돌아가고, 애초의 갈등 관계들은 회복되거나 새로운 국면으로 전환된다. 해피 엔딩.

정체성이 우연히 바뀌거나 혹은 정체를 의도적으로 감춤으로써 극의 재미를 이끌어내는 방식은 전형적인 희극의 서사 방식이다. 비평가 노스럽 프라이Northrop Frye는 『비평의 해부』라는 책에서 희극의 구조를 '원형 비평'이라는 틀로 분석한 바 있다. 그에 따르면, 희극은 부딪치는 인물들 간 갈등의 과정을 통해 진실을 발견하고, 이로 인해 모두가 화합을 이루는 구조를 가진다. 비극의 인물들이 어떤 수를 쓰더라도 마지막에는 파국을 피하지 못하는 것과 달리, 희극의 인물들은 소동 속에서도 끝내 화해와 회복의 길로 들어선다. 비극의 악인이 '사악'하다면 희극의 악인은 '황당'할 뿐이고, 따라서 그는 '응징감'이기보다는 '놀림감'에 그치거나 공동체 안으로 받아들여진다. 그래서 희극의 한 원칙은 '배제'가 아니라 '포함'이라고 프라이는 말한다.

영혼이 바뀌는 일련의 한국 드라마들 역시 이러한 희극의 서사 구조를 큰 틀에서 공유한다. 동시에 현대를 배경으로 한 만큼 이 드라마들은 한국 사회의 젠더 규범들이나 권력관계들을 소재로 삼는다. 뒤바뀐 영혼의 남편과 아내는 각자의 성 역할을 수행하면서 '계몽'의 과정을 겪고, 둘 사이의 권력관계는 영혼의 영역 속에서 역전된다. 여전히 주류 담론 속에서 소외된 동성애 코드도 바뀐 몸 탓에 자연스럽게 표면 위로 드러난다. 그렇다고 해서 젠더, 권력, 섹슈얼리티의 문제의식이 '전면화'되지는 않는다. 이러한 드라마들은 문제를 다만 '코믹하게' 건드리는 제스처만 취할 뿐이며, 그것을 진지하게 혹은 급진적으로 다루는 법은 없다. 극적인 화해와 회복으로 가기 위해 소동의 강도는 더욱 높아지지만, 마지막에 당도한 화해란 다시금 전통적 이성 관계의 복원에 그칠 때가 많다. 그 과정에서 변하는 것은 단 하나, 주인공의 '마음가짐'뿐이다.

영혼이 바뀌는 드라마의 반복적 등장은 '소통'이 정치적 슬로건으로 사용되는 오늘 한국의 상황과도 공명하는 것처럼 보인다. 서로가 서로의 입장이 되어 대화를 나눠보자는 소통의 요구는 드라마를 통해 아예 영혼을 바꿔버림으로써 가장 극적으로 재현된다. 그렇게 극단적으로 소통을 하면서도 궁극적으로는 새로운 관계의 창출이 아닌 기존 관계 속에서 '진심'의 확인에 그치고야 마는 이런 드라마의 한계는 수년 전부터 남발되던 정치적 '소통'의 구호들이 어떤 결말에 이를지를 보여주는 거울 같기도 하다.

2012. 10. 13.

〈울랄라 부부〉는 2012년 10월부터 11월까지 방송된 KBS 드라마이다. 남편의 불륜과 '시월드'의 등쌀을 견디다 못해 이혼 직전까지 간 부부가 우연한 사고로 서로 영혼이 바뀌며 벌어지는 기상천외한 사건을 코믹하게 그렸다. 이를 계기로 아내가 그동안 어머니에게 시달려온 것을 깨달은 남편과 남편의 직장 생활이 녹록지 않다는 것을 알게 된 아내가 서로를 이해하고 화해한다는 내용이다.

'입장 바꿔 생각하기'라는 영혼 바꾸기 드라마의 콘셉트를 전형적으로 따른 작품이다.

긍정의
안과
밖

우리 시대에 '긍정적'이라는 형용사는 사람의 성격을 지칭하는 많은 단어들 중 월등한 위치를 차지하고 있다. '긍정적인 사람'의 가장 큰 특징은 아무리 힘든 일이 닥쳐도 좌절하거나 남의 탓을 하지 않고, 그 속에서 교훈을 찾아내고 자신을 바꾸려 노력하는 데 있다. 성공한 스포츠 선수에서부터 잘 나가는 연예인들, 멘토링을 하는 교수들과 대선을 앞둔 대통령 후보들에 이르기까지, 누구나 할 것 없이 강조하는 게 바로 '긍정'이다. 〈휴먼스토리 덤벼라! 인생〉(MBC)이나 〈강연 100℃〉, 〈이야기쇼 두드림〉(KBS) 등은 좌절을 딛고 자기에 대한 긍정적 믿음으로 결국 '승리'한 이들의 이야기를 다룬다. 〈슈퍼스타 K4〉 등 오디션 프로그램에 깔린 철학 역시 마찬가지다. '기적을 노래'할 수 있을 만큼의 긍정적 사고와 피나는 노력이 없다면 '슈퍼스타'가 될 길도 없다.

'긍정적 사고positive thinking'에도 역사가 있다. 바버라 에런라이크 Barbara Ehrenreich에 따르면, 미국에서 긍정적 사고는 죄의식과 자기 절제, 노동 윤리를 강조하던 캘빈주의 기독교 정신에 대한 반발로 생겼다. 캘빈주의적 엄격함 속에서 유행하던 신경쇠약이라는 질병을 치료하기 위해 19세기 중엽에 피니어스 큄비와 메리 베이커 에디는 '신사고New Thought' 운동을 전개하는데, 이들은 심판하는 신의 이미지 대신 모든 것을 받아들이는 따뜻한 정신으로서의 신을 주창한다. 정신이 제일이기 때문에 자신이 어떤 생각을 하느냐 하는 것이 핵심이 된다. 자신을 긍정적으로 바꾸는 것이 치유의 지름길인 것. 윌리엄 제임스나 에머슨 등 유명한 지식인들 역시 신사고 운동의 지지자들이었다. 하지만 이 긍정적 사고는 캘빈주의의 유산을 여전히 간직한다. 자기 절제와 노동 윤리는 더욱 강화되고, 죄의식 대신 '부정적 사고'에 대한 끝없는 경계가 들어선다. 20세기를 거치며 미국에서 '긍정적 사고'의 철학은 복음주의 기독교, 기업의 노동자 교육과 결합하면서 부와 성공을 염원하는 대중의 신화가 되었다.

긍정적 사고는 기독교와 기업의 영향력이 큰데다 성공에 대한 압박이 강한 한국에서 무리 없이 받아들여졌다. 1980년대만 해도 체제에 저항하는 투사, 곧 '비판적 인간'이 얼마간 이상화되었다면, 민주화 이후의 세상에서 '비판'은 '긍정'에 자리를 내준다. 긍정적 사고의 문화는 '사회' 대신 '인적 자본'으로서의 개인에게 모든 책임을 부과하는 신자유주의 질서와도 부합한다. 힘들어도 체제 탓을 하지 않고, 모든 것을 개인의 정신 자세와

노력 여부로 연결시키는 긍정적 인간이야말로 우리 시대의
자본주의가 원하는 이상적 주체상이기 때문이다.

물론 이 살인적인 경쟁 속에서 '긍정적 사고'만으로 승자가 되기란
거의 불가능하다는 사실은 감춰진다. 그저 노력하는 자세의
아름다움만 찬양될 뿐, 어쩌다 승리한다면 '대박' 나는 것이고,
실패한다 해도 그건 나의 부족함 때문이다. 이런 사람들로 가득한
'긍정적' 세상이야말로 지배하기에 가장 용이한 곳이리라.
긍정적 사고의 문화가 탈정치적 성격을 강하게 가지는 것은
이 때문이다.

　　　긍정적 사고가 가득한 곳일수록 다른 방식의 혐오가
넘친다는 점은 흥미롭다. 긍정적 사고가 가진 특유의 전투성은
실패한 이들, 저항하는 이들을 희화화한다. '비판만 일삼는 이들'을
뜻하는 '좌빨', 나아가 '듣보잡', '지잡대' 등의 인터넷 신조어들에는
모두 실패한 이들, 변두리에 있는 이들에 대한 혐오가 강하게
드러난다. 여성, 비정규직, 장애인, 빈민, 외국인 노동자도 흔한
목표물이다. 이 용어들은 현실의 문제들을 현실적으로 힘없는
주체들의 문제로 환원시키는 우리 시대의 지배적 태도를
무의식적으로 드러낸다. 2007년 이후 '이명박'이란 긍정의
아이콘이 보여주듯, 역설적으로 긍정적 사고는 지독한 부정성의
다른 이름이기도 한 것이다.

2012. 11. 03.

감각의 제국

2012

'좌빨'은 '좌파 빨갱이'의 줄임말로 진보-좌익 진영을 폄하하기 위한 말이다. 유사어로 좌좀(좌익 좀비)이 있고 반대어로는 보수-우익 진영을 폄하하는 '수꼴(수구 꼴통)'이 있다. '듣보잡'은 '듣도 보도 못한 잡놈'의 줄임말로 잘 알려지지 않았거나 인기를 끌지 못한 대상을 폄하하는 말이며, '지잡대'는 '지방의 잡스러운 대학교'의 줄임말로 수도권 대학 및 지방 국립대를 제외한 대학들을 무시하는 단어이다. 이러한 단어들은 '혐오'의 정서를 바탕에 깔고 있으며, 공산주의혐오, 여성혐오, 동성애혐오 등 약자나 소수자를 향한 근거 없고 공격적인 혐오가 우리 사회에 만연함을 보여주고 있다.

어떤
유머 감각

오늘날 '유머 없는 사람'은 '매력 없는 사람'과 유사한 취급을
받는다. 유머 감각은 자신의 매력을 드러내는 강력한 무기다.
진지하다못해 엄숙한 사람을 높이 샀던 과거의 문화는 사라지고,
이제는 가볍고 유쾌한 사람이 인기를 얻는다. 코미디언 출신의
일부 연예인들이 예능 프로그램을 장악한 것은 어제오늘 일이
아니며, 그중 일부는 높은 수입을 보장받고 사회적 선망의
대상이 되기도 한다.

　　'유머' 혹은 '웃음'이 인기의 조건이 된 것은 동서양을
막론하고 그리 오래되지 않았다. 신분에 의한 지배가 존재하는 곳,
상하의 서열 관계가 중요한 곳에서는 언제나 웃음을 경망스럽고
천한 것으로 취급했다. 유학이 지배했던 조선시대에 웃음을
담당했던 광대들은 최하층 천민이었으며, 그들의 공연 역시

감각의 제국

그렇게 다루어졌다. 엘리자베스 여왕은 연극 등의 공연을 즐겼던 것으로 알려졌으나, 기존 질서를 풍자하는 민중들의 웃음까지 즐기지는 않았다. 당시의 모든 대중 연극은 혹독한 검열을 통과해야만 했다.

　　웃음은 천한 것이었지만, 바로 그것 때문에 기존 질서를 위협하는 요소이기도 했다. 엄격한 이상사회를 꿈꾸었던 플라톤은 이 점을 잘 알고 있었다. "웃음을 너무나 좋아해서는 안 될 것이네. 격한 웃음에 빠져드는 것이야말로 일반적으로 격한 변화를 낳는 중개자 역할을 하게 마련이거든." '격한 웃음'이 '격한 변화'를 낳는다는 지적은 '유머'라는 말의 어원과도 연관된다. 그리스어로 'umor'란 인간의 몸에 흐르는 네 가지 '체액'(담즙질, 우울질, 점액질, 다혈질)을 뜻했는데, 그리스인들은 이 체액의 변화가 사람의 기질, 기분, 건강을 관장한다고 믿었다. 웃음을 주는 행위는 기질과 기분, 건강에 영향을 주는 일, 곧 사람의 신체를 바꾸는 근본적 변화인 것이다. '정치체body politic'라는 표현에서 드러나듯, 신체의 변화와 정치적 변화는 밀접하다. 『헨리 4세』에서 왕자 헨리가 왕이 되기로 결심하자마자 폴스타프 패거리를 내쳐야 했던 것, 『장미의 이름』에서 몰래 웃음을 탐하는 수사들이 죽어야 했던 것, 『제인 에어』에서 '미친 여자'의 웃음이 '다락방'에 가두어져야만 했던 것, 조선시대 여자들의 웃음이 담장을 넘어서는 안 되었던 것은 이 때문이다. 아직까지 그러는지 모르겠지만, 군대에서 이등병들의 웃음을 금지하는 것도 마찬가지다("쪼개지 마!"). 낮은 신분이 '쪼개기'

시작할 때 진짜 '쪼개지는' 것은 권위 자체다.

    웃음과 유머는 역설적으로 억압적인 사회에서 비로소 자신의
정치적 역할을 가장 훌륭히 수행한다. 웃음은 민중이 억압에 대해
취하는 가장 소극적 저항의 표현이기도 한 것이다. '대중의 지배'를
요체로 삼는 민주주의 사회일수록 지배적 질서의 권위를 쪼개는
웃음과 유머에 관대하다. 민주주의의 '표현의 자유'는 그 사회가
금기시하는 것까지도 표현하는 자유를 인정하기에 위대한 것이다.
북한 트위터 계정의 글을 리트윗한 행위로 '국가보안법'이 적용되어
기소되고, 결국 며칠 전 유죄를 선고받은 박정근씨의 사례는
한국 사회에서 아직까지 인정되지 않는 유머의 대상이 무엇인지를
명확히 보여준다. 북한 찬양 글을 그대로 리트윗한 행위 속에
담긴 '아이러니'가 무언지를 '국가 보안'을 책임지는 근엄한
플라톤주의자들은 결코 이해할 수 없는 것이다. 겉의 의미와 속의
의미가 다른 데서 생겨나는 아이러니야말로 고급 유머의 핵심
기법임을 모르는 법 집행자들의 수준은 그들이 그토록 두려워하는
북한보다 그리 나을 게 없어 보인다. 글로벌한 현상이 된 싸이의
원초적인 '코믹' 댄스곡에는 훈장을 수여하면서, 그보다 수준 높은
박정근씨의 '유머'에는 유죄를 선고하는 엘리트들의 뒤틀린
유머 감각에 우리는 어떻게 반응해야 할까?

_____

2012. 11. 24.

2012

박정근씨는 북한노동당 대남선전기구가 운영하는 소셜네트워크 계정인 '우리민족끼리'의 트윗을 '리트윗(Retweet)'했다는 이유로 지난 2012년 1월 구속 기소되었다. 세계에서 '리트윗'으로 구속된 첫번째 사례이다. 박씨는 '풍자와 조롱의 의미'라고 주장했으나 수사당국은 '북한 찬양·고무죄'를 적용했다. 1심에서 유죄, 2심에서 무죄를 선고받았으며, 2014년 8월 무죄가 최종 확정되었다. 각국 언론 및 인권단체에서도 국내 표현의 자유를 우려하고 국가보안법 문제를 재조명하는 등 주목했던 사건이다.

박근혜,
혹은
실재의
사막

영화 〈매트릭스〉에서 네오는 모피어스를 통해 자신이 살던 세상이
가상공간일 뿐이라는 말을 듣는다. 믿지 않는 네오에게 모피어스는
선택의 기회를 준다. 진짜 세상, 즉 '실재'를 보려면 붉은 약을,
모든 것을 잊고 일상으로 되돌아가고 싶으면 파란 약을 선택하라고
한다. 네오는 붉은 약을 선택한다. 이후 그의 눈앞에 펼쳐진 세상은
화려한 현실과는 완전히 다른 황량한 사막이다. 충격을 받은
네오에게 모피어스는 말한다. "실재의 사막에 온 걸 환영하네."

　　우리가 사는 세상 역시 사실은 가상공간일지도 모른다.
이 가상공간은 언어, 기호, 이미지 등 상징체계로 이루어진 세계이다.
우리는 흔히 자신을 '주체 subject'라고 부르지만, 우리는 이미 태어날
때부터 이 상징체계 아래로 sub 던져진 jet 존재, 즉 상징체계의 지배
아래 있는 '신민 subject'이기도 하다. 상징체계가 우리에게 전달하는

메시지는 대개 '서사'의 형태를 띤다. 기호학자 롤랑 바르트Roland Barthes는 이를 '신화'라고 불렀다. 신화는 언제나 우리에게 말을 건다. 성폭력이 발생하는 이유는 여성의 야한 옷 때문이라고, 경제 위기 앞에서 파업은 망하는 지름길이라고, 갈등과 분열의 정치가 아닌 통합의 정치가 필요하다고, 연예인이 결혼하는데 궁금하지 않느냐고. 정치, 경제, 사회, 문화의 모든 영역에서 생산되는 신화들은 우리에게 말을 걸고, 우리는 반응한다. 가치는 그렇게 신화들을 통해 재생산된다.

정치 행위 역시 신화를 통해 유지된다. 가령 박근혜 후보는 '흉탄에 가신' 어머니를 대신해 영부인 역할을 수행했고, 구제금융으로 '위기에 빠진' 나라를 보고 정치를 시작했으며, 당이 '위태로울' 때 대표를 맡아 당을 구했다고 말한다. 심지어 문구용 칼을 휘두른 괴한의 '테러'를 극복한 이야기까지 등장한다. 그녀가 반복하는 서사들은 모두 '위기에 강한 정치인'이라는 하나의 신화로 수렴된다. 위기를 돌파하는 강력한 리더십이라는 서사는 전형적인 '우파의 신화'이다. 하지만 이 신화는 '위기'를 도대체 누가 만들었는지, 즉 위기의 '역사'는 말하지 않는다.

우파의 신화는 바르트가 말하는 바, "현실을 뒤집어서 그 속에서 역사를 비워낸 후 그 속에 자연을 채워넣은 것, 곧 현실을 비워내는 것"이다. 박근혜의 경우, '탈역사적' 신화의 구멍을 채우는 '자연'의 역할을 하는 것은 대중에 둘러싸여 짓는 미소, 여성이라는 생물학적 성 같은 것이다. 15년간의 의정 활동 중 그 어떤 거친 투쟁에도 나서지 않음으로써 지킨 '미소', 세계

성평등 지수 108위 국가의 여성 정치인으로서 성불평등에 관한 어떤 발언도 정책도 없었던 이의 '여성성'을 통해, 다시, '역사'는 제거된 상태로 남는다. 이 '역사 없는 신화'야말로 한국 보수 집단이 만들어낸 유일한 상징체계일지도 모른다. 식민지, 전쟁, 독재로 이어진 현대사를 거치며 한국의 보수는 무엇을 버리고 취해야 할지 모른 채, 역사 전체를 껴안음으로써 역설적으로 역사를 제거해왔다. 친일, 쿠데타, 독재, 부패 등의 역사를 내치지 못한 채 냉전과 이권만을 지켜온 보수의 신화는 그래서 텅 비어 있다. 박근혜라는 인물은 '지킬' 역사가 없는 한국 보수의 공허함을 지시하는 기표, 혹은 보수라는 상징체계 아래에 있는 "실재의 사막"이다.

우리는 신화 없이 살 수 없다. 하지만 그 신화가 굳이 '보수의 신화'일 필요는 없다. 우리는 힘 있는 이들의 신화를 대체하는 새로운 신화를 창조해낼 수 있다. 새로운 신화를 만들어내는 문화적 작업이야말로 정치의 다른 이름이다. 하지만 그전에 우리는 일단 저 황량한 사막을 응시하고, 그곳을 건너야만 한다. 어쩌면 투표는 바로 그 일을 위해 마련된 또하나의 유서 깊은 신화일 것이다.

2012. 12. 15.

2012

2012년 12월 19일 실시된 대한민국 제18대 대통령 선거에서 새누리당 박근혜 후보가 51.6퍼센트 득표율로 48.0퍼센트 득표율을 기록한 민주통합당 문재인 후보를 제치고 대한민국 제18대 대통령에 당선되었다. 대한민국 최초의 여성 대통령, 아버지 박정희의 뒤를 이은 첫 부녀 대통령이자 독재자의 딸이 대통령이 되었다는 점이 부각되었다. 하지만 박근혜 대통령은 헌정 사상 최초로 '탄핵된 대통령'으로 역사에 기록되었다. 헌법재판소는 2017년 3월 10일 오전 11시 열린 '2016헌나1 대통령(박근혜) 탄핵' 사건 선고기일에서 재판관 8대0으로 탄핵소추안을 인용 결정했다. 박 대통령이 대통령직 파면에 이를 만큼 중대한 헌법·법률 위배 행위를 저질렀다는 국회 측 주장을 인정한 것이다. 대통령 취임 1475일 만이자 2016년 12월 9일 국회 본회의에서 탄핵소추안이 가결(재적의원 300명 중 299명이 참여, 찬성 234표, 반대 56표, 무효 7표, 기권 2표로 통과, 최경환 새누리당 의원은 표결에 참여하지 않고 퇴장했다)된 지 92일 만이다. 2017년 1월 31일 박한철 소장의 임기 종료로 이정미 재판관이 권한대행을 맡아 심리를 이끌었다. 헌재는 박 대통령 "재임 기간 전반에 걸쳐 지속적으로" 헌법과 법률에 위배된 행위가 있었다는 점이 인정된다며, 박 대통령의 이러한 행위가 대의민주제와 법치주의의 정신을 훼손한 것이라고 판단했다. 헌재는 검찰과 특검 조사에 응하지 않았고 청와대 압수수색을 거부했다는 사실을 언급하며 "소추사유와 관련한 박 대통령의 일련의 언행을 보면 법 위배행위가 반복되지 않도록 할 헌법수호의지가 드러나지 않는다"고 지적했다. 탄핵 이후 《가디언》《르몽드》 등 주요 외신은 한국의 대규모 촛불집회가 박근혜의 탄핵을 이끈 주요 동력이며, 탄핵을 넘어 한국을 지배해온 주요 정치 질서를 바꿀 것이라고 평가했다.

위기를 돌파하는
강력한 리더십이라는 서사는
전형적인 '우파의 신화'이다.
하지만 이 신화는 '위기'를
도대체 누가 만들었는지,
즉 위기의 '역사'는 말하지 않는다.

　　　·

이 '역사 없는 신화'야말로
한국 보수 집단이 만들어낸
유일한 상징체계일지도 모른다.
친일, 쿠데타, 독재, 부패 등의
역사를 내치지 못한 채 냉전과
이권만을 지켜온 보수의 신화는
그래서 텅 비어 있다.

　　　·

박근혜라는 인물은 '지킬' 역사가
없는 한국 보수의 공허함을 지시하는
기표, 혹은 보수라는 상징체계
아래에 있는 "실재의 사막"이다.

•

앨리스의
선택

드라마 〈청담동 앨리스〉는 제목에서부터 익히 알려진 고전
텍스트를 명확히 지칭하고 있다. 루이스 캐럴Lewis Carroll의 『이상한
나라의 앨리스』(1865년)가 그것이다. 캐럴의 소설은 지루한
일상에서 벗어나고 싶은 소녀 앨리스가 시계를 든 토끼를 발견하고
그를 따라 '이상한 나라'로 들어가 겪는 환상 모험을 그렸다.
이를 차용한 〈청담동 앨리스〉에서 '앨리스'는 패션 디자이너를
꿈꾸지만 비정규직을 전전하는 이십대 여성 한세경으로, '이상한
나라'는 한세경이 일하는 직장이 있는 곳이자 서민의 삶과는 다른
화려함이 가득한 청담동으로 바뀐다. 앨리스가 이상한 나라의
신비에 놀라듯, 서민 출신 한세경은 청담동의 물질적 풍요에
감탄한다. 앨리스의 '이상한 나라'가 자연 법칙의 전복에서 기인한
상상의 판타지라면, 한세경의 '청담동'은 자본주의 법칙으로 인한

현실적 판타지다. "자본주의적 생산양식이 지배하는 사회에서 부는 하나의 '거대한 상품 집적'으로 나타난다." 마르크스의 『자본』 첫 문장이 말하고 있듯, 사치품이 가득한 청담동의 놀라운 물질적 풍요는 바로 그 공간을 지배하는 생산양식이 무엇인지를 드러낸다.

실제로 〈청담동 앨리스〉는 '청담동'으로 표상되는 자본주의 나라의 '이상한' 모습을 그리는 데 공을 들인다. 한세경은 뛰어난 디자인 실력에도 불구하고 심부름이나 하는 비정규직인 데 반해, 남자를 통해 계급 상승을 이룬 한세경의 동창 서윤주는 청담동 '사모님'으로 최상류층의 삶을 산다. 자본주의 나라의 '이상함'은 실력과는 상관없이 부의 격차가 삶의 격차가 되어버리는 놀라운 '간극'에 있다. 특히 패션 디자이너를 꿈꾸는 한세경에게 있어 부의 격차는 궁극적으로 안목과 취향의 격차로 환원됨으로써 직업적 자질마저 상류층에 밀리는 결과를 낳는다.

이 끔찍한 '간극' 앞에서 한세경은 정치적 선택을 해야만 한다. 하나는 이 간극을 체제의 모순으로 여기고 청담동을 벗어나 삶의 다른 가능성을 실험하는 일. 다른 하나는 이 간극을 받아들이며 청담동 안에서 개인의 실력으로 승부하는 일. 마지막 하나는 실력이 아닌 관계를 이용해 청담동 '사모님'이 됨으로써 이 간극을 궁극적으로 넘어서는 일. 첫번째는 좌파적 선택, 두번째는 우파적 선택, 마지막은 욕망과 합리성이 결합된 기회주의적 선택이다. 계급 갈등을 그리는 한국 드라마에서 여주인공은 대개 우파적 선택을 한다. 가난한 여주인공이 착한 마음씨와 성실함으로 끝내 성공하는 이야기 말이다.

흥미롭게도 〈청담동 앨리스〉의 한세경은 실력도 마음씨도 아닌, 교묘한 전략과 성적 매력, 소셜 네트워킹을 통해 '청담동의 남자'를 사로잡는 세번째 선택을 한다. 그녀의 선택은 개인의 실력이나 노력이 신분과 부의 간극을 뛰어넘기가 불가능한 사회, 여성에게는 오직 성적 매력만이 전부인 사회에서나 가능한 선택이다. 그것은 '앨리스'보다는, 윌리엄 새커리William Thackeray의 『베니티 페어』 (1848년)에 등장하는 베키, 시어도어 드라이저Theodore Dreiser의 『시스터 캐리』(1900년)의 주인공인 캐리가 표상하는 남성 편력적 성공 전략과 공명한다. 21세기 한국 여성의 선택이 19세기 소설에나 나오는 여성의 선택에서 벗어나지 못하는 시대착오성은 슬프게도 이 시대 청년 일반이 처한 현실이라는 점에서 애처롭다.

한때 청년들은 정치의 한 축으로 시대를 뒤흔드는 목소리를 내는 주인공들이었다. 반면 오늘날 청년들은 멘토와 심사위원, 면접관이라는 '시계 토끼' 앞에서 끊임없이 머리를 조아리며 조언과 취업과 계약을 애걸하는 앨리스들로 나타난다. 이상을 내세우는 청년들이 현실을 바꿨다면, 현실에 목매는 청년들은 판타지를 불러들인다. 사회 전체가 함께 넘어서야 할 이 역설은, 그러나, 청년들이 감당해야 할 몫으로만 오롯이 남겨져 있다.

2013. 01. 05.

2013

〈청담동 앨리스〉는 2012년 12월부터 2013년 1월까지 방영된 SBS 드라마이다. 결혼을 비즈니스로 삼은 여자의 '청담동 며느리 되기'와 신분 상승을 위해 결혼을 이용하려는 여자들의 속물근성을 경멸하는 남자의 '진정한 사랑 찾기'가 만나 전개되는 이야기이다. 국내에서 『허영의 시장』으로 번역 출간된 바 있는 윌리엄 새커리의 소설 『베니티 페어(Vanity Fair)』는 신분과 재산이 절대 가치이던 19세기 영국 사회에서 신분 상승을 꿈꾸던 베키의 성취와 좌절을 그렸으며, 시어도어 드라이저의 『시스터 캐리(Sister Carrie)』는 19세기 말, 출세의 욕망을 지닌 시골 처녀 캐리가 시카고에 가서 부유한 남성의 지원을 받아 극장 배우로 대성공을 거두는 이야기를 담았다.

이방인의
정체

예능 프로그램 〈코미디에 빠지다〉에 '두 이방인'이라는 코너가 있다. 아마도 박사과정생이 등장하는 한국 최초의 코미디가 아닐까 싶다. 모범생처럼 옷을 입은 두 주인공은 아메리카노를 마시며 등장해서는 얼마 전에 발표한 논문에 대해 이야기한다. 대화중에 반드시 영어 단어가 들어가고, 화학기호나 철학 개념도 튀어나온다. 하지만 얼마 지나지 않아 이들이 벽돌 나르기나 포스터 떼기 등 '막일'을 하러 왔다는 사실이 밝혀진다. 숙련 기술이 필요 없는 노동을 하는데도, 이들은 물리학이나 화학 등을 이용하려고 하다가 결국 담당자에게 욕을 먹는다. '필요 없으니까 가라'고 하는 담당자에게 매달리며 이들은 외친다. "지금은 해야 합니다."

　이 코너의 웃음은 '부조화'에서 유발된다. '고급 지식'을 가진 박사과정 대학원생이 막일에도 그 지식을 접목시키려 하는 노력이 이들을 '이방인'으로 만든다. 달리 생각해보면, 이 주인공들은 어떤 문제에 언제나 '근본적'으로 접근하려 한다. 반대로 담당자는 이들이 이미 존재하는 방식에 따라 시키는 대로 일하기를 바란다. 하지만 '배운 사람'들은 말을 듣지 않고, 결국 해고되어 다음주에 다른 막일판으로 나온다.

'두 이방인'에서 조롱당하는 것은 '실업 상태의 박사과정생'이 아니라, 궁극적으로 '사유' 자체다. 문제를 근본적으로 사고하려는 노력("씽킹, 씽킹, 씽킹"), 그리고 익숙한 상식을 거부하고 실험적이며 고지식한 방식으로 사유하려는 노력으로 인해 이들은 웃음거리가 된다. 이들은 행동해야 할 때 생각을 하고, 복종해야 할 때 실험을 하고 있는 것이다.

어쩌면 이들은 '자기계발'을 게을리한 것일지도 모른다. 신자유주의 시대의 새로운 정언명령인 자기계발은 더욱 효율적이고 고부가가치를 가진 노동자로 거듭나기 위해 자신을 꾸준히 성찰하면서 틀을 깨라고 말한다. 이 멋진 말은 실제로는 '어떻게 하면 자본이 원하는 나를 만들 것인가?'라는 질문을 반복한 것에 불과하다. 두 이방인이 막일판에서 계속 노동하기 위해서는 막일판이 원하는 모습으로 자신을 빚어내야 한다. 학회의 논문이 아니라 막일판에 최적화된 쉴새없는 자기계발이 요구되는 것이다.

막일판의 담당자가 '배운 분들'에게 화를 내는 것도 이해할 만하다. 그는 말하는 것 같다. '왜 대학의 지식은 현장에서 이토록 쓸모가 없는가! 일하지 못하는 지식이 무슨 소용인가!' 그는 지식이란 무릇 실용적이어야 한다고 믿고 있다. 그의 믿음은 정확히 우리 시대가 지식인에게 요구하는 바와 일치한다.
이미 2000년대 초부터 한국의 대학은 기업이 원하는 지식을
생산하는 체제를 갖추기 시작했고, 지금은 안정화 단계에 들어간
것으로 보인다. 대중문화는 지식을 엔터테인먼트와 결합시키며
다양한 방식으로 '배우기 쉽고, 실용적인' 지식을 가공해내고
있다. 출판계에서는 고전 해설서나 풀어 쓴 개론서, 핵심만
뽑아놓은 서평서들을 발간하며 '지식의 실용화'에 한몫을 하고
있다. 현실적인 지식이 넘쳐날수록 현실과 갈등하는 근본적
사유는 사라진다.

　　이렇게 볼 때, 두 이방인들의 정체는 분명하다. 그들은
'지식'의 역할이 바뀐 시대에 적응하지 못한 이들이다. 근본적
사고보다 실용적 판단을, 고통스러운 공부보다 즐거운 강의
콘서트를, 급진적 사유보다 익숙한 상식을 요구하는 시대에
이 고지식한 지식인들은 제대로 적응하지 못하고 매번 쫓겨난다.
막일판 담당자가 그렇듯, 권력은 통제되지 않는 박사과정생보다
말 잘 듣고 성실한 동남아 출신 노동자를 더 선호한다.
'두 이방인'은 문제 해결이나 이익 추구에 도움이 되지 않는
지식에 대한 한국 사회의 공격적 태도를 보여준다. 길들여지지
않는 두 이방인들이 막일판을 전전하는 '지금'은 어쩌면
이미 도달해 있는 미래일지도 모른다.

2013. 01. 26.

감각의 제국

2013

최근 대학의 '학과 구조조정'이 문제가 되고 있다. 취업률이 낮은 학과를 폐지하려는 움직임이 일고 있는 것. 그중 가장 큰 논란으로 떠오른 중앙대학교는 2013년 비인기학과를 폐지하는 대신 경영학부 정원을 100명 가까이 늘렸고, 2014년에 인문·예능 계열 정원을 절반 수준으로 줄이는 등 수차례 학과 구조조정을 반복했다. 여러 전공을 융합하거나 특정 전공을 신설해 경쟁력을 높일 수 있다는 이유로 2016년부터 아예 학과제를 폐지하겠다고 발표했다. 그러나 교수 및 학생들은 취업에 대비한 인기 영합식 전공 선택이 이뤄질 경우 기초학문이 도태될 가능성이 높고 연구 기관으로서 대학의 기능을 포기하는 셈이라고 반대 입장을 표명했다.

'착한'
대중문화

"근대는 그 완성의 과도함으로 인해 다른 세상이 되었다."
2007년에 남긴 마지막 저서 『사라짐에 대하여』에서 장 보드리야르
Jean Baudrillard는 말한다. '과도함'이 근대 문명을 낳았지만
완성된 문명은 오히려 과도함으로 인해 소멸의 길에 접어들었다는
급진적 성찰이 이 책을 관통하고 있다.

　　　위기와 재난이 항시 우리의 삶을 위협하는 지금, 과도함을
성찰하는 목소리가 높아지는 것은 자연스럽다. 대중문화
영역에서도 마찬가지다. 계몽과 쾌락을 결합시키는 소위 '착한'
프로그램들이 생겨나고 있는 것이다. 최근 인기를 얻고 있는
프로그램 〈인간의 조건〉이 대표적이다. 이 프로그램은 여섯 명의
개그맨이 일주일간 한 집에 살면서 벌어지는 일들을 담아
웃음을 주는 예능이면서, 동시에 현대사회에서 잃어버린 것들을

2013

감각의 제국

되새김질해보자는 강한 계몽 의지를 피력하고 있다.
'휴대전화·인터넷·TV 없이 일주일 살기'라든가 '쓰레기 없이
일주일 살기' 등의 기획을 통해 이 프로그램은 우리 시대
'인간의 조건'을 다시 쓰려 한다. '~ 없이 살기'라는 주제에는
'과도함'이라는 문명적 경향을 정면으로 거스르려는 의도가
분명히 드러난다.

　　예컨대 '쓰레기 없이 살기' 편은 가정이나 식당 등에서
배출되는 생활 쓰레기의 규모가 자원의 낭비이고 환경의 적임을
친절히 설명하면서, 개그맨들 각자가 일상에서 힘들게 쓰레기를
줄여가는 과정을 가벼우면서도 묵직하게 담아낸다. 소비의
과도함을 꾸짖는 이 포맷은 우리에게 가벼운 죄책감을 안긴다.
하지만 문제는 그리 간단하지 않다. '소비'의 다른 측면을 보지
않고 있기 때문이다. 경제학에서 소비는 개별 소비자의 소비행위로
한정되지만, 환경의 측면에서 소비는 개발과 생산을 하는 경제행위
전체이다(환경과 자원의 소비). 환경의 관점에서는 역설적으로
생산자(대개 자본)가 곧 소비자인 셈이다. 생태학자들은 지구 환경의
위협 요인은 개별 소비자의 소비가 아닌 자본의 소비(개발, 생산)
라고 말한다. 우리가 소비를 아무리 줄여도, 자본의 상품 생산이
계속 작동하는 한 환경 파괴는 지속될 수밖에 없다.

　　쓰레기도 마찬가지다. 쓰레기에는 가정이나 식당 등
개인들이 버리는 생활 쓰레기가 있고, 경제행위에서 발생하는
쓰레기(산업폐기물)가 있다. 이 둘의 규모 차이는 놀랍다. 미국의
경우, 가정에서 배출되는 쓰레기 비율이 전체의 2.5퍼센트에

그치는 데 반해, 개인과는 상관없이 발생하는 산업 쓰레기 비율이 나머지 97.5퍼센트를 차지한다. 한국 역시 크게 다르지는 않을 것이다. 여기서 핵심은 쓰레기로 인한 환경오염과 사회적 비용의 책임을 개인에게 묻는 일은 곤란하다는 점이다. 환경의 소비와 쓰레기 배출의 압도적 주체는 개인이 아닌 자본이기 때문이다. 상품생산과 판매를 한시도 중단할 수 없는 자본의 속성이야말로 환경 파괴와 재난을 가져오는 원인이다. 자본의 메커니즘을 혁신적으로 개혁하거나 폐기하는 노력 대신 개인의 습관을 계몽하는 데 치중하는 일은 문제 해결과는 전혀 상관이 없다.

거대한 체제의 환부는 그대로 두고 개인의 행위와 도덕성을 파고드는 행태는 우리 시대의 지배적 접근 방식이다. 오늘날 유행하는 힐링과 멘토와 자기계발의 논리 역시 동일하다. 수십 년간 지속된 뒤틀린 체제가 낳은 문제들을 심리적이고 내면적인 접근으로 어루만지는 방식은, 착한 의도와는 상관없이, 문제를 해결하기는커녕 문제를 감추는 역할을 훨씬 더 잘 수행한다. 쓰레기 배출 제로를 달성한 연예인이 뿌듯해하고, '드림워커'의 인생살이를 듣는 대학생들이 눈물을 흘릴 때, 바로 그 감동의 순간이야말로 사회의 모순이 나의 모순이 되는 순간이다. 나를 바꾸라 조언하는 '착한' 대중문화는 그렇게, 사회를 지움으로써 사회를 구원하려 한다.

2013. 02. 23.

이 글에서 설명하는 예능 프로그램 〈인간의 조건〉 시즌 1은 2013년 1월부터 2014년 12월까지 KBS에서 방영되었다. 연예인 참가자들이 현대 문명의 이기를 버리고 자연에 가깝게 살기 위해 불편함을 감수하는 5일간의 체험을 24시간 밀착 촬영하여 방영했다. 인터넷 없이 살기, 쓰레기 없이 살기, 자동차 없이 살기, 휴대전화 없이 살기 등 다양한 과제에 도전했다. 2015년 5월부터는 시즌 3이 시작되어 도시에서 농사짓기에 도전하고 있다.

'돌직구'의
조건

'돌직구'라는 말이 유행이다. 언론과 대중문화, 인터넷에서 요즘
자주 등장하는 표현이다. 전형적인 '돌직구' 스타일이란 가령
이런 것이다. TV 프로그램 〈짝〉에 나온 한 남자 출연자가 한 여자
출연자와 몇 차례 대화를 나눈다. 얼마 후 그는 곧바로 '저 좋아해요?
저는 그쪽 좋아하는데, 계속 선택해줄래요?'식의 질문을 던져
그녀를 당황하게 만든다. 여자가 아니라고 하자, 그는 즉시 관심을
접고 다른 전략을 세운다. 이 남자는 '돌직구남'으로 등극해
하루이틀의 인기를 누렸다. 작년 여름, 종북 마녀사냥과 관련한
어느 TV 토론회에서, 어떤 여자 방청객은 패널로 나온 통합진보당
의원에게 '말을 돌리지 말고' 북한에 대한 정확한 입장을 밝히라고
요구한다. 그녀는 '돌직구녀'가 되어 유튜브를 떠돌았다. 지금도
돌직구를 던지는 남녀는 매일 인터넷을 장식하는 중이다.

원래 '돌직구'란 '돌처럼 강한 직구'를 의미하는 야구계의 관습적 용어다. 이 용어가 비유적으로 쓰일 때, 그것은 상대방의 허점이나 모호한 태도를 곧바로 공략하는 질문이나 발언을 의미한다. 상대를 무력화시킬 수 있는 이런 공격적인 스타일이 대화에서 사용될 때, 실제 발생하는 효과는 대화 자체의 즐거움이나 소통이 아닌, 대화의 형식을 빌린 승부다. 돌직구를 '던지다'라는 표현이 말해주듯, 그것은 말을 '나누는' 것이 아닌 말의 창을 던져 꽂는 일에 가깝다.

　　언제나 비상시를 대비하는 군대에서 쓰이는 군더더기 없는 특유의 언어가 '돌직구'에 최적화되어 있는 것은 자연스럽다. 예 또는 아니요. 중간은 없다. 총알이 난무하는 액션 영화의 주인공들도 대개 '돌직구' 어법을 쓴다. 악당을 죽여야 하는 상황에서 뉘앙스가 있는 언어는 혼란만 가중시킨다. 이런 곳에서 언어는 의사 전달 수단으로 물화되어 있다. 그런 의미에서, '돌직구' 스타일의 유행은 한국 사회의 일상에 아로새겨진 '전투적' 성격을 징후적으로 보여준다. 전투와 마찬가지로, '돌직구'에는 과정 없는 결과만 있다. '부러우면 지는 거다'라는 표현이 시사하듯, 산다는 것은 이렇게 이기고 지는 문제로 환원되는 것이다.

　　인간도 알고 보면 그저 '털 없는 원숭이'에 불과하고, 사회도 생존을 놓고 벌이는 전투의 연장일 수 있으며, 예술이나 언어는 장식에 불과한 것일 수 있다. 과거에 이런 생각이 철학적 '관점'의 문제였다면, 요즘은 상식이 되어 있는 것 같다. 그도 그럴 것이, 한국에서 신자유주의가 전면화된 15년 동안, 수많은 이들이

비정규직이라는 부정적('비'정규직) 존재가 되었고, 청년도 장년도
일할 기회 자체를 얻기 힘들어졌다. 미래에 대한 불안이 삶의
본질이 된 상황에서, 현재는 더욱더 전투적으로 변하게 마련이다.
모든 것이 불확실하다면, 중요한 것은 짧고 정확한 '사실'이다.
곡선도 구멍도 주름도 회색도 없는, 똑바로 뻗은 강력한 직선에의
예찬. '돌직구'는 불안이 영속화된 사회가 낳을 수밖에 없는
문화적 스타일이다.

　　'돌직구'를 이해하는 것은, 하지만, '돌직구'를 예찬하는
것과는 다른 문제다. 인간은 언제나 직선으로 환원될 수 없는
복잡한 존재이기 때문이다. 〈개그 콘서트〉는 이를 다른 식으로
다시 말한다. 엄숙한 형사가 고개 숙인 피의자에게 '돌직구'를
던진다. '네가 그런 것 다 알고 있어! 나는 피도 눈물도 없어!'
형사는 잠시 피의자를 이긴 것 같지만, 그가 자신의 사정을
풀어놓음에 따라 상황은 변한다. 결국 형사는 울먹이며
'돌직구'를 던진 동료를 원망한다. '나쁜 사람~'. 그렇다. 명백한
사실 앞에서도 타인에게 공감할 수 있는 능력을 가진, 인간은
그런 놀라운 존재다. 이는 다시, 서로 '돌직구'를 던지게 만드는
사회경제적 원인에 대한 정교한 성찰을 요청한다.

──────────
2013. 03. 17.

2014년 12월 19일, 헌법재판소는 통합진보당 해산과 해당 정당 국회의원의 의원직 상실을 결정했다. 헌정 사상 처음으로 헌법재판소가 정당 해산을 결정한 것이다. 이석기 의원을 포함한 김미애, 김재연, 오병균, 이상규 의원 등의 의원직 상실도 확정됐다. 통진당 국회의원 5명의 의원직 상실은 국회의원이 의원직 상실에 해당하는 범죄를 저지르지 않고도 정당 해산으로 의원직을 상실한 첫 사례다. 국민이 직접 투표를 통해 뽑은 지역구 의원 3명도 포함됐다.

헌재는 통합진보당의 강령이 '종북', 즉 북한의 지도이념을 추종했다고 봤다. 재판관 9명 중 8명이 정당해산 인용 의견을 냈고, 한 명만 기각 의견을 제시했다. 자유민주주의 국가에서 정당 해산은 세계적으로도 이번이 다섯 번째일 만큼 흔치 않은 사례여서 국내외 이목을 집중시킨 결정이었다.

헌재의 결정에 비판도 있었다. 통합진보당의 이념에 동의하지 않지만, 정당 해산은 민주주의 가치를 위배했다는 비판이 나왔다. 박근혜 정권의 정치적 고비마다 공안 사건이 전면에 등장한다는 비판도 있었다. 국제앰네스티가 "표현과 결사의 자유를 위축시킬 수 있다"고 우려한 것은 국제사회 일각의 비판적 관점을 보여준 것이다.

패러디의
시대

최근 유튜브를 통해 화제가 된 두 편의 영상물을 접했다.
'레밀리터러블'과 '레스쿨제라블'이 그것이다. 제목이 말해주듯
'레밀리터러블'은 성공을 거둔 뮤지컬 영화 〈레미제라블〉을
군대 버전으로 패러디한 것이고, '레스쿨제라블'은 '레밀리터러블'을
다시 고등학교 버전으로 패러디한 것이다. '패러디'는 권위 있는
작품을 모방하면서 거기에 조롱, 풍자, 희화화 등 새로운 의미를
담는 기법이다. '군대'와 '고등학교'라는 한국 사회의 대표적인 훈육
기관이 〈레미제라블〉의 감옥과 같은 계열에 속한다는 점을 활용한
이 패러디물들은 엄청난 유튜브 조회수를 기록하면서, 우리 시대의
주된 형식인 패러디가 가진 막대한 영향력을 보여주었다.

　　패러디는 어디에나 있다. 이제는 군대와 학교뿐 아니라
정치도, 방송도, 기업도, 예술도 자신이 웃음거리, 농담의 소재가

되는 데 관대하다. 군대는 〈푸른거탑〉에, 정치는 강용석과 '여의도 텔레토비'에, 예술은 낸시 랭에 무관심할 수는 있을지언정 얼굴을 붉히며 불편함을 표출하지는 않는다.

그 이유는 우리 시대 자체가 이미 하나의 거대한 패러디이기 때문이다. 근대가 모순을 극복하고 초월하여 더 나은 진보를 이루는 과정으로 특징지어진다면, 오늘 우리의 시대는 이러한 근대적 진보의 가치관이 더이상 힘을 발휘하지 못하는 때이다. 여전히 경제 성장, 민주주의, 진리, 투쟁, 역사, 이념 등의 말이 남아 있기는 하지만, 1970~1980년대와 달리 이제 그 말들은 대중과 학생과 노동자를 모으지 못한다. 글로벌 자본주의가 만들어낸 '생존'이라는 정언명령 앞에서 무용지물인 말들이 속해 있는 곳, 즉 정치, 학교, 군대, 언론 등 시효가 지난 근대적 제도는 패러디의 대상으로 전락하거나, 과거의 관습과 업무를 반복하되 모순의 극복으로 나아가지는 않는 자기 복제와 자기 패러디를 수행한다.

가령, 한국 정치는 근대적 과제인 통일, 지역 구도, 패거리, 부패 등의 모순을 끝내 극복하지 못한 채 이미 실패했다. 하지만 정치라는 기표만은 남아서 선거나 여야 대립 같은 제도와 습관을 반복한다. 선거 때마다 '새 얼굴'을 갈망하는 데 묶여 있는 이 죽은 정치는 사실 자신을 패러디함으로써 생명을 유지하고 있는 셈이다. 실제의 '여의도 정치판'과 SNL의 '여의도 텔레토비' 사이에 차이는 없다. 군대와 학교도 마찬가지다. 이제 이 대표적 훈육 기관들은 과거와는 달리 '훈육'을 담당하지 못한다. 군대는 무서움을 없앴고, 학교는 교사의 권위를 없앴다. 오히려 사회가 '전쟁터'이고, 기업이 '학교'이다. 본질이 사라진 군대와 학교는 그 자체로 자신의 이름을 패러디하고 있을 뿐이며, 따라서 '레밀리터러블'이나 '레스쿨제라블'을 불편해할 리가 없다. 대학은 어떤가. 최근의 마광수 선생 사건이 보여주듯, 이제 대학생은 수업에 들어가되 교재를 사려 하지는 않는다. 교수와 학문의 권위가 이미 사라진 죽은 대학은 기존의 습관을 자기 복제하면서 스스로를 대학이라 부른다. 대학은 이제 신자유주의가 요구하는 '평생 자기계발' 과정의 한 단계에 지나지 않는다. 방송과 기업이 대학의 역할을 패러디하여 프로그램을 만들고 그 자리에 입담으로 무장한 자기계발 엔터테이너들을 우리 시대의 새로운 '교수'로 등장시킨다. 이들의 '교재'는 언제나 베스트셀러다.

　　패러디는 죽은 제도와 이념, 죽은 진정성의 무대에서 자라나는 버섯이다. 최고경영자 이명박은 5년간 대통령직을 패러디했고, 연예인은 캐릭터를 만들어 자신을 패러디하고, 일베 유저들은 역사를 패러디하고, 그렇게 패러디는 지속된다. 패러디는 새로운 세상을 향한 급진적 꿈이 흘러가버린 곳에 남아 킥킥대는 웃음소리다. 눈물 흘리는 이들은 늘어나지만 들리는 것은 그 웃음소리뿐이다.

2013. 04. 06.

마광수 연세대 국어국문학과 교수가 교양 수업 수강생들에게 교재를
사지 않으면 학점을 주지 않겠다고 공지해서 논란이 일었다.

학생 측에서는 해당 교재가 마 교수의 저서로 사실상 '강매'라고
주장했다. 그러나 마 교수는 교재란 수업의 기본인데 커피값은
지출해도 교재값은 아끼는 학생들이 많다며, 수강생 600명 중
50명만 교재를 지참하면서도 학점에는 목숨을 거는 최근 학생들의
이기주의, 얌체주의를 해결하기 위해 강제성을 둔 것이라고 응수했다.

근대가 모순을 극복하고 초월하여
더 나은 진보를 이루는 과정으로
특징지어진다면, 오늘 우리의 시대는
이러한 근대적 진보의 가치관이
더이상 힘을 발휘하지 못하는 때이다.

　　　　·

정치, 학교, 군대, 언론 등
시효가 지난 근대적 제도는
패러디의 대상으로 전락하거나,
과거의 관습과 업무를 반복하되
모순의 극복으로 나아가지는 않는
자기 복제와 자기 패러디를 수행한다.
패러디는 죽은 제도와 이념,
죽은 진정성의 무대에서 자라나는
버섯이다.

　　　　·

최고경영자 이명박은 5년간
대통령직을 패러디했고,
연예인은 캐릭터를 만들어
자신을 패러디하고,
일베 유저들은 역사를 패러디하고,
그렇게 패러디는 지속된다.

•

미스 김과
영웅신화

드라마 〈직장의 신〉의 오프닝은 다른 드라마와는 달리 자료 화면과
성우의 내레이션으로 시작한다. IMF 이후 10년, 경제가 무너지고
기업은 살아남기 위해 아웃소싱과 구조조정에 들어가는데,
이로 인해 계약 기간 2년 단위로 불안정하게 일하는 비정규직이라는
인류가 출현하게 되었다는 것이다. 오프닝의 내레이션은
〈직장의 신〉이 '현실'에 기반을 두고 있음을 보여준다. 이 '현실'은
한마디로 비참하다. 노동자의 절반이 비정규직인 한국의 상황이
어떤 것인지는 지속되는 파업과 진압, 자살 사건이 잘 보여준다.
경제 논리에 따른 이 현실은 그동안 심각한 사회적 갈등의
온상이었으나, 지금껏 그 어떤 정치도 이를 풀어내지 못했다.

　　〈직장의 신〉은 이 비참한 현실과 정면 대결하려 한다. 그러나
지상파 드라마가 정면 대결을 택하기에는 한계가 많다. 자본의

포악함을 대놓고 비판할 수도 없고, 비정규직 노동자의 고생을 리얼하게 그리기도 힘들고, 투사와 파업과 혁명을 이야기할 수도 없다. 이때 가장 안전한 방식이 휴머니즘이다. 비정규식의 불안, 정규직의 고통을 모두 아우르면서, 이를 '인간성 회복'의 문제로 다루는 방식이다. 자본의 포악함으로 인해 동료를 잃은 상처가 트라우마인 미스 김은 직업과 사생활의 경계를 철저히 가르면서 마음을 닫는 길을 택한다. 하지만 상처를 '힐링'하기 위해서 그녀는 퇴근 후에 살사 댄스를 춰야 하고, 고용 계약이 끝나면 스페인으로 떠나야 한다. 다정했던 그녀가 변하게 된 이유를 파헤침으로써 드라마는 비정규직 노동이 인간성과 인간관계를 파괴한다고 말한다. 어떻게 할 것인가? 자본에 저항하는 대신(그것은 미스 김에게 상처만 남겼다), 잃어버린 인간미를 되찾아 서로 손을 잡아주어야 한다. 이것이 〈직장의 신〉의 '내용'을 이룬다. 요컨대 '인간의 얼굴을 한 자본주의'.

하지만 이 드라마의 진실은 내용이 아닌 '형식'에서 드러난다. 〈직장의 신〉은 자신도 모르게 그런 식의 휴머니즘이 '판타지'에 불과하다고 말한다. 직장의 '신'이라는 제목에서 이미 알 수 있듯, 주인공 미스 김은 "신"이자 "슈퍼 갑"이자 "늑대 인간"이다. 소외되고 배제된 노동 현장 속에 바람을 몰며 불시에 등장하고, 출생에서 현재까지 인생사는 비밀에 싸여 있고, 모두가 난감해하는 위기를 일거에 해결하고, 차갑지만 매력적인 카리스마로 동경의 대상이 되지만, 아무도 모르는 상처를 가슴에 품고 있는 미스 김은 정확히 영웅신화의 반복이다. 영웅신화가 현실에서 해결책을 찾지 못하던 시절에 등장했던 형식이라는 점은 의미심장하다. 영웅이 국가와 인류의 문제를 해결하는 데 반해, 새로운 직장의 '신'은 비정규직 문제를 다룬다. 이 말은 무엇을 의미하는가? 이제 비정규직 문제는 '신'이 아니면 풀 수 없다는 것이다. 〈직장의 신〉은 현실의 문제를 비현실적 형식 속에 담음으로써, 역설적으로 진짜 '현실'을 드러낸다.

　　이런 역설은 드라마 바깥에서도 반복된다. 현실의 문제가 위기와 파국으로 치닫는 순간에도 자본은 공익광고를 통해 '따뜻한 인간성'의 회복을 말하고, 정치는 '사람이 먼저'라고 말하며, 대중문화는 감동적인 '휴먼 스토리'를 매번 들려준다. 모두가 '인간'을 말하지만, 실제로 등장하는 것은 '영웅'이다. 자본주의하에서 인간성 회복이 불가능해질수록 영웅신화는 더욱 번성한다. 실제로 어떤 상황에서도 자기계발로 다져진 유연한 대처 능력으로 위기를 해결하는 미스 김은 신자유주의가 가장 원하는 영웅, 곧 휴먼 캐피털이다. 이름에서부터 판타지적 면모를 보여주는 '창조경제'가 맨 먼저 한 일이 빌 게이츠를 초청하고 싸이를 영웅으로 만든 일이라는 점을 기억할 필요가 있다.

2013. 04. 27.

〈직장의 신〉은 2013년 4월부터 2013년 5월까지 KBS에서 방영된 드라마로, 2007년 작 일본 드라마 〈파견의 품격(ハケンの品格)〉을 리메이크했다. 170여 개의 자격증과 출중한 업무 능력을 갖추었음에도 자발적 비정규직을 선언하며 계약직으로 일하는 주인공 미스 김의 회사 생활이 정규직 사원과의 갈등을 중심으로 전개된다. 직장 생활의 애환과 사내 비정규직 문제를 코믹스럽고 무겁지 않게 풀어내 많은 사랑을 받았다.

처음에는
비극으로,
다음에는
희극으로

영국 소설가 J. G. 발라드James Graham Ballard의 소설 『코카인의
밤』에는 흥미로운 이론이 등장한다. 공동체의 개인주의와 권태를
깨고 사람들이 공동체를 위해 행동할 수 있게 하려면 범죄가
필요하다는 것이다. 과거에는 정치와 종교가 사람들을 행동하게
만들었다면, 정치와 종교가 죽은 시대에는 범죄만이 이런 일을
가능케 한다는 것이다. 여기서 '범죄'는 단순히 형법의 측면이
아니다. 그것은 소설에서 '경계를 뛰어넘고, 사회적 터부를
무너뜨리는 일'로, '자극stimulation'이라고 표현되기도 한다. 현대의
대중은 아이와 같아서 지속적인 자극을 필요로 하고, 이 자극이
일상을 견디는 힘이 된다는 것이다. 문제는 범죄적 자극으로
인한 공동체의 활력은 끊임없이 새롭고 더 큰 자극을 요청한다는
데 있다. 소설이 비극으로 끝나는 것은 이 때문이다. 소설 속

2013

주인공은 이러한 미래는 우리 앞에 와 있다고 말한다.

시간마다 바뀌는 포털의 검색어, 자고 일어나면 터져 있는 사건들에 노출되어 있는 한국인들에게 발라드의 소설은 이미 현실이다. 연예인의 열애설이 등장하고, 청와대 대변인의 성희롱 사건이 터질 때마다 포털과 트위터, 페이스북은 요동치고, 사람들의 심장은 두근거리며 말이 많아지기 시작한다. 우리는 이미 '떠 있는' 범죄와 자극을 소비한다고 생각하지만, 사실은 그러한 범죄와 자극을 요청하고 있는지도 모른다. 그것 없이 우리는 일상의 권태를 견딜 수 없기 때문이다.

범죄와 자극이 소비되는 시대에는 역사, 정치, 이념도 하나의 자극으로 소비되는 길을 밟는다. "우리 팀은 개성을 중요시하지 '민주화'하지 않는다"고 말한 인기 아이돌은 이를 잘 보여준다. 한때 '민주화'를 위해 구만리 같은 청춘을 버리고 제 몸에 불을 붙였던 이십대가 있었다면, 이제는 '민주화'라는 개념을 억압의 별명으로 쓰며 재미있게 가지고 노는 이십대가 있다. 한국의 역사가 필수과목에서 사라질 때, 〈무한도전〉은 재빨리 한국사 '특강'을 마련하여 먹고사느라 바쁜 아이돌들의 눈에 눈물이 맺히게 만든다.

모든 거대한 것들이 '검색어'와 '아이템'이 된 시대에 유희는 소비를 넘어 공격으로 변하는 경향이 있다. 『역사의 종말』에서 프랜시스 후쿠야마Francis Fukuyama는 투쟁할 폭군이 사라진 자유민주주의 사회에서 사람들은 바로 그 자유와 민주주의에 대항해 싸울 것이라고 말한다. 똑같은 일이 지금 여기에서도 벌어지고 있다. 오늘 33주년을 맞은 '5.18 광주민중항쟁'이

'북한 게릴라들의 소행'(〈TV 조선〉)이고, '빨갱이 광주시민의 폭동'
('일베')이며, '임을 위한 행진곡은 빨갱이들이 부르는 반역의 노래'
(지만원)라는 등의 또다른 '항쟁'이 솟아나고 있는 것이다.

전라도를 비롯해 좌파, 여성, 동성애자, 유색인, 장애인 등에 대한
온갖 종류의 혐오 역시 점점 극에 다다르는 중이다. 흥미롭게도 이런
주장을 하는 이들은 스스로를 '자유'와 '애국'의 투사라고 부른다.
국가가 국사를 제거했듯이, 민주화가 또다른 '민주화'에 의해서,
자유와 애국이 또다른 '자유와 애국'에 의해서 거세되는 형국이다.
역사는 두 번 반복된다. 처음에는 비극으로, 다음에는 희극으로.

　　　문제는 이 놀라운 '희극'을 우리가 벗어날 능력이 있는가이다.
역사와 정치와 이념이 이미 소비와 공격의 대상이 되어버렸을 때,
1980년대식 열사의 '진정성'(고통)이나 우리 시대의 소프트한
'힐링 정치'(쾌락)는 이 뒤틀린 사도마조히즘적 경향을 뒤바꾸기엔
벅차 보인다. 과연 우리는 시민군의 시신 앞에서 오열하는 사진을
조롱하는 '일베충'들 앞에서 무엇을 어떻게 해야 하는가?
최신 버전 '역사의 종말'은 질문한다. 답을 찾아야 할 때다.

2013. 05. 18.

'일베'는 '일간베스트 저장소'의 약칭으로 정치, 유머 등을 다루는 인터넷 사이트이다. 본래 디시인사이드의 인기 있는 게시글 (일간베스트)을 저장하는 사이트였으나 독립 후 다소 보수적 코드의 유머 사이트로 존립하다 2012년 대선을 거치면서 극우 커뮤니티의 경향을 띠기 시작했다. 회원 수는 약 5만 명 이상으로 추산되며, 민주·개혁·평화세력에 대한 혐오, 지역감정, 여성혐오를 드러내는 발언 및 사이버 여론 조작 등으로 많은 사회적 논란을 불러일으켰다. 5.18 광주민주화운동을 폭동이라 칭하고, 홍어 택배 등의 표현으로 희생자들을 조롱하는 등 지나친 반인륜적 행동으로 사회문제화되었다.

과잉
시대의
허무

우리 시대의 지배적 정념은 '허무'일 것이다. 허무는 언제나 역설의
형식을 가진다. 가령 모든 것을 할 수 있는 자유가 주어졌지만
아무것도 할 수 없는 상태, 완전히 개방되어 있는 만큼 절대적으로
폐쇄되어 있는 삶 같은 모순들이 허무의 정념을 낳는다.
꽉 차다못해 과잉된 세상은 역설적으로 텅 비어 있는 것들을
생산한다. 니체는 『도덕의 계보학』에서 '세계가 의미를 상실했다는
사실에 분노하면서 세계를 있는 그대로 받아들이는 데 실패하는
것'이라고 니힐리즘nihilism을 정의한다. 원래 니힐리스트는 지고한
이상주의에서 출발하는데, 이 이상주의자들은 세계의 현실에
만족하지 못함으로써 역으로 허무의 세계에 빠진다는 것이다.
니힐리즘은 다시 세 가지의 주된 정념으로 구분된다.
원한, 냉소, 분노가 그것이다.

'원한'은 강자에게 패배한 약자가 자신의 패배를 인정하는 대신 스스로에게 월등한 도덕성을 부여하며 강자에 대해 품는 정념이다. 원한에 기반을 둔 약자의 도덕은 자기 자신에 대한 성찰 대신 필연적으로 적대적인 바깥세상을 필요로 한다. 이들은 현재의 지배자에 대한 심판의 날 이후에 자신들의 선한 세상이 올 거라는 판타지를 만들어낸다. 최근까지 '나꼼수'로 대표되었던 소위 '반이명박' 세력이 여기에 속하지 않을까 싶다. 대한민국의 악을 표상하는 인물로 '이명박'을 놓고 이명박 '이후'만을 기대하며 원한을 (즐겁게) 발산했던 '나꼼수'에게 구원의 신이 강림하지 않았을 때, 이들이 할 수 있는 것은 없었다.

니힐리즘의 두번째 형태는 원한마저도 사라진 이들의 것이다. 이들은 존재와 세계에 대한 성찰 대신 오로지 냉소로 삶을 이어간다. 원한의 니힐리즘이 도덕을 통한 투쟁인 데 반해, 이들은 아예 현실을 넘어선 판타지 '속에' 살면서 '인간 이후의 인간'으로 동물화되는 길에 접어든다. 이들은 잉여, 폐인, 루저라는 이름을 달고 있다. 〈개그 콘서트〉의 코너 '오성과 한음'은 전형적 사례다. 늘어지는 말투와 반복적인 동작 속에서 이루어지는 이들의 대화는 자본주의 경쟁의 장에서 배제된 자들의 무기력을 보여준다. 그럼에도 자신들이 배제되었다는 사실을 전혀 알지 못하는 이들의 허세와 냉소가 웃음을 유발한다. 문제는 현실 속의 이들은 '쓰레기가 되는 삶'의 과정을 이미 밟고 있다는 점이다.

냉소의 니힐리즘이 '가치 없는 세상'을 살아간다면, 분노의 니힐리즘은 반대로 '세상 없는 가치'로 나아간다. 자신들의 존재가 세상에서 장소를 찾지 못할 때, 이들은 아예 세상을 저주하고 파괴하는 데 이른다. 테러리스트나 무차별 살인 등이 대표적이다. 상징의 영역이기는 해도 최근 논란이 되고 있는 '일베' 역시 같은 부류다. '산업화'나 '애국'을 부르짖지만, 기실 내놓을 만한 가치도 제대로 없는 이 얼굴 없는 네티즌들은 민주화나 인권 등 합의된 가치들을 부정하고 파괴하는 데서, 타자를 파괴하고 약자를 짓밟는 데서, 즉 기존의 '세상'을 없애는 데서 쾌락을 느끼는 병리적 주체들이다. 불만은 많지만 차마 정식으로 표출할 용기가 없어 집단적 '벌레'가 되고 만 이 빈약한 존재들은 (벌레들이 그렇듯) 지속적으로 수를 늘려나갈 공산이 크다.

생산과 소비와 경쟁은 과잉으로 치닫지만 그것의 결과를 성찰하는 데는 지독히 게으른 우리 시대는 '허무'의 정념을 양산한다. 니힐리즘은 '모든 게 헛되도다!'라고 그저 탄식하는 일이 아니다. 그것은 원한의 도덕, 무기력한 냉소, 분노의 폭력을 내면화한 구체적 집단들을 만들어내며, 비판과 성찰의 능력을 잃어버린 수많은 개인들은 어떤 방식으로든 허무를 경험하는 중이다. 황폐화된 미래의 지구와 괴물이 된 인간들을 그리는 할리우드 영화들이 속속 출현하는 최근의 현상은 이 점에서 매우 징후적이다.

2013. 06. 08.

'나꼼수'는 2011년 4월부터 시작된 팟캐스트 〈나는 꼼수다〉의 줄임말이다. 정치 풍자 코미디를 표방하며 이명박 당시 대통령 관련 각종 의혹과 비리, 부도덕성을 폭로했고 거침없는 독설과 재미로 대중의 열광을 얻으면서 2011년 민주언론상을 수상했다. 그러나 대중을 선동한다는 일부의 우려와 함께 관련자들의 고소, 고발이 잇따랐으며 나꼼수 고정 출연자인 정봉주 전 국회의원이 BBK 관련 허위사실 유포죄로 구속되는 등 논란을 낳기도 했다. 제18대 대선 하루 전날인 2012년 12월 18일, 이명박 당시 대통령의 소속 정당인 새누리당의 재집권을 막자는 주장을 끝으로 마지막 방송을 내보냈다.

생산과 소비와 경쟁은
과잉으로 치닫지만
그것의 결과를 성찰하는 데는
지독히 게으른 우리 시대는
'허무'의 정념을 양산한다.
니힐리즘은 '모든 게 헛되도다!'라고
그저 탄식하는 일이 아니다.

　　•

그것은 원한의 도덕, 무기력한 냉소,
분노의 폭력을 내면화한
구체적 집단들을 만들어내며,
비판과 성찰의 능력을 잃어버린
수많은 개인들은 어떤 방식으로든
허무를 경험하는 중이다.
황폐화된 미래의 지구와
괴물이 된 인간들을 그리는
할리우드 영화들이
속속 출현하는 최근의 현상은
이 점에서 매우 징후적이다.

·

세상의
끝

'세상이 왜 이리 점점 어지러워지는가?' 우리들이 경험으로
내뱉는 이 말에 화답이라도 하듯 최근 할리우드에서는 세상의
끝에 관한 영화들이 줄줄이 제작되고 있다. 이 영화들은 대개
재난으로 인한 문명의 몰락 과정 혹은 그 이후의 세계를 그리고
있다. 〈컨테이젼〉〈멜랑콜리아〉〈테이크 쉘터〉〈오블리비언〉
〈애프터 어스〉〈월드워 Z〉 등이 모두 이에 속한다.

　　　세상의 끝을 고찰하는 영화들이 그리는 몰락의 원인은
다양하다. 기후 격변, 자원 고갈, 핵전쟁, 바이러스의 창궐 등이
그것인데, 모두 과학적 근거를 가지고 있다. 특히 세계가 촘촘히
이어진 오늘날에는 아주 작은 재난도 문명 전체를 위협할
가능성을 내포한다. 치명성의 세계화. 〈컨테이젼〉이 잘 그려내듯,
변방에서 발생한 질병은 삽시간에 세계 전역으로 이동해

'세계대전'의 스케일을 만들어낸다. 데이비드 하비David Harvey의
'시공간 압축'이나 폴 비릴리오Paul Virilio의 '스피드-스페이스'
개념은 테크놀로지로 인해 초월된 시공간을 의미하는데,
바로 이런 압축적 시공간을 가진 문명에서는 발전뿐 아니라
몰락 역시 일단 시작되면 가속화된다.

　　세상의 끝에 관한 서사를 흔히 '아포칼립스apocalypse'라고
부른다. 아포칼립스는 '숨겨진 것을 드러내다'라는 뜻의 희랍어다.
기독교에서는 이 '숨겨진 것'을 '진리'라고 보았고, 이는 곧 '악을
끝장내는 신의 선'을 의미했다. 따라서 세계의 끝에 오는 '최후의
심판'은 오히려 기다려야 할 구원의 사건이 된다. 아포칼립스가
그저 판타지인 것은 아니다. 가령 중세 말기 유럽의 천년왕국운동은
현실의 모순에 고통 받던 농민들이 아포칼립스 서사를 통해 실제
권력을 무너뜨리려 했던 혁명운동이기도 했다. 세상의 끝이라는
서사는 이처럼 역설적으로 지금-여기의 모순을 직시하게
만드는 놀라운 힘 역시 가지고 있다.

　　이런 의미에서, 세계의 끝에 관한 서사가 유행하는 오늘의
문화 현상은 산업혁명 이래 자본주의 세계화와 통신기술혁명 등을
거치며 끝없는 '진보'를 만들어내는 것처럼 보이던 현대문명이
가진 불안감이기도 하다. 이 불안감은 하나의 질문으로 수렴된다.
'과연 미래는 인류에게 여전히 남아 있을 것인가?' 미디어 비평가
프랑코 베라르디Franco Berardi는 『미래 이후』라는 저서에서 이제
'미래'에 대한 믿음은 끝났다고 주장한다. 필리포 마리네티Filippo
Marinetti의 '미래파 선언'과 헨리 포드Henry Ford의 컨베이어 벨트로

시작된 희망찬 20세기는 이제 인간의 모든 감정과 인지능력, 즉 삶 자체를 흡수하고 착취하는 자본으로 인해 우울증에 시달리는 주체들만을 남겨놓았다는 것이다. 영국의 철학자 존 그레이 John Gray는 『동물들의 침묵』이라는 최근 저서를 통해 인간이 기술적으로나 윤리적으로 발전해간다는 진보의 믿음이야말로 가장 끔찍한 '신화'라고 못박는다. 지식은 발전하지만, 윤리는 절대 축적되지 않기 때문이다. 인간은 문명과 야만을 언제나 동시에 가지고 있으며, 발전된 기술과 지식은 오히려 유례없는 야만의 가능성 역시 증대시킨다는 것이다.

세상의 끝에 관한 서사들은 단순한 엔터테인먼트나 일시적 유행으로 넘기기에는 묵직한 고민거리를 담고 있다. 그것은 '인간, 기술, 진보, 미래'가 영원할 거라는 우리의 상식에 대한 급진적인 문제제기이다. 이스라엘이 쌓은 성벽 안에 대피해 환호하던 유대인과 무슬림의 극적 화해의 노래가 다시금 굶주린 좀비들을 끌어들이는 〈월드워 Z〉의 장면은 그런 의미에서 상징적이다. 어쩌면 세상의 끝은 우리가 가장 기뻐하는 순간, 아무도 예상치 못한 바로 그 순간에 도둑처럼 찾아오는 것이다. 다양한 방식으로, 세상의 끝이라는 서사는 값싼 희망을 믿는 대신, 희망 자체를 비판적으로 사유하라고 우리에게 요청한다.

2013. 06. 29.

'아포칼립스'는 「요한계시록」에서 유래된 그리스어이다. 초기 유대교 및 크리스트교에서 신이 예언자에게 알려준 '비밀의 폭로', 또는 '그 비밀을 기록한 것'을 뜻한다. 전통적인 아포칼립스 문학에는 천지창조 이래 현대를 거쳐 종말에 이르기까지의 시대 구분, 선과 악의 대립, 현대가 악이 지배하는 시대라는 인식, 종말에 의한 악의 임종, 사망자의 부활, 마지막 심판, 천국과 지옥 등의 교의가 담겨 있다. 현대에 와서는 단순히 아마겟돈(성서에 나오는 인류 최후의 전쟁), 세계 종말을 의미하며, 이 같은 시점을 배경으로 한 픽션 장르를 지칭하기도 한다.

드라마와
민주주의

독일 공영방송 체데에프ZDF에서 올 3월 방영했던 3부작 드라마
〈우리 어머니, 우리 아버지〉를 최근에 보았다. 파시즘 치하
독일 사회와 전쟁의 야만성 속에서 변해가는 개인의 모습을
추적하며 극적인 완성도를 성취한 이 드라마는 독일 내에서 세대
간의 대화를 끌어내며 사회적 공론의 매개체가 되었다. 미국의
경우에도 '텔레비전이 영화보다 더 진지한 질문을 던지며 그
수준이 높아졌다'는 평가를 내리고 있다. 9·11 테러 이후의 불안을
다룬 〈홈랜드〉나 보도국 기자들을 통해 언론, 국가, 정의에 관한
화두를 던지는 〈뉴스룸〉 등이 대표적이다. 긴 시간을 들여 서사를
구축하고, 인물의 심리를 파고드는 가운데 쉽게 판단하기 어려운
양가적 측면을 보여주는 이 드라마들은 현대 미국의 내면에 관한
진지한 텍스트가 된다.

반면, 역사적이고 사회적인 기반 위에서 극적인 요소를 구성해내는 수준 높은 드라마들을 한국 텔레비전에서는 거의 볼 수가 없다. 재벌과 서민 간의 로맨스, 불륜과 치정, 판타지에 가까운 사극들이 배우만 바꾸어 반복된다. 물론 그 속에 당대 대중들의 욕망이나 문제의식이 담겨 있지 않다고는 할 수 없지만, 대개는 정념의 과다로 특징지어지는 멜로드라마의 형식이나 선과 악의 대립과 복수라는 전근대적 틀에서 벗어나지 못한다. 극적인 현대사를 가졌을 뿐 아니라 언제나 첨예한 대립이 꾸준히 벌어지는 한국에서 텔레비전 드라마가 그 무궁무진한 소재를 뛰어난 극으로 만들어내지 못하는 이유는 뭘까? 제작 여건과 시청률 등 다양한 원인이 있겠지만, 핵심은 방송국 자체의 이유보다는 한국 사회 특유의 모순에서 찾을 수 있다.

독일에서 나치 시대를 정면으로 다룬 드라마가 만들어질 수 있는 것은 나치 시대에 관한 가치 평가가 확립되었기 때문이다. 그 위에서 오히려 다양한 서사적 접근이 가능해진다. 반면, 한국에서는 현대사에 관한 평가가 '상대화'의 대상이다. 가령 이승만이나 박정희가 여전히 '논란'거리인 상황, 변희재가 '내가 광주사태라고 생각한다는데 왜 그걸 억압하느냐' 따위의 발언을 해도 그게 하나의 진지한 '시각'으로 평가받는 상황은 그 예다. 역사가 사실이나 진실의 싸움이 아닌, 선택할 수 있는 취향이 된 형국이다. 모두가 제멋대로 역사를 취할 때, 이를 다룬 서사물은 '개인의 취향'에 대한 공격이 된다. 당연히 현대사나 사회의 화두에 진지하게 접근하는 드라마가 만들어질 리 없다.

또다른 원인은 언론과 표현의 자유가 완전하지 못한 데 있다. 사실을 다루는 뉴스마저도 정권의 눈치를 보는 사장 아래에서 만신창이가 될 때, 텔레비전 드라마에서 논쟁적인 주제를 다룬다는 것은 어불성설이다. 결국 '자유'롭게 표현할 수 있는 것은 운명의 불장난 같은 판타지나 누구라도 공감할 수 있는 관습적인 선악대립뿐이다. 여기에 시청률 같은 자본의 압박이 가해지면 쉽게 '막장'으로 나아갈 수 있는 것이다.

　　이제 누구도 텔레비전 드라마를 우습게 볼 수 없는 시대가 되었다. 문학의 상징, 철학의 질문, 사회학의 이론 등이 강력한 서사와 결합된 드라마는 다른 예술이 넘보기 힘든 대중적 파급력을 가진다. 대중의 생활방식과 사고방식을 드러내고 또 형성한다는 점에서 그것은 민주주의 시대의 지배적 문화 형식이라고까지도 말할 수 있다. 그러나 그런 드라마는 역으로 민주주의가 제대로 갖춰진 나라에서만 가능하다. 민주화 과정에 대한 평가도, 표현의 자유도 제대로 서 있지 않은 나라에서는 실험적이고 과감한 질문을 던지는 드라마 역시 등장하지 않는다. 반대로 대중의 문화적 삶이 척박한 곳에서는 정치적 공론장 역시 초라하다. 문화의 수준은 곧 정치의 수준과 뗄 수 없이 관련되어 있는 것이다.

2013. 07. 20.

'막장 드라마'는 등장인물들의 관계가 복잡하게 얽혀 있고, 현실에서는 일어나기 힘든 상황들이 동시다발적으로 이어지며, 자극적이거나 선정적인 장면으로 파격적인 내용 전개를 보이는 드라마를 말한다. 〈조강지처클럽(2007~2008년)〉〈아내의 유혹(2008~2009년)〉 등이 대표적이다. 특히 2013년 5월부터 12월까지 방영된 〈오로라 공주〉는 뜬금없이 죽어나가는 배우들, 개연성 없는 전개 등으로 시청자들의 비난을 샀다. MBC는 2015년 4월 시청자들의 거센 항의 끝에 〈오로라 공주〉를 만든 막장 드라마의 대모 임성한 작가와 더이상 계약을 하지 않겠다는 선언까지 했다. 그러나 해당 드라마들에 대한 부정적인 평가에도 불구하고 막상 시청률은 높은 경우가 많다.

'인문학'이라는
쓰레기

며칠 전 각 신문에는 박근혜 대통령이 '인문·문화계 인사들'을
초청해 오찬을 했다는 기사가 실렸다. 대통령은 '인문학'의
중요성을 강조하고, "인문학 전반에 활력을 불어넣겠다"는 의지도
밝혔다고 한다. 기사의 사진은 인문학계의 '석학'들이 얌전히 앉아
대통령의 말을 듣고 있는 모습을 담고 있다. 인문학에 관심이 많은
대통령은 "창조경제도 인문학적인 상상력이 중요하다"는 말을
했고, 한 참석자는 괴테를 인용하면서 "대통령께서 영원한 여성의
이미지를 우리 역사 속에 깊이 각인하셔서 우리 역사가 한층
빛나기를 기원한다"고 언급했다 한다.

　　이것이 만약 한국 인문학의 현재를 상징한다면 그야말로
비참하지 않을 수 없다. 인문학을 한다는 이들이라면 오늘날
한국 사회야말로 인문학이라는 말을 꺼내기가 부끄러울 정도로

'인간에 대한 예의'나 지식과 학문의 가치가 전방위로 짓밟히고 있는 장소라는 것을 모를 리가 없다. 박대통령이 정의한 대로 인문학이 "인간에 대한 사랑과 관심"이라면 실은 무엇보다 한을 품고 죽음을 택하는 노동자들, 일에 치여 값싼 엔터테인먼트밖에 즐길 줄 모르는 대중, 상상력 대신 수량화된 평가 일변도인 교육 현실 등을 먼저 고민해야 할 것이다. 이런 문제에는 귀를 닫은 채 고분고분한 '석학'들을 모셔다가 고상하게 독서 경험 따위나 나누는 일, 그것이 오늘 한국 인문학의 현재다.

최근 한국에서 '인문학'이라는 말처럼 오용되고 남용되는 말은 없어 보인다. 이는 '인문학'이 들어간 수많은 책들의 제목만 일별해봐도 알 수 있다. '어린이를 위한 인문학' '부모 인문학' '광고 인문학' '사장의 인문학' '돈의 인문학' '연애 인문학'에다 심지어 '팬티 인문학'까지 있다. 조만간 '고3 인문학'이나 '조기 유학을 위한 인문학'도 나올 법하다. 모든 것이 인문학이 되어버릴 때, 바로 그때가 인문학이 사라지는 시점이다. 도시 곳곳에 빽빽한 대형 십자가들이 역으로 종교적인 것이 상실된 시대를 표상하듯이, 긴장감도, 비판 정신도, 부끄러움도 없이 모든 곳에 사용되는 '인문학'이야말로 그것이 실은 하나의 '비즈니스'일 뿐임을 보여준다. 장사만 된다면 자본주의는 혁명도 사랑도 비판 정신마저도 상품으로 만들어낸다. '창조경제'라는 말을 팔아먹기 위해, 자본가를 위해, 스타 강사가 되기 위해, 베스트셀러를 제조하기 위해 너도나도 '인문학'을 갖다붙일 때, '인문학'은 자신의 탐욕을 고상하고 희망찬 말로 치장하는

만능 가림막 같은 것이 되어버린다. 자살률은 세계 최고에
독서 시간은 세계 최저인 나라에서 '인문학'이 이토록 인기 있다는
역설이야말로 현재의 '인문학'이 허상임을 보여준다.

　　근대 인문학은 르네상스에서 기인했다고 알려져 있다.
흔히 '르네상스' 하면 무슨 호텔 이름처럼 풍요롭고 화려한
이미지만을 떠올리지만, 사실 그 시대의 인문학자들이야말로
중세적 신의 질서, 억압적 권력, 무지의 관성에 맞서 목숨을
내놓고 싸웠던 지적 전사들이었다. 대중의 입맛에 맞도록
쉽게 요약해주거나, 자본가들 상대로 호텔에서 강의를 하거나,
대통령에게 괴테를 인용해 찬사나 보내는 따위의 행위는
'인간의 무늬人文'를 탐구하는 데 따르는 지난하고 복합적이며
때로는 답이 보이지도 않는 인문학적 작업과는 관계가 없으며,
그저 소비사회의 천박한 요청에 부응해 신속하게 상품화된
지식일 뿐이다. 외려 진정한 인문학은 이 시대의 가장 불편한
문제를 제기하는 일, 가장 인기 없는 학문을 묵묵히 계속하는
일, 가장 주변부의 사람들과 연대하는 일 속에 있다. 이 시대는
'인간'의 가치가 헐값으로 떨어진 총체적 야만의 시대이기
때문이다. 이런 암울하고 절박한 시대를 쉽고 실용적이고 희망찬
말들로 포장하여 팔아치우는 오늘의 '인문학', 그것이야말로
실은 가장 먼저 처리되어야 할 쓰레기다.

2013. 08. 10.

최근 대기업과 정치권이 인문학 열풍을 주도하고 있다. 삼성그룹은 입사 시험에 철학, 역사 문제를 출제했고, 박근혜 정부도 대통령 직속 자문기구인 문화융성위원회 산하에 인문정신문화특별위원회를 설치했다. 대중을 위한 인문학 강연과 교양 인문서도 인기다.

그러나 정작 문(文)·사(史)·철(哲)로 대표되는 대학의 인문학과들은 취업난과 경쟁력 부족을 이유로 존립 위기에 처해 있고, 현대사회는 물질주의와 양극화가 더욱 심화되고 있어 진지한 사유를 통해 지혜를 추구하고자 하는 인문학이 가볍게 소비된 후 식어버리는 게 아닌가 우려하는 목소리가 높다.

최근 한국에서
'인문학'이라는 말처럼
오용되고 남용되는 말은 없어 보인다.
모든 것이 인문학이 되어버릴 때,
바로 그때가 인문학이
사라지는 시점이다.

＊

긴장감도, 비판 정신도,
부끄러움도 없이 모든 곳에
사용되는 '인문학'은
그것이 하나의
'비즈니스'일 뿐임을 보여준다.

＊

'창조경제'라는 말을 팔아먹기 위해,
자본가를 위해, 스타 강사가 되기
위해, 베스트셀러를 제조하기 위해
너도나도 '인문학'을 갖다붙일 때,
'인문학'은 자신의 탐욕을
고상하고 희망찬 말로 치장하는
만능 가림막 같은 것이 되어버린다.
•

그림자
없는
인간

『악의 투명성』이라는 책에서 장 보드리야르는 우리 시대 문화의
특징으로 '긍정성positivity'을 든다. 흔히 '긍정적'이라고 풀이하는
영어 단어 'positive'는 원래 '결여되지 않은, 존재하는'이라는
뜻을 가지고 있다. 의학에서 'positive'는 '양성반응을 보이는',
즉 '예상하고 있던 특징이 실제로 존재하는'이라는 의미로 쓰인다.
'긍정적'이라는 단어는 그래서 뭔가로 꽉 차 있는 이미지를
가진다. 우리 사회에서 '긍정적인 사람'이 언제나 뭔가를 부지런히
기획하고, 시도하고, 도전하는 인간을 지칭하는 것처럼 말이다.
긍정성에는 결핍이 없으며, 충만함만 있다. 긍정성의 문화는
내가 가진 모든 결핍과 결여를 보충하고, 제거하고, 그래서 결국은
'결여 없는 존재'로 나아가려는 욕망으로 추동되는 문화다.
보드리야르는 이러한 긍정성의 문화를 표상하는 이미지로

'그림자 없는 인간'이라는 표현을 사용한다. '그림자 없는 인간'은 존재 자체를 표백시켜버린 인간을 의미한다. 단점을 없앨 수 있고, 결여는 채울 수 있다는 믿음, 즉 노력만 한다면 나의 어두운 '그림자'를 없애버릴 수 있다는 믿음이 '그림자 없는 인간'을 만들어낸다.

긍정성의 문화가 지배적인 곳에서는 여지없이 '그림자 없는 인간'이 양산된다. 미용 성형수술의 유행은 대표적인 사례다. 2011년 기준 성형시술 건수 세계 1위인 한국에서 성형수술은 무엇인가? 그것은 신체를 '주조'함으로써 결여를 채울 수 있다는 믿음의 이름이다. 케이블 프로그램 〈렛미인〉의 출연자들은 모두 자기 삶의 현재 문제가 미의 결여에서 비롯되었다고 믿는다. '썩은 가슴'과 '주걱턱'을 없앨 때 비로소 남편의 사랑을 얻고 가수에의 꿈을 달성할 수 있다고 믿는 출연자들은 자신의 온갖 치부를 드러낸 채 의사들의 선택을 요청하며 고개를 숙인다. 이러한 장면들은 거의 '종교적'이기까지 하다. 피폐한 삶과 인생에 지친 이들이 의사들 앞에 서서 자신의 고통을 고백하면, 의사는 이들 중 하나를 선택해 그의 삶을 새로이 바꿔낸다. 고통, 믿음, 시험, 통과의례, 그리고 기적과 구원이라는 종교적 서사가 이 프로그램의 포맷을 이룬다.

1990년대에서 2000년대 초까지는 형편이 어려운 가족의 사연을 받아 그들의 허름한 집을 고쳐주는 프로그램이 유행했다. 2000년대 이후에는 집중 트레이닝을 통해 성적을 올려주는 프로그램이 생겼다. 그리고 2010년대가 지나면서 신체를 완전히 변화시키는 프로그램이 탄생했다. 집도, 학교도, 이제는 신체의 아름다움에 비하면 영향력이 떨어진 것이다. 이는 제조와 정보를 넘어 몸 자체, 삶 자체를 가공함으로써 이를 '시장'으로 삼는 오늘날의 자본주의 전략과도 맞물려 있다. 신체의 강인함과 아름다움이 '경쟁력'이라면, 우리는 마땅히 그곳에 '투자'하고 그곳을 '경영'해서 '이익'을 내야 한다. 신체의 그림자를 없애는 시장의 확대는 정신의 그림자를 없애는 시장(자기계발, 힐링)과 결합함으로써 삶 전체의 그림자를 없애는, 즉 완벽한 '긍정성'의 문화를 향해 가고 있다.

　　이 완벽한 긍정성의 문화는 역설적으로 완벽한 부정성의 문화이기도 하다. '그림자 없는 인간'은 실체 없는 인간, 곧 시체, 귀신, 혹은 유령의 다른 이름인 것이다. 성형한 아름다움이 넘치는 곳, 자기계발의 성실함이 넘치는 우리 사회에서 '죽음'의 소식 역시 넘쳐나는 것은 이 때문이다. 부정성마저도 긍정할 수 있는 긍정성이 아닌, 더 큰 긍정성을 위해 작은 부정성마저도 제거해버리는 문화는 역으로 감당할 수 없이 거대한 부정성의 역풍을 예비하고 있는 셈이다. 그런 점에서, 그림자를 없애버린 이 시대는 어쩔 수 없이 파국의 그림자를 불러들일 수밖에 없는 것이다.

2013. 08. 31.

〈렛미인(Let美人)〉은 tvN의 성형 미인 만들기 프로그램이다. 2011년
12월 시즌 1로 시작해 2015년 9월 시즌 5가 종영되었다. 외모에
심각한 결함이 있는데 형편상 수술을 받을 능력이 없는 출연자들
가운데 전문가의 심사를 거쳐 선발된 한 명에게 수천만 원 상당의
성형수술을 무료로 해준다. 성형을 통해 콤플렉스를 없애고 자존감을
회복하자는 취지이지만, 외모지상주의를 전파하며 병원 홍보를
목적으로 한다는 이유로 프로그램 폐지를 주장하는 의견도 있었다.
언니네트워크, 여성환경연대, YWCA, 한국여성단체연합,
한국여성민우회, 한국여성의전화 등 주요 여성 단체들은 〈렛미인 5〉
첫 방송일 2015년 6월 5일, 상암 CJ E&M 앞에서 기자회견과 퍼포먼스를
진행했다. 렛미인은 의료법을 교묘하게 피해가는 성형수술 광고, 성형에
대한 부정적인 측면을 드러내지 않는다, 성형수술은 인생 역전이라는
판타지를 심어주려 한다 등의 이유로 프로그램 폐지를 요구했다.
2015년 9월 17일, 렛미인 프로그램 제작진은 "향후 채널의 콘텐츠
방향성 및 변화하는 사회적 정서 등을 고려하여 미용 성형을 소재로
한 포맷의 프로그램을 진행하지 않는 것으로 결정을 내렸다"고
공식 입장을 밝혔다.

⟨슈퍼스타 K⟩와
헝거
게임

블록버스터 시리즈로 제작되어 인기를 끌고 있는 ⟨헝거게임⟩이라는
할리우드 영화가 있다. 수잰 콜린스^Suzanne Collins가 쓴 동명의 판타지
소설을 원작으로 한 이 영화는 폐허가 된 미국이 '판엠'이라는
권위주의 국가로 변한 미래를 배경으로 삼는다. 판엠의 모든 부는
수도 '캐피톨'에 집중되어 있고, 주변의 '구역들'은 이에 대항하여
반란을 일으킨 적이 있다. 이를 철저히 진압한 '캐피톨'은 자신을
제외한 열두 구역에서 십대 남녀 청소년 두 명씩을 뽑아 이들
스물네 명을 한곳에 모은 후, 마지막 하나가 살아남을 때까지
서로 죽이는 게임을 연례행사로 개최한다. 리얼리티 쇼로 제작되어
전국에 실시간 방영되는 이 게임의 이름이 '헝거게임'이다.

  헝거게임의 구조는 반란의 역사를 지우고 지배를 공고히 하는
데 가장 효율적인 장치가 '서바이벌 게임'이라는 문화적 수단임을

드러낸다. 캐피톨 시민들의 열광은 다른 구역의 청소년들에 대한 생살여탈권을 자신들이 가진다는 가장 원초적인 권력욕의 충족에서 온다. 한편, 자식을 헝거게임에 보낸 구역 주민들은 자기 구역의 승리를 응원하며 이 구조의 공모자가 된다. 헝거게임에서 승리한 단 한 명에게 주어지는 셀레브리티의 '보상'은 헝거게임에서 죽은 이들을 망각하게 만든다. 무엇보다 헝거게임을 벌이는 이들이 십대 청소년이라는 점은 의미심장하다. 청소년은 대개 지배적 구조를 유지하는 데 이용되는 가장 핵심적인 수단이다. 청소년끼리 경쟁을 시킬 때, 권력은 사실 청소년이 아니라 그들이 상징하는 것, 즉 '미래' 자체를 손아귀에 넣는다.

최근 다섯번째 시즌이 방영중인 〈슈퍼스타 K〉는 한국판 헝거게임이라 할 만하다. 매 시즌마다 200만 명에 육박하는 이들이 가수가 되겠다고 지원하는 이 프로그램의 주인공은 단연 십대와 이십대의 젊은이들이다. 전국에서 모인 지원자들이 경쟁을 벌인 끝에 남은 50명이 한국의 '캐피톨'인 서울에서 다시 치열한 경쟁을 벌이고, 10명이 남은 후 매주 생방송 경연으로 이들을 떨어뜨려 결국 셀레브리티로 등극할 최후의 1인을 가려낸다.

이 프로그램은 사실 '슈퍼스타'를 뽑는 것이 아니다. 〈슈퍼스타 K〉가 진짜로 뽑는 것은 심사위원이라는 '어른'의 지도와 텔레비전을 보는 '대중'의 취향에 맞춰 자신의 음악과 개성을 열심히 바꿔가는 젊은이다. 자기 세계를 고집하는 지원자는 호통을 들으며 탈락하고, 결국 남는 이는 모든 대중이 사랑하기에

'불편 없는' 젊은이, 능력과 매력과 사연까지 두루 갖춘 순응적
젊은이다. '반란의 가능성'은 이렇게 지워진다. 이 젊은이가
셀레브리티가 되는 마법의 순간, 다수의 젊은이들을 '잉여'로
만들어내고 있는 사회는 자신의 무책임함에서 벗어난다.
가장 뛰어나고 순응적인 젊은이를 뽑고 나머지를 폐기시키는
헝거게임은 〈슈퍼스타 K〉에서, 입시 시험장에서, 기업 면접장에서
끊임없이 이어진다.

　　서바이벌을 해야 하는 상황을 사회 전체의 문제가 아닌
개인 능력의 경쟁으로 치환시키는 헝거게임이라는 문화적 장치의
유행은 무한 경쟁이 유일하고 정당한 법칙이 된 사회에서는
자연스럽다. '전쟁이 평화다'라는 빅브라더의 '뉴스피크'가
환기하듯, 전쟁을 상식으로 만들기 위해서는 전쟁만이 유일하고
정당하며 매력적인 수단임을 지속적으로 일깨울 필요가 있다.
'기적을 노래하라'라는 〈슈퍼스타 K〉의 슬로건은 실은 '서바이벌을
수용하라'라는 뉴스피크다. 이 시대의 대중문화가 하는 가장
중요한 과업은 바로 이것, 즉 젊은이로 하여금 서바이벌 게임을
삶의 법칙으로 수용하게 만드는 일, 궁극적으로는 반란 없는
미래를 손에 넣는 일이다.

────────

2013. 09. 28.

2013

〈슈퍼스타 K〉는 Mnet의 대국민 공개 오디션 프로그램이다. 2009년 첫 시즌이 방송된 이래 2016년까지 8시즌이 진행됐다. MBC 〈위대한 탄생〉, SBS 〈K팝스타〉 등 대한민국의 오디션 열풍을 몰고 온 원조 프로그램이다. 시즌 1 우승자 서인국을 비롯해 허각, 로이킴, 울라라세션, 박재정, 곽진언, 케빈 오, 김영근 등의 우승자를 배출했다. 준우승자였던 존 박, 버스커버스커 등도 활발하게 활동하고 있다. 하지만 시즌 7부터 급격한 하락세를 보이며 Mnet은 "2017년 〈슈퍼스타 K〉는 개최하지 않기로 했다"고 밝혔다. 2011년 12월에 시작한 SBS 오디션 프로그램 〈K팝스타〉는 〈K팝스타 6 더 라스트 찬스〉 (2016. 11~2017. 4)까지 이어졌다. 마지막 시즌은 일반인 참가자뿐만 아니라 전현직 아티스트, 데뷔를 준비하고 있는 소속사 연습생도 참가하는 개방형 오디션으로 진행되었다. 이수민, 전민주, 김소희, 보이프렌드(박현진, 김종섭), 마은진, 크리샤 츄 등이 관심을 받았다. 〈K팝스타〉가 시즌 6으로 종영하고, 〈슈퍼스타 K〉도 규모를 축소하면서 가수 오디션 프로그램의 시대는 저물고 있다는 평이다. 기획사 소속 연습생을 대상으로 하는 신인 그룹 데뷔 서바이벌 프로그램이 그 자리를 대체하고 있다는 것이다. 빅뱅, 위너, 아이콘(YG), 트와이스 (JYP)가 이 과정을 거쳐 시장에 안착했다. 〈프로듀스 101〉은 걸그룹 아이오아이를 탄생시켰다. 일반인이 뛰어들 수 있는 서바이벌 무대는 〈듀엣 가요제〉, 〈판타스틱 듀오〉 등 일부 음악 예능 프로그램만 남았다.

〈슈퍼스타 K〉가 진짜로 뽑는 것은
심사위원이라는 '어른'의 지도와
텔레비전을 보는 '대중'의
취향에 맞춰 자신의 음악과 개성을
열심히 바꿔가는 젊은이다.
자기 세계를 고집하는 지원자는
호통을 들으며 탈락하고,
결국 남는 이는 모든 대중이
사랑하기에 '불편 없는' 젊은이,
능력과 매력과 사연까지 두루 갖춘
순응적 젊은이다.

●

'반란의 가능성'은 이렇게 지워진다.
이 젊은이가 셀레브리티가 되는
마법의 순간, 다수의 젊은이들을
'잉여'로 만들어내고 있는 사회는
자신의 무책임함에서 벗어난다.

•

뚱뚱한
여자

최근 한 영화제에서 울리히 자히들Ulrich Seidl 감독의 독일 영화
〈파라다이스: 희망〉을 보았다. 주인공은 엄마의 권유로
'비만 캠프'에 입소한 '뚱뚱한' 고등학교 여학생이다. 소녀는
비만 캠프의 중년 의사를 짝사랑하며 그와의 결혼을 '희망'하고,
의사 역시 그녀에게 감정을 품지만 이를 제어하기 위해 차갑게
군다. 감독은 비만 캠프의 '훈련' 과정을 담으면서 날씬한 선생과
뚱뚱한 아이들의 대비를 계속 보여주는데, 뚱뚱한 몸들이
만들어내는 중성성은 그녀와 (삐쩍 마른) 의사 선생 간의
아슬아슬한 감정 교류와 대비를 이루며 묘한 감동을 준다.
감독은 '뚱뚱한' 여자도 사실은 평범하다는 것을, 그녀의 감정은
그녀의 몸과 달리 중성적이지 않다는 것을 지독하리만치
건조한 스타일로 보여준다.

2013

얼마 후 〈개그 콘서트〉의 '견뎌'라는 코너를 보게 되었다. 남자가 소개팅에 나왔는데, 기대와 달리 뚱뚱한 여자가 들어온다. 남자는 화를 견디려 노력하다가 결국 폭발하고야 만다. 이 여자가 자신을 소중하게, 예쁘게 여기면서, 남자가 맘에 안 든다고 선언하며 나가버리기 때문이다. 관객들은 남자가 화를 낼 때마다 폭소를 터뜨린다. 그의 심정에 공감하기 때문일 것이다. 이 코너를 보며 얼굴이 달아올랐다. 뚱뚱한 여자가 자신의 '분수'를 모를 때 분노하는 건 당연하다는 공감대에, 이 여자를 타자화시키면서 웃음을 찾는 개그맨과 관객의 폭력적 감수성에 놀랄 수밖에 없었다. 한국의 '대표' 코미디라는 〈개그 콘서트〉에서 뚱뚱하고, 못생기고, 사투리 쓰고, 나이 많고, 가난하고, 직업 없는 이들은 쉴새없이 웃음거리가 된다. 주변화된 이들을 희화화하는 〈개그 콘서트〉의 웃음과 약자를 혐오하는 '일베'의 웃음 사이의 거리는 생각보다 가까운 것처럼 보인다.

어느 시대든 '정상'이라는 기준 밖에 있는 이들은 직간접적 폭력의 대상이 되곤 했다. 하지만 우리 시대에는 그 기준이 훨씬 모호해지고 세밀해지고 있다. '공장'에서의 상품생산에서 '삶 자체'의 상품화로 이동하는 후기자본주의 사회에서는 신체, 감각, 취향, 언어 등 인간의 고유한 문화적 정체성들이 더없이 중요해진다. 문화는 구체적 성공을 위한 중요한 자산이기에, 그것들을 가꾸고 바꾸고 관리하고 전시함으로써 나라는 상품의 가치를 높여야 한다. 문화적 정체성을 상품화하는 연예인과 셀레브리티가 우리 시대에 열망의 대상이 된 이유다.

오늘날 문화는 그 자체로 경제가 되었다. 뚱뚱하거나, 못생기거나, 사투리를 쓰거나, 직업이 없는 사람들이 쉽게 희화화되는 이유는 그들의 문화적 특징이 상품화될 수 없는 그들의 삶, 즉 '실패'를 드러내기 때문이다. 성공에 대한 강박과 실패에 대한 공포가 병적인 한국 사회에서 실패의 이미지를 가진 이들과 자신을 구분하려는 경향은 점점 더 강해지고 광범위해진다. 지역균형선발 전형으로 서울대에 들어온 학생들이 다른 일부 학생들로부터 '지균충'이라 불리며 따돌림 받는다는 최근의 뉴스는 구분 짓기의 경계가 상식을 벗어남을 보여준다.

　　하지만 '인권'이나 '정치적 올바름'의 강조는 의도와는 달리 별 효과를 거두지 못한다. 사람들이 '너무 몰라서'가 아니라, '너무 잘 알기 때문'이다. 모두가 세상의 법칙을 '너무 잘 알기 때문'에 자신이 실패해도 사회 대신 나를, 내 부모를 원망할 수밖에 없다. 어쩌면 우리는 문화적 정체성의 관리를 뛰어넘어 '우월한 피', '우월한 유전자'를 동경하는 우생학의 시대를 이미 살고 있는지도 모른다. 우생학의 시대에는 외모든 실력이든 경제력이든 '넘사벽'이라 할 수밖에 없는 이들에 대한 강한 동경이 생겨나고, 그것은 곧 권력관계로 연결된다. 부드럽고 세련된, 동경과 혐오라는 문화적 차이를 통해 지배하는 독특한 파시즘의 시대가 올 것만 같은 예감이 든다.

2013. 10. 18.

'지균충'은 서울대 정시 입학생들이 사회적 배려 대상자 전형 입학생을 폄하할 때 쓰는 말로, '지역균형선발'의 약자 '지균'에 '벌레 충(蟲)' 자를 합쳐 만든 단어이다. 저소득층·농어촌학생·장애인·북한이탈주민 등을 대상으로 한 '기회균등선발' 특별전형 출신 학생은 '기균충'이라고 불린다. 지역균형선발은 지역 인재를 뽑기 위해 서울대가 사교육이 발달한 수도권에 비해 수능 성적과 심층면접에서 불리한 소외지역 학생을 배려하자는 취지로 2005년부터 시행한 제도다. 수능 점수는 평가하지 않으며 수능 최저학력 기준 충족 여부만 확인한다.

대통령의
외국어

박근혜 대통령께서 유럽 순방중이시다. 예상 가능하게도 텔레비전 뉴스는 이를 매우 중요하게 보도했다. 그중 한 종편 뉴스는 박대통령의 '외국어 실력'을 한 꼭지로 다루기까지 했다. 프랑스에 가서 프랑스어로, 영국에 가서 영어로, 중국에 가서 중국어로 연설하는 대통령의 모습을 편집해놓더니 급기야 역대 대통령들의 외국어 실력을 자료 화면과 함께 언급한다. 국정원의 대선 개입, 전교조와 전공노의 불법화, 통합진보당 해산청구 등으로 나라 전체를 공안정국으로 만들어놓고도 입 한 번 뻥긋 않는 박대통령을 비판한 적은 없는 언론이 외국어로 연설하는 그녀의 모습은 그리 대견한가보다. 외국 정상들이 한국에 와서 한국어로 연설한 적이 있는지는 모르겠지만, 무엇보다 정말 듣고 싶은 것은 영어나 프랑스어가 아니라 박대통령의 한국어인데 말이다.

대통령이 외국에서 그 나라 말로 연설하는 행위가 뉴스거리가 되는 일이 낯설지 않은 것은 그것이 한국의 전반적인 문화 현상으로 자리잡고 있기 때문이다. 드라마에서 야망에 찬 재벌 2세들은 반드시 미국이나 유럽에서 비행기를 타고 입국하여 영어로 '비즈니스'를 하는 것으로 그려진다. 외국어 능력은 이들이 유능한 인재라는 점을 보여주는 가장 구체적인 척도이다. 한국 대학은 국문과나 철학과를 없애면서 동시에 교수들에게 전면적인 영어 강의를 요구하고 있다. 이미 오래전부터 아이돌 그룹의 이름은 국적 불명의 영어로 도배되어 있다. 일상 대화, 아파트 이름, 상품명, 상호명, 기업과 기관명에도 영어가 들어가는 것은 대세다.

동떨어진 듯 보이는 이런 현상들을 하나로 묶어주는 것은 외국(어)에 대한 한국인들의 지배적 심리 상태다. 어떻게 해서든 영어를 비롯한 외국어를 집어넣어야 '있어 보인다'고 생각하는 심리는 한국인들의 집단적 인정욕구를 반영한다. 소위 선진국이라 불리는 나라들에서 인정받는 것에 대한 꺼지지 않는 욕구는 그들의 언어를 내 언어보다 더 '있어 보이는' 것으로 만든다. 우리보다 '못 사는' 나라들과 그 국민들에 대한 멸시나 차별, 우월 의식은 이러한 인정욕구가 불러낼 수밖에 없는 측면이다.

외국에 대한 인정욕구가 보여주는 하나의 진실은 그것이 결국 '강한 자'에 대한 숭상이라는 점이다. 언어든 정치제도든 문화든 상관없이 한국보다 경제적으로 우월한 나라들은 대개 우리의 문제점을 수정하기 위한 참조점으로 기능한다. 반면, 우리보다 경제적으로 뒤떨어진 나라들은 호기심을 자극하는 이색적인 문화의 장소로 언급될 뿐 진지한 관심의 대상이 될 수 없다. '강한 자'에 대한 숭상은 내부에서도 작동한다. 강남과 강북, 서울과 지방, 표준어와 사투리, '인 서울' 대학과 '지잡대', 정규직과 비정규직, 영남과 호남, 정상인과 비정상인 등 익숙한 구별은 모두 힘의 강약과 관련된다. 특히 삶 자체가 생존경쟁이 된 시대에 승리하고 성공한 자, 그래서 강한 자에 대한 동경은 더욱 강력해진다. 그것은 역사도 정치도 정의까지도 초월한다.

얼마 전 서울에서는 슬라보이 지젝Slavoj Žižek과 알랭 바디우 Alain Badiou 등이 참석한 '코뮤니즘' 행사가 열렸다. 당대 철학자들이 서울에 와서 펼친 '코뮤니즘'의 향연은 우리에게 새로운 생각거리를 던져주는 고무적인 행사였다. 오늘, 10만 명의 당원, 6명의 국회의원을 가진 통합진보당은 '공산주의'를 추종하는 종북 세력으로 낙인찍혀 해산되기 직전이다. 강남 한복판에서 자유롭게 철학의 향연을 펼치는 '코뮤니즘'과 일순간 반국가단체가 될 지경에 놓인 '공산주의'의 차이는 무엇일까? 다양한 분석이 가능하겠지만, '코뮤니즘'과 '공산주의'라는 언어의 이미지, 그리고 강자의 철학과 약자의 이념에 대한 우리의 이중적인 태도를 빼놓을 수는 없을 것이다.

2013. 11. 09.

2013년 8월 이석기 국회의원이 내란음모 혐의로 체포되면서 그가 속한 통합진보당이 2014년 12월 헌정 사상 처음으로 헌법재판소에 의해 정당 해산 선고를 받았다. 이석기 의원을 비롯한 당의 주도 세력이 북한을 추종하고 폭력적 방식으로 진보적 민주주의를 실행하여 사회주의를 이룩하자는 목표를 가진 점, 정당 내에서 발생한 일부 폭력 사태가 민주주의 가치를 훼손한다는 점 등이 주요 이유였다. 그러나 일부 당원의 행동을 정당 차원으로 확대해석할 수 있는지의 문제, 박근혜 대통령의 의중에 따른 표적 수사라는 점, 정치 활동의 자유를 제한할 수 있는 극단적 결정이라는 지적 등이 제기되며 거센 논란을 일으켰다. 정작 이석기 의원의 내란음모 혐의는 그후 2심에서 무죄 선고되었다.

대통령이 외국에서 그 나라 말로
연설하는 행위가 뉴스거리가
되는 일이 낯설지 않은 것은
그것이 한국의 전반적인
문화 현상으로 자리잡고 있기
때문이다. 외국에 대한 인정욕구가
보여주는 하나의 진실은 그것이
결국 '강한 자'에 대한 숭상이라는
점이다.

●

'강한 자'에 대한 숭상은 내부에서도 작동한다. 강남과 강북, 서울과 지방, 표준어와 사투리, '인 서울' 대학과 '지잡대', 정규직과 비정규직, 영남과 호남, 정상인과 비정상인 등 익숙한 구별은 모두 힘의 강약과 관련된다.

●

특히 삶 자체가 생존경쟁이 된 시대에 승리하고 성공한 자에 대한 동경은 더욱 강력해진다.

●

사나이,
혹은
허황된
가면

'혈기 왕성한 남자'를 뜻하는 단어인 '사나이'는 성별을 지칭하는
객관적인 단어인 '남자'의 성 역할을 한 단계 강화시킨 말이다.
'어머니'나 '아줌마'라는 말이 그렇듯, '사나이'에는 한국 사회가
남자에게 바라는 이데올로기적 의미들이 덕지덕지 붙어 있다.
그 의미들이란 대개 금지의 형태를 띤다. '사나이는 울지 않는다'
'사나이가 겁을 내느냐' '사나이가 큰 뜻을 품어야 이게 뭐냐' 등.
압권은 '사나이가 흘리지 말아야 할 것은 눈물만이 아니다'라는
슬로건이다. "사나이로 태어나서 할 일도 많다만", 고속버스
휴게소에서까지 사나이의 의무가 호명되는 일은 한국 문화가
남자들에게 요구하는 가장 사소한 사례일지도 모른다.

　　어느 나라나 남녀에게 다르게 배정되는 문화적 요구들은
있다. 한국의 경우, 그것은 지나치게 분명하고 때때로 과도하다.

'사나이'라는 그럴싸한 단어에 주렁주렁 매달려 있는 금지의 언명들 속에서 한국 남자들은 어려서부터 어떤 의무감 같은 것을 안고 살아간다. 눈물을 참으며 감정을 억제하는 일부터 가정을 유지하기 위해 돈을 벌고 나아가 국가를 지키는 일까지, 한국 남자에게는 의무들의 암묵적 리스트가 있다. 하나라도 이를 제대로 수행하지 못할 경우 그는 '사나이 이름에 먹칠을 한' 죄로 욕을 먹을 수도 있다. 한국에서 남자라는 집단은 '사나이'라는 이름 아래 모인 상상의 공동체다.

물론 차후에 구성된 성차의 문화적 의무들이 언제나 그 역할을 수행하는 것은 아니며, 그것은 불가능하다. 여자를 지켜야 하는데 성범죄는 날로 다양해지고, 나라를 지켜야 하는데 군대에서는 해마다 수많은 탈영병과 자살자들이 나오며, 돈을 벌어야 하는데 다수의 청년들은 스스로를 '잉여'라 부르며 자조한다. '사나이'는 한순간에 '아저씨'가 되고, 휴게소 변기 주변에는 오늘도 소변이 흥건할 뿐이다. 성차에 기반을 둔 금지와 허용의 이분법이 아무리 남자를 억눌러도 그것은 완벽히 작동하지 않으며, 오히려 부작용만을 양산하기 일쑤다.

더 중요한 점은 '사나이'의 문화적 장치가 국가나 사회의 여러 모순을 감추는 데 이용된다는 것이다. 대중문화는 이를 위한 중요한 도구 역할을 한다. 겉은 차갑지만 속은 따뜻한 '경상도 사나이'의 판타지(〈응답하라 1994〉, 〈깡철이〉)는 성평등 순위 세계 111위에 빛나는 여성 차별의 제도와 문화를 가린다(110위는 수리남, 112위는 바레인). '싸우면 박살낸다'라는 무시무시한 구호를

외치며 국방의 의무를 수행중인 '군인' 판타지(〈진짜 사나이〉)는
60년이 지나도록 극복하지 못한 채 처참한 수준의 '종북'론만을
양산시키는 분단의 모순을 잊게 만든다. 밖에서는 잘 나가지만
아이 앞에서는 쩔쩔매는 자상한 '아버지' 판타지(〈아빠! 어디 가?〉,
〈슈퍼맨이 돌아왔다〉)는 양육에 대한 사회적 책임이라는 의제를
실종시킨다.

멋있는 '사나이' 뒤에는 누가 있는가? 국가적 모순을
이용하고, 사회적 역할을 방기하고도 기고만장하기만 한 무능력한
권력 집단, 그리고 시민적 권리를 지키기보다는 하루의 삶을
살아내기에 바쁜 무력한 대중이 있다. 그런 의미에서 '사나이'는
허황된 가면이다. 가면 위에는 강인하면서도 자상한 남자의 얼굴이
그려져 있지만, 가면 아래에는 남녀를 가르고 남북을 가르고
지역을 가르면서 자신의 무책임함을 숨기는 못난 국가가 있다.
사유도 행동도 하지 못하는 우리 시대의 대중은 그저 가면을 보고
희희낙락할 뿐이다. 그럼에도 '사나이'라는 가면을 쓴 채
어깨에 힘주는 남자들은 늘어만 간다. 『미니마 모랄리아』에서
테오도르 아도르노Theodor Adorno는 쓴다. "남자들이란 본래의
체질상 마조히스트일지 모른다. 거짓은 그들의 사디즘 안에
숨어 있는데 강한 척하는 위선 속에서 그들은 정말 사디스트가,
억압의 대리인이 되는 것이다."

2013. 11. 30.

2013

〈진짜 사나이〉는 2013년 4월부터 MBC에서 방영하고 있는 예능 프로그램이다. 연예인들이 군부대에 입대하여 병사들과 함께 훈련을 받고 생활하는 모습을 보여준다. 2014년 4월 윤일병 사망 사건, 같은 해 6월 고성에서 발생한 GOP 총기 난사 사건 등 군대 내 사건·사고가 끊임없이 발생하면서, 군대를 미화·희화화하고 예능적인 시각으로 접근하는 〈진짜 사나이〉를 폐지해야 한다는 논란이 일기도 했다. 그동안 비판을 받아왔던 〈진짜 사나이〉는 남녀가 동반 입대해 훈련을 함께한다는 설정으로 변화를 꾀했다. 이 시도에서 체력, 암기력, 군대 먹방 등 뜻밖의 재미를 보여준 배우 이시영으로 인해 안정적인 시청률을 회복했다. '이시영 신드롬'은 〈진짜 사나이〉가 군 생활을 연예인들이 체험하는 예능이라고 해도 최소한의 진정성을 갖추지 않으면 시청자들이 외면한다는 평범한 사실을 보여주었다.

살아계신
아버지

정신분석에서나 문화이론에서나 '아버지'는 하나의 상징이다.
무엇의 상징인가? 기존의 질서, 기존의 가치체계다. 아무것도
모르는 아이는 어머니의 사랑과 아버지의 훈육을 동시에 받는다.
전자가 무조건 베푸는 행위라면, 후자는 대개 벌하는 행위다.
아버지는 금기를 위반하는 아이, 즉 기존의 질서를 어기는
아이를 벌하며 그가 따라야 할 바를 가르친다. 이를 통해 아이는
아버지의 법이라는 이름의 질서를 자기 것으로 받아들이면서
끝내 '어른'이 된다.

　　　흔히 말하는 '혁명'이라는 것은 기존 질서를 거스르는
일, 다시 말해 아버지의 법을 깨는 일, 아버지를 죽이는 행위다.
금기에의 강요를 벗어나기 위해서는 그것의 상징인 아버지를
죽이는 '투쟁'을 벌여야 한다. 물론 이 투쟁은 쉽지 않으며,

2013

아버지를 죽이는 일은 더더욱 쉽지 않다. 문제는 투쟁에서 승리해 그를 죽이고 난 후다. 아이는 아버지와 완전히 다른 사람이 되었는가. 아니면 그 자신이 또다른 '아버지'가 되었는가.

한국의 역사는 아버지를 죽인 경험을 갖고 있지 않다. 아버지를 죽이려던 이들은 모조리 제거되었고, 한때 끌어내렸던 아버지는 여전히 잘 살아 있다. 오늘 한국의 대통령에게서 우리가 보는 것은 성별만 다른 그녀의 아버지다. 삼성의 아들은 그 아버지의 환신일 뿐이다. 북한은 더 심각하다. '주체'를 말하는 그곳은 아예 아버지를 '백두혈통'으로 신격화해버린 곳이다. 남이건 북이건, 한반도는 그래서 여전히 '왕조' 체제에 묶여 있다.

최근 개봉했던 영화 〈공범〉과 〈화이〉는 '아버지'에 맞서는 자식을 다뤘다는 점에서 흥미롭다. 감독은 다르지만 두 영화는 사실 하나의 이야기, 즉 아버지의 민낯을 발견한 자식이 그를 죽이는 이야기다. 〈공범〉의 아버지는 자기 자식에게는 자애롭고 희생적이지만 사실 남의 자식을 처참히 죽였던 이다. 〈화이〉의 아버지(들)는(은) 자식에게 범죄의 기술을 가르치며 그를 자신처럼 만들려 한다. 자식은 애틋함과 두려움에 아버지를 받아들이지만, 그가 자신의 친부가 아니라는 사실을 아는 순간 변모한다. 그는 이제 아버지를 죽이고 그의 거짓에 복수를 감행하려 한다. 현실에서 하지 못했던 살부 의식을 스크린 위에서라도 행하려는 걸까?

하지만 두 영화는 아버지를 죽이지 못한다. 자식들이 죽인 것은 '가짜' 아버지였을 뿐이다. 가짜 아버지를 죽임으로써 이들이 살려내는 것은 '진짜' 아버지, 곧 친부다. 이 선택을 정당화하기 위해 두 영화는 가짜 아버지를 유괴범으로 설정한다. 유괴범인 아버지는 죽여도 되지만, 나를 뺏겼던 아버지에게는 돌아가야 한다는 것이다. 결국 두 영화가 말하는 것은 아버지를 죽이느냐의 여부가 아니라, 아버지가 진짜냐의 여부, 즉 아버지가 나쁜지 혹은 착한지에 관한 것이다. 그러면서 영화는 짐짓 진지하게 말한다. 착한 아버지에게 돌아가라고. 〈26년〉에서 나쁜 아버지를 결국 죽이지 못했던 자식은 이제 〈공범〉과 〈화이〉에서 나쁜 아버지를 죽이고는 착한 아버지 품에 안긴다.

그런 점에서 오늘 한국 영화는 놀랍도록 퇴행적이다. 혁명의 서사를 모방하지만 결국 착한 아버지를 이상화하며 그에게로 회귀하는 이야기들은 한 발짝도 앞으로 나아가지 못한다. '아버지'를 죽이기보다 그가 착한지 나쁜지를 따지는 순간, 자식은 영원히 아버지의 품에서 벗어나지 못한다. 한국 대중문화는 무엇인가? 결국 나쁜 왕 대신 착한 왕, 나쁜 사장 대신 착한 사장, 나쁜 남편 대신 착한 남편을 갈구하는 이야기다. 이 영원한 순환이 보여주는 것은 어쩌면 우리 역사 자체. 완전히 끊어내지 못하고 눈물 흘리며 제자리에서만 맴도는 역사, 그래서 여전히 필사적으로 '아버지'만 찾아 헤매는 길 잃은 자식들의 역사 말이다.

2013. 12. 21.

〈공범〉과 〈화이〉 두 영화 모두 2013년 10월에 개봉된 스릴러 영화로 아버지와 자식의 관계를 모티브로 한 점이 닮았다. 국동석 감독의 〈공범〉은 손예진과 김갑수가 주연을 맡았다. 15년 전 아동 유괴살인사건의 공소시효 만료를 앞두고, 주인공 다은이 실제 범인의 목소리가 자신의 아빠라는 느낌에 아빠의 과거를 추적하는 이야기이다. 장준환 감독의 〈화이〉는 김윤석과 여진구가 주연을 맡았으며 폭력적인 아버지 및 주위 환경에 순응하며 살아온 소년 화이가 자신의 과거를 알게 되면서 복수를 시작하는 이야기이다.

2014

공통적인
것을
둘러싼
전투

포스트-마르크스주의 학자인 안토니오 네그리와 마이클 하트가
쓴 『공통체』라는 책이 최근 번역되어 나왔다. 책은 영미권에서
2009년에 출간되었는데, 당시 처음부터 끝까지 흥분하며
읽었던 기억이 난다. 이 책은 같은 저자들의 화제작인 『제국』과
『다중』에 이은 3부작의 마지막 권이다. 『제국』이 공장 중심의
산업자본주의에서 인간의 삶 자체를 포섭하는 자본주의로 형질
변환되는 과정을 '제국'이라는 지배 체제의 등장으로 설명하고,
『다중』이 이러한 체제 속에서 자신의 삶을 지키면서 이를 정치적
힘으로 주체화하는 새로운 네트워크의 출현을 예상한다면,
『공통체』는 이러한 투쟁 과정이 지향하는 궁극적 목표를
설정한다. 그 목표란 우리의 삶에서 생산되는 것들을 상품화하고
사유화하려는 힘에 맞서 이를 보편적이고 공통적인 것으로

지켜내려는 노력이다. 책의 원제인 '코먼웰스commonwealth'는 바로 이 공통적인 것을 뜻한다.

삶을 통해 우리는 언제나 뭔가를 생산한다. 책을 읽고, 글을 쓰고, 몸을 써서 노동을 하고, 이야기를 나누고, 감정을 표출한다. 모든 생산은 나 혼자 할 수 없다. 내가 있기 전부터 존재했던, 나를 타인과 연결시켜주는 자연과 사회 속에서만 나는 뭔가를 생산할 수 있다. 이렇게 생산된 내 삶의 결과물은 타인과의 교통 속에서만 다시 의미를 가질 수 있다. 이 과정 전체가 바로 '공통적인 것'이다. 사회는 공통적인 것이 생산되는 거점이며, 사회가 자유롭고 열려 있을 때 공통적인 것은 풍부해진다. 문제는 자본과 국가 같은 거대 체제가 언제나 공통적인 것을 상품화하고 사유화하려 한다는 데 있다. 공통적인 것을 지키려는 힘과 사유화하려는 힘이 맞붙는 전투. 오늘날 우리 각자의 삶과 사회는 이 전투가 일어나는 전쟁터다.

우리의 몸(얼굴, 체형, 언어, 노동)에서부터 공공적 수단 (교통, 에너지, 지식)에 이르기까지 전투는 끊임없이 일어나고 있지만, 가장 심한 격전지 중 하나는 대학일 것이다. 대학은 과거의 지식이 보존되고, 전수되며, 새로운 지식을 생산해내는 중요한 공간이다. 대학 제도의 성격은 지식과 노동이 그렇듯 그 사제로 사회적이며 공통적이다. 대학 제도를 만들고 유지하기 위해 들어가는 노력, 시간, 비용 역시 개인의 것이 아니다.

이런 점에서 현재 중앙대에서 벌어지고 있는 사태, 고용 안정과 인간적 대우를 요구하는 청소 노동자들의 보편인류적인 주장에 대해 중앙대 측이 보이는 야만적 태도는 한국 대학이 공통적인 것에 얼마나 관심이 없는지를 여과 없이 보여준다. 지식 생산자는 아니지만 교육과 연구를 위한 환경 조성에 자신의 노동을 제공하는 청소 노동자는 대학의 중요한 구성원이다. 대기업이 인수한 이 대학은 '두산대'라는 별칭답게 한국 자본의 일반적 무식함과 폭력성을 대학 운영에 접목시킨다. 노동자를 노예처럼 부리고, 학생들에게 징계와 벌금 폭탄을 던지고, 민주주의적 과정 없이 구조조정을 밀어붙이는 등 중앙대의 그간 행적은 가차없는 계산적 합리성 아래서 파괴되는 공통적인 것의 운명을 보여주는 것 같다.

『공통체』의 저자들은 공통적인 것의 힘을 파괴하려는 자들보다 이를 지키려는 우리가 훨씬 강하다고 믿으며 전투에 임하자고 말한다. 그들은 그 힘을 '사랑과 웃음'이라고 표현한다. 사랑은 우리가 가진 것을 서로 나눌 수 있는 근원적인 힘이고, 웃음은 사랑을 통해 발산되는 환희의 정동이다. 사랑하고 웃으며 끝까지 싸워야만 하는 것이다. 혹자는 이 책을 읽거에 '판타지'라고 깎아내릴 수도 있을 것이다. 하지만 지금의 현실도 이전에는 판타지였음을 기억할 필요가 있다. 그 어떤 상식도 급격히 낯설어지는 오늘의 현실 속에서 공통적인 것이 자본의 힘을 누르는 미래를 이야기하는 이 판타지는 지독히도 절실해 보인다.

2014. 01. 11.

감각의 제국

2014

중앙대 청소 노동자들이 2013년 12월부터 약 50일간 근무환경 개선과 노조파괴 공작 중단을 요구하며 전면파업을 실시했다. 휴게 공간이 부족한 것 외에도, 일하면서 콧노래를 부르거나 휴식시간에 사무실에 앉아서 쉬는 것은 물론 외부인과 말하는 것도 금지한 비인간적인 도급계약이 문제였다. 그러나 당시 중앙대는 퇴거·업무방해금지 가처분신청 및 교내에서 대자보를 붙이거나 구호를 외치면 1회당 100만 원씩 내게 해달라고 법원에 간접강제신청까지 내는 등 폭력적 방식으로 파업을 막아 질타를 받았다.

'대중 인문학'은 무엇의 이름인가

대중을 상대로 한 인문학 강의의 인기가 몇 해 전부터 지속되고 있다. 이를 '대중 인문학' 현상이라 부를 수 있다. 지식인이 자신들만의 언어로 지식을 유통하고 권위를 누렸던 때는 이미 사라졌다. 대중이 힘을 가진 시대에는 대중에게 말을 걸 수 있는 지식인이 영향력을 획득하게 된다. '대중 인문학' 현상은 그동안 먹고사는 데 바빠 인문학 공부에 힘을 쏟지 못했던 대중의 갈급함에 힘입어 나타났다. 북 콘서트, 저자 초청 강연, 팟캐스트 등 다양한 이름과 매체를 통해 인문학 강연은 호황을 맞고 있다. 대학과 직장에서 홀대받는 인문학은 대중이 모이는 강연장에서 진가를 발휘하고 있는 듯하다.

그런데 이런 강의들을 들어보면 이것이 과연 '공부'라는 이름에 값하는 것인지 의문이 들 때가 많다. 강사들은 동서양 고전

감각의 제국

2014

텍스트를 논하지만, 강의는 텍스트를 파고드는 식이 아니라 이를 통해 인생의 지혜를 발견하는 식으로 전개된다. 많은 대중 인문학 강의들이 어려운 텍스트를 쉽게 요약하며 즐겁게 전달하는 방식을 취한다. 강사는 선생이라기보다 엔터테이너처럼, 관객은 학생이 아니라 방청객처럼 보인다. 호메로스Homeros의 『일리아드』를 힘들게 읽는 대신 영화 〈트로이〉를 즐기는 효율성. 물론 어려운 텍스트를 읽지는 못하지만 알고 싶어하는 이들에게 쉽게 요약 전달해주는 일은 고귀하다. 하지만 그것이 '인문학 공부'는 아니다. '공부'는 스스로 힘들게 읽고, 비판하고, 성찰하는 행위를 의미하기 때문이다. 대중에게는 이런 '공부'가 불가능하다고 믿는 것 자체에 이미 문제가 있다.

또하나의 강의 형태는 '인문학 공부'의 외피를 썼지만 실은 '힐링'의 연장인 경우다. 이 경우에는 아예 텍스트 강독조차 없고, 바로 '상담'으로 들어간다. 만성적 위험만 있을 뿐 연대는 없는 사회 속에서 각개격파해야 하는 한국인들은 엄청난 생의 불안 속에 산다. 이에 따라 멘토링, 힐링, 자기계발 담론 등이 큰 시장을 형성했으며, 여기에 인문학도 한몫을 하고 있다. 철학자 강신주의 〈힐링캠프〉 출연은 이를 잘 보여준다. 치유에는 여러 형태가 있을 텐데, 대중은 대개 '충격요법'을 선호하는 것 같다. 눈빛이 흔들리는 피상담인의 불안 앞에서 카리스마 넘치는 호통과 함께 불안의 실체를 분석하면서, 궁극적으로는 그에게 생의 에너지를 주는 것이다. 김미경과 강신주는 정반대의 정치적 지향을 상징하지만, 충격요법의 힐링으로 인기를 얻었다는 점에서는 동일하다. 대개 힐링 인문학들이 사회적 문제에 대한 구체적 분석보다 개인의 자아에 집중한다는 점에서 이런 형태의 '인문 치료'는 절대 사회를 불편하게 하는 법이 없다. 당연히 모두에게 사랑받을 것이며, 인기도 계속될 것이다.

이 두 가지 형태의 '대중 인문학'에서 발견되는 공통점이 있다. 쉬운 이해에 즐거워하거나 감동에 눈물 흘리는 대중, 그리고 권위와 카리스마로 무장한 강사라는 요소가 그것이다. 약한 관객을 강한 강사가 사로잡는 이 형식은 특유의 종교적 색채를 띤다. 성령 부흥회와 '대중 인문학' 사이에는 강력한 유사성이 있다. '신도'와 '대중'이 원하는 것은 힘들고 고통스러운 신앙의 성숙이나 지적 깨달음이라기보다는 고통을 치유해주는 손길, 즐거움을 주는 지식인 것이다. 그런 점에서 오늘 유행하는 '대중 인문학'은 대중의 지적 성숙을 의미하는 게 전혀 아니다. 그것은 위험사회를 사는 대중의 아픔과 불안의 강도를 보여주는 지표이자, 여전히 자기 문제를 해결하기 위해 공부하기보다는 권위를 가진 자의 강력한 손길을 기대하는 노예적 태도를 드러내는 이름이다. 가장 큰 힘을 가졌으나 그럼에도 가장 취약한 대중의 모습을 보여준다는 점에서 '대중 인문학' 현상은 우리 시대 특유의 모순 그 자체다.

———

2014. 02. 08.

2014

강신주는 『강신주의 감정수업』 『상처받지 않을 권리』 『철학이 필요한 시간』 등을 저술한 강연가, 저술가이다. 김미경은 2013년 초 tvN 〈김미경 쇼〉를 통해 '꿈 멘토' '국민 언니'로 스타가 되었다. 『드림온』 『언니의 독설』 등의 베스트셀러를 펴냈다. 그러나 인문학 폄하 발언 논란과 논문 표절 의혹 논란이 터지면서 〈김미경 쇼〉에서 하차했다. 1년 뒤 『살아 있는 뜨거움』이라는 책으로 활동을 재개했다. 두 사람은 자기계발과 힐링, 멘토링이라는 시대의 흐름에 '독설'이라는 무기를 장착해 인기를 모았다. 두 사람에 열광하는 사람들이 많은 만큼 피로감을 느끼는 사람들도 있다. "김미경 식의 독설은 퇴행"(이택광 경희대 교수), "독설과 위로는 자기계발 담론의 양면"(서동진 계원예술대학교 교수)이라는 반론도 있다.

『인문학 페티시즘』을 펴낸 문화비평가 이원석은 "인문교양보다는 독설화법"을 주력 무기로 장착한 철학자 강신주가 "전통적 철학자들과 텔레비전에 나오는 자기계발 강사들 사이에서 어정쩡하게 자리 잡고 있다"고 비판했다. 강신주는 『철학 VS 철학』 개정 완전판을 펴내고 인터파크 북DB와 가진 인터뷰에서 이러한 비판에 대해 "일고의 가치가 없다. 50년 지나면 나만 남고, 그들은 아무도 안 남을 텐데"라고 말했다. 자신은 줄곧 내 글을 써왔고, 자본주의에 편입된 교수들이 있는 대학에서 인문학이 죽으니 사람들이 자신의 강연을 듣고, 책을 읽는다는 것이다. 같은 인터뷰에서 강신주는 "페미니즘은 수준이 떨어진다"는 발언으로 비판을 사기도 했다. "페미니즘은 여성적인 입장을 다루나, 아직 인간 보편까지는 수준이 안 올라갔다" "그래서 항상 배타적이고 공격적이다" 라는 그의 발언에 SNS에서는 "동서양 철학사가 어떻게 여성과 젠더 문제를 철저히 배제해왔는지 전혀 모르는 분께서 철학의 왕좌를 자처하시니 몸 둘 바를 모르겠다"(이송희일 영화감독) 등의 반론이 이어졌다.

여왕과
괴물

디즈니 사의 애니메이션 〈겨울왕국〉은 따뜻한 자매애를 노래하는
가족 영화인 듯 보인다. 하지만 이 영화는 초능력을 가진
인간이 괴물 취급을 당하면서 사회와의 관계를 재정립해나가는
슈퍼히어로 장르의 한 판본이기도 하다.

　　영화의 괴물은 엘사다. 엘사의 '초능력'은 그녀의 정체성
자체다. 그녀는 저주 받은 게 아니라 "그렇게 태어났"을 뿐이지만,
이로 인해 두려움을 유발하며 반자발적으로 감금된다. 정체성을
"감추고, 느끼지 말고, 알리지 말라"는 아버지의 명령은
아버지의 죽음 이후에도 그녀를 지배하는 강력한 법이다.
모든 것을 얼음으로 바꿔내는 엘사의 초능력을 그녀의 '욕망'이라
바꾸어 말할 수 있다. 욕망이 그러하듯, 그녀의 능력은 억압을
뚫고 되살아난다. '아버지'로 대표되는 국가의 법은 여왕이 될

감각의 제국

2014

그녀에게서 욕망을 거세하려 한다. 엘사(엘리자베스의 애칭)와 같은 이름을 가진 엘리자베스 1세가 욕망 대신 국가를 선택하며 '처녀 여왕'이 되었던 것처럼 말이다.

'괴물'은 다른 것이 아니라, 바로 억압된, 그러나 일상을 찢고 모습을 드러내고야 마는 욕망을 가리키는 이름이다. 욕망은 이질적이기에 위험하고, 따라서 지배 질서는 위험한 욕망의 체현자들을 제어하려 한다. 이들의 이름은 여러 가지다. 이단자, 마녀, 동성애자, 빨갱이, 반역자. 사람들 앞에서 흥분한 엘사가 초능력을 드러냈을 때, 누군가는 외친다. "마법"이라고, "괴물"이라고. 그 능력은 질서를 위태롭게 하기에 엘사는 도망쳐야만 한다. 도망간 엘사는, 그러나 자신의 이질성, 괴물성, 욕망을 긍정하게 된다. "놓아버려Let It Go"라는 노래를 부르면서, 엘사는 아버지의 법을 부정하고 고독 속에서의 해방을 예찬한다. 이 장면이 아름다운 이유는 긍정해서는 안 된다고 규정된 것을 그녀가 긍정하고 있기 때문이다. 대관식 날 도망친 그녀는 국가의 틀 바깥에서 자기 자신의 여왕으로 또다른 대관식을 펼친다.

하지만 해방의 시간은 짧다. 영화는 엘사의 욕망을 공동체의 질서와 조화시키려 한다. 엘사를 쇠사슬에 묶어 끌고 내려온 후, 영화는 그녀가 얼음을 만들 수 있을 뿐 아니라 녹일 수도 있음을 깨닫게 만든다. 엘사의 괴물성을 인정하면서도 그것의 긍정적 측면 역시 뽑아냄으로써 엘사를 다시 지배 질서 안으로 포섭한다. 대중을 무력하게 묘사하고(그들은 왕이 필요하다), 경제 문제를 일깨우면서(얼어붙은 바다로 인해 교역이 불가능하다),

영화는 자신의 욕망을 완전히 긍정하거나 완전히 부정하는 대신 '적절히' 통제할 것을 권한다. 개인용 눈구름 아래서 녹지 않고 여름을 즐기는 올라프는 초능력을 잃지 않은 채로 여왕의 임무도 수행하는 엘사와 동전의 앞뒷면 관계다. 슈퍼맨과 엑스맨을 지구의 수호자로 만든 것처럼 할리우드의 리버럴함은 엘사를 아렌델의 수호자로 앉힌다. 정치적으로 중요한 서사는 자매애라는 장치를 통해 '가족용'으로 포장된다.

억압해왔던 괴물을 인정하고 포섭하는 과정을 보여주는 〈겨울왕국〉의 리버럴함은 오늘날 미국의 알레고리이기도 하다. 오바마 대통령은 동성 결혼을 옹호하고, 여러 주들이 이를 합법화하는 중이다. 그래미상 시상식에서의 집단 결혼 퍼포먼스나 페이스북의 성별 선택지 확대가 보여주듯, 얼마 전까지도 '괴물'이었던 이들은 이제 '인정'을 받아가고 있다(엘사를 레즈비언으로 읽어보라). 하지만 지배 질서는 어떤 괴물은 받아들이면서도 다른 괴물(가령 '반역자' 스노우든)은 끝내 배제한다. 괴물은 지배 질서가 개인의 욕망을 어떻게 억압하고, 인정하고, 배제하는지를 보여주는 지표인 것이다. 〈겨울왕국〉은 개인과 지배 질서 간의 복잡한 관계를 극적 화해로 봉합한다. 이 영화는 동화 역시 지극히 정치적인 서사 형식임을 드러낸다.

2014. 03. 01.

2014

애니메이션 〈겨울왕국〉(Frozen, 2013)은 통제할 수 없는 마법의 힘을 타고난 어린 여왕과 그녀의 여동생이 주인공이다. 타고난 비밀스런 재능 때문에 치명적 실수를 저지른 아렌델 왕국의 첫째 공주 엘사 (이디나 멘젤)는 독방에 갇혀 고독한 어린 시절을 보낸다.

그녀가 여왕으로 즉위하는 날, 엘사는 손에 쥐는 물건마다 얼어붙고, 여름을 겨울로 만드는 등 신비한 능력을 군중 앞에 보여준다. 그녀는 북쪽 산으로 도망치고, 그곳에서 홀로 얼음궁전을 지어 살게 된다. 그런 언니가 안타까운 낙관적인 성격의 여동생 안나(크리스틴 벨)는 그녀를 찾아 숲으로 떠난다. 안나는 까칠한 성격의 얼음장수 크리스토프 (조너선 그로프)를 만나고, 얼음왕국을 구하기 위해 힘을 합친다.

〈겨울왕국〉은 2013년 11월 27일 미국 전역 개봉 후 골든 글로브 애니메이션상, 아카데미 장편 애니메이션상과 주제가상 등을 수상했다. 국내에서도 2014년 1월 16일에 개봉하여 애니메이션 영화로는 처음으로 관객 천만 명을 돌파했다.

본래 디즈니가 제작한 영화와 애니메이션은 나쁜 주인공은 나쁜 주인공 행세를 하다가 죽음을 맞이하고, 착한 주인공은 남을 도와주면서 해피엔딩으로 끝나는 게 대부분이었다. 그러나 〈겨울왕국〉은 엘사가 눈보라로 인해 남에게 피해를 주고도 나중에 남을 도와주는 반전 드라마로 끝났다. 처음에 착한 사람으로 보였던 한스 왕자와 안나도 나중에는 나쁜 본성을 드러내는 등 다른 구성으로 화제를 모았다.

〈겨울왕국〉 흥행에는 주제곡의 역할도 컸다. 영화가 개봉하자마자 주제곡 〈Let it go〉가 각종 음원 차트를 석권했다. 겨울왕국 패러디도 인터넷과 방송에서 유행했고, 악보집 등 관련 서적들과 기념품, 액세서리도 인기를 얻었다.

누가
'창조'를
명령하는가

오늘날 한국 사회에서 '창조'는 하나의 덕목이자 명령이 되었다. 규제라는 "암 덩어리"를 없애면서 '창조경제'를 실현하는 대통령, 인문학을 통해 창조적 인재가 되라고 역설하는 신세계그룹, 개인의 창조성으로 서바이벌 경쟁을 펼치는 〈아트스타코리아〉는 한국 사회에서 '창조'가 응용되는 대표적 사례다. 이제 한국인이라면 누구도 '창조'라는 명령을 피해갈 수 없다.

근본적 이유는 자본이 창조를 필요로 하는 시대가 되었기 때문이다. 서비스, 정보, 금융 상품 등 정동과 지식, 숫자에서 이윤을 뽑아내는 금융자본주의는 어떤 상황에서도 모습을 바꾸며 자신을 계발하고 경영하는 '유연한 주체'를 요구한다. 경계나 규제는 제거될 '암 덩어리'로 변하고, 자유로운 개인의 '아이디어'가 강조된다. 노동은 더이상 '노동'이 아니다. 이제 그것은 새로운

감각의 제국

2014

가치를 만드는 창조적 활동, 즉 '예술'이 된다.

　　원래 '창조'는 독창적인 창작 활동을 가리키는 말이었다. 누구도 흉내낼 수 없는 특이성을 가진 생산 말이다. 창조적 활동은 따라서 예술이나 문학 영역에서 주로 사용되었다. 낭만주의의 '천재' 개념이 그렇듯, 창조하는 이는 새로움을 만들어내는 이고, 따라서 신적인 존재가 된다. 오늘날 정부와 자본이 강조하는 '창조'는 그 부드러운 외양과는 반대로 이런 케케묵은 낭만주의 천재관에 바탕을 두고 있다. 우리 시대 '창조'의 아이콘으로 동원되는 스티브 잡스Steve Jobs, 빌 게이츠Bill Gates, 마크 저커버그 Mark Zuckerberg가 될 수 있는 이들, 곧 아이디어를 상품과 결합시켜 성공을 거두는 이들은 언제나 극소수다.

　　'창조'의 문제점은 여기서 나온다. '당신도 가능하다'며 극소수의 능력과 행운을 노동자 전체의 의무로 확대시키는 것이다. '창조'가 생존 요건이 되자 이제 다수는 '창조'를 '배운다'. 자기계발서를 연구하고, 강의를 듣고, 고전을 읽으며 창조의 모범 답안을 암기한다. 학력고사에서 수능으로 바뀌니 수능 평가 방식을 연구하고, 논술이 추가되니 논술을 암기하고, 봉사 점수가 있다니 봉사를 배우는, 한국 사회의 생존 방식이 이제 인문학과 예술로까지 확대된다.

　　'창조'란 천재들의 전유물도, 상품으로 변환되는 아이디어도 아니다. 모두가 어떤 방식으로든 창조자가 될 수 있다. 좋아서 하는 놀이가 깊어져 어떤 수준을 넘어설 때 그것은 새로운 창조의 영역으로 진입한다. 아이도, 노동자도, 아저씨도, 할머니도 삶에서 작은 창조자가 될 수 있다. 이창동의 영화 〈시〉는 할머니가 쓰는 초라한 시 속에 들어 있는 삶과 윤리의 깊이를 보여준다. 문제는 누구나의 창조적 능력을 천재만의 것으로, 상품으로, 채용 기준으로 만들어 특화하고 대상화하는 정부와 자본의 좁고 천박한 상상력이다.

'창조경제' '청년 영웅' '인문학'을 외치며 국민 전체에 '창조'의 압박을 강요하는 정부와 자본의 의도는 사실 다른 곳에 있다. 이윤을 남기는 창조가 가능한 소수(즉 '인재')만을 남기고 불필요한 다수는 배제하려는 이데올로기적 정지 작업 말이다. 모두에게 잡스나 저커버그가 되라고 명령하면서, 다수의 노동, 학업, 삶은 더욱 여유 없고 팍팍하게 만드는 일, 그래서 실패한 이가 자기 탓을 하며 조용히 사라지게 만드는 일. 좋은 사회란 뭘까? 모두가 수준급 예술가가 되진 못해도 예술을 즐길 수 있고, 자기 삶 속에서 소박한 창조적 놀이를 펼칠 교양과 여유를 가지는 사회일 것이다. 지금 우리 사회는 노동에 '창조'를 덧씌움으로써 실제로는 노동자의 권리와 복지를 후퇴시킬 뿐 아니라, '창조'를 평가와 경쟁으로 상품화하며, 삶 속의 작은 창조와 놀이를 위한 여유마저도 빼앗는 중이다. 결국 창조, 예술, 인문학의 제스처는 넘쳐나면서도, 사람들의 삶은 더더욱 메말라가는 슬픈 역설이 만개하는 것이다.

2014. 04. 12.

박근혜 정부는 출범 후 새 경제정책 슬로건으로 '창조경제'를 꺼내들었다. 창조경제는 정보기술을 중심으로 한 첨단과학기술을 산업에 접목시켜 일자리를 창출하고 국가 경제를 발전시킨다는 개념이다. 박근혜 전 대통령이 대선 당시 핵심 경제 공약으로 발표했고, 집권 후 미래창조과학부를 신설해 정부의 주요 정책으로 추진했다. 전국 18개 시·도에 창조경제혁신센터가 설치되었고, 16개 대기업이 각 센터를 집중 지원해 지역 스타트업(창업예비단계 기업) 발굴과 지원에 나섰다. 그러나 비전이 불명확하고 구체성이 떨어지고, 민간 중심의 창조성 영역을 정부가 주도하면서 오히려 혁신을 저해했다는 비판을 받았다.

임기 내내 '신기루' 같던 창조경제는 박 대통령의 탄핵으로 물거품이 될 위기에 놓였다. '청와대의 언급-대기업 집합-혁신센터 설립'으로 이어지는 과정이 박근혜·최순실 게이트의 상징인 미르, K스포츠재단과 유사하다는 것이다. 최순실 소유로 추정되는 '태블릿 PC'에서 '창조경제혁신센터 홈페이지 구축안' 문건이 발견되면서 창조경제 역시 최순실 사익의 통로라는 의심을 받았다. 미르재단은 재단법인이지만, 혁신센터는 국비와 지방비가 투입되는 공공기관이라는 점에서 그 파장은 크다고 하겠다. 민·관합동 창조경제추진단의 두 단장 중 차은택은 구속됐고, 이승철 전국경제인연합회(전경련) 상근부회장은 검찰 수사를 받고 전경련 부회장을 사퇴했다.

오늘날 한국 사회에서 '창조'는
하나의 덕목이자 명령이 되었다.
자본이 창조를 필요로 하는 시대가
되었기 때문이다.

●

'창조'가 생존 요건이 되자
이제 다수는 '창조'를 '배운다'.
자기계발서를 연구하고,
강의를 듣고, 고전을 읽으며
창조의 모범 답안을 암기한다.

●

감각의 제국

2014

'창조'란 천재들의 전유물도, 상품으로
변환되는 아이디어도 아니다.
모두가 어떤 방식으로든
창조자가 될 수 있다.

　　　●

문제는 누구나의 창조적 능력을
천재만의 것으로, 상품으로,
채용 기준으로 만들어 특화하고
대상화하는 정부와 자본의 좁고
천박한 상상력이다.

　　　●

적은
누구인가

지난 4월 16일에 발생하여 300여 명의 사망자를 낸 세월호 침몰
사건은 최근 한국에서 발생한 최악의 재난이다. 지진이나 홍수도,
공격이나 테러도 아닌 재난, 암초나 기상 악화 때문도 아닌
상황에서 어이없이 발생한 이 재난은, 옛 서양인들이 'disaster'라는
말을 통해 뜻하고자 했던 '잘못된 별자리', 곧 '운명의 장난' 같은
것과는 상관이 없다. 4월 16일의 재난은 '운명'이라는 전근대적
개념과는 정반대편에 있는 현대적인 개념인 '합리성'과 연결되어
있다. 기업의 비용 절감을 위해 선박 운용 시한을 20년에서
30년으로 늦춰주는 합리성, 이에 맞춰 건조된 지 18년이 넘은
낡은 배를 싼 값에 사서 운행하는 합리성, 무리하게 배를 개조해
짐과 승객을 늘리는 합리성, 선장 등 직원을 1년 계약직으로 고용해
쉽게 부리는 합리성, 규정에 얽매이지 않고 선박 안전 검사를

신속히 통과시키는 합리성 등이 재난이 일어난 근본 원인이다.

이 악마 같은 '합리성'은 신자유주의라는 이름으로 한국 사회의 모든 것을 지배하고 있는 바로 그 경제적 합리성이다. 모든 것을 경제화하여 계산 가능하고 절감 가능한 것으로 치환시켜 사고하는 신자유주의적 '합리성'이 사실은 우리의 '운명'을 가르는 가장 중요한 기준이 됨을 세월호 침몰 사건은 보여준다. 죽은 알바생에게는 장례비를 지급하지 않는 회사, 계약된 업체만을 고집하며 구조에 차질을 빚는 해경의 모습은 삶을 지배하는 신자유주의가 죽음마저도 지배하고 있음을 드러낸다.

삼풍백화점과 성수대교에서 세월호로 이어지는 거대한 재난은 비정규직 대우와 손쉬운 해고에 분노하다 자살하는 노동자들, 합리성과 효율성에 최적화된 인간을 생산하기 위한 살인적 교육 속에서 괴물이 되어가는 청소년들, 만성적인 스트레스, 우울증과 폭력에 시달리는 한국인 전체가 겪고 있는 일상적 재난의 확장판이다. 어쩌면 신자유주의는 삶 자체를 재난화하는 체제이며, 서바이벌 프로그램이 묘사하듯 재난 속에서 살아남는 능력을 미덕으로 만들어내는 변태적인 체제다.

이 변태적인 체제를 합법화하는 기능을 수행하는 국가는 재난을 일으킨 또하나의 원인이다. 분노한 국민이 촛불을 들고 대통령과 관료에게 거칠게 항의하는 이유는 이들이 '미개'해서가 아니라, 일상화된 재난의 배후가 국가라는 점을 이들이 직관적으로 깨달았기 때문이다. 슬픔 속에서도 놓치지 말아야 할 한 가지가 여기에 있다. 신자유주의 체제의 국가는 국민의 안전을 위해서가 아니라 자본의 안전을 위해서 존재한다는 사실. 거리로 쏟아지는 분노는 국가의 존재 이유를 근본적으로 캐묻는 행동이다.

실로 재난이 만들어낸 이 역동적 국면이야말로 진정 '정치적'인 것이다. 카를 슈미트Carl Schmitt의 말처럼 정치의 본질은 친구와 적을 구분하는 데 있다. 다시 말해, 우리의 분노는 '적'이 누군지를 묻는 절박한 물음이다. 정치는 처단할 적을 명명하는 주권자의 행위이며, 세월호와 일상의 억울한 죽음들은 바로 적의 정체를 가리키는 지표다.

　　적은 누구인가? 인간을 일회용으로 여기는 자본과 그 자본의 마름인 국가다. 적을 향한 절박한 분노는 화석화된 정치를 부활시킬 기회가 된다. 이 분노는 자본과 국가의 질서를 거부하는 다양한 개인적 경로를 만들어내는 행동, 궁극적으로는 자본과 국가의 운영 자체를 뒤바꾸는 집단적인 행동으로 나아갈 때 의미를 갖는다. 다시는 일상화된 재난의 희생자가 되지 않을 것이며, 국민이야말로 국가의 주인임을 선언하고 실행하는 일 말이다. 이 일을 가리키는 이름이 '민주주의'다. 4월 16일의 재난은 안타까운 상처이면서, 동시에 민주주의의 근간을 세우는 정치적 사건이 만들어질 가능성이다. 이 가능성을 외면할 때, 상처는 봉합되기도 전에 다시 도질 것이다.

―――――――

2014. 05. 03.

2014년 4월 16일 오전 8시 50분경 전라남도 진도군 조도면 부근
해상에서 청해진해운 소속 인천발 제주행 연안 여객선 세월호가
전복되어 침몰했다. 탑승인원 476명 중 295명이 사망했고
9명이 여전히 실종 상태다. 사망자 대부분이 수학여행을 가던
안산 단원고등학교 학생들인 반면, 선장을 비롯한 대부분의 승무원은
사고 수습을 팽개치고 배를 빠져나와 국민들의 분노를 샀다.
침몰 원인은 복합적인 것으로 보이며, 이 사건은 배의 과적 및
구조 변경에서 드러나는 효율 위주의 가치관, 사고 발생부터 구조,
실종자 수색 과정에서 드러난 정부의 무능함이 겹친 현재
한국 사회의 축소판으로 평가되고 있다.

삼풍백화점과 성수대교에서
세월호로 이어지는 거대한 재난은
비정규직 대우와 손쉬운 해고에
분노하다 자살하는 노동자들,
합리성과 효율성에 최적화된 인간을
생산하기 위한 살인적 교육 속에서
괴물이 되어가는 청소년들,
만성적인 스트레스, 우울증과 폭력에
시달리는 한국인 전체가 겪고 있는
일상적 재난의 확장판이다.

●

2014

이 변태적인 체제를 합법화하는
기능을 수행하는 국가는 이 재난을
일으킨 또하나의 원인이다.
신자유주의 체제의 국가는
국민의 안전을 위해서가 아니라
자본의 안전을 위해서 존재한다.

●

적은 누구인가?
인간을 일회용으로 여기는
자본과 그 마름인 국가다.

●

박근혜의
눈물

세월호 참사의 여파가 지속되고 있다. 크나큰 사건이니만큼
갖가지 반응이 미디어를 통해 급속히 전파되어 즉각적인 반향을
일으키는 것은 자연스럽다. 그중 하나가 유명인들의 눈물이다.
최근 손석희, 박원순, 정몽준, 박근혜 등의 눈물이 뉴스가 되었던
일은 대표적이다.

눈물은 웃음과 대척점에 있는 것으로 여겨지지만, 감정의
깊이 측면에서 웃음과 비할 수는 없다. 웃음과 달리 눈물은
'감정이 격해져야만憨激' 발생한다. 슬픔과 분노, 기쁨과 환희처럼
반대되는 감정이라도 그것이 격해질 때는 눈물로 귀결된다.
격한 감정의 표출은 그래서 차분한 이성의 반대편, 곧 '비이성'의
영역에 놓인다. 하지만 비이성은 달리 말해 합리적 이성의 저편,
곧 '계산 없는 상태'와 연관되어 있다. 눈물이 '진정성'을 표상하게

되는 것은 이 때문이다(게다가 눈물은 영혼을 상징하는 '눈'에서 나온다).

진정성에 대한 애착이 심한 한국 문화에서 눈물은 대개 한 인물의 '진짜 모습'을 보여주는 문화적 기호로 통용된다. 눈물 흘리는 인간은 바로 그 순간 자신의 진짜 모습을 들키고야 마는 것이다. 따라서 진정성의 기호로서 눈물은 역설적으로 가장 진부한 '연극성'의 수단이 되기도 한다. 대중적 인기가 생명인 이들, 특히 정치인과 연예인이 중요한 순간에 눈물을 보이는 것은 이런 이유일 것이다. 하지만 진정성과 연극성을 감별하는 기준은 모호하고 주관적이어서, 유명인의 눈물은 언제나 논란에서 자유롭지 못하다. 손석희와 박원순의 눈물이 진짜고, 정몽준과 박근혜의 눈물이 가짜라는 것을 '증명'하기란 쉽지 않으며, 따라서 눈물은 많은 경우 자기편을 확인하는 데 활용되기 일쑤다.

그런데 과연 눈물이 '감정'의 표상이기만 할까? 감정은 그저 '비이성'의 영역이기만 할까? 그렇지 않다. 눈물을 비롯한 여러 감정은 지각 혹은 인식을 전제하는 기호다. 법학자 마사 누스바움Martha Nussbaum은 『시적 정의』라는 책의 3장에서 감정이 법적 판단과 분리될 수 없음을 논증하고 있기도 하다. 감정은 대상에 대한 인식 속에서만 발생하며, 그 인식은 대상에 대한 주체의 가치판단을 전제한다. 세월호 소식을 접하며 흐르는 눈물은 세월호에서 죽은 이들이 무고하다는 인식, 그들의 죽음이 이윤을 생명 위에 놓는 자본주의와 국민의 안전을 도외시하는 국가로 인해 발생했다는 지각, 나와 내 가족도 언제든 그런 사고의 희생자가 될 수 있다는 판단을 전제하는 것이다.

따라서 눈물은 진정성의 차원으로만 한정될 수 없으며, 눈물 뒤에 놓인 인식과 가치판단에 대한 '이성적' 점검과 연결될 때 그 진면목이 드러난다. 눈물 흘리는 이와 그의 행적을 연결시키는 것이 한 방법이다. 가령, 손석희의 눈물은 변질된 지상파에 비해 훨씬 더 꼼꼼하고 공정한 뉴스를 만들어낸 그의 언론 행위가 있었기에 감동을 줄 수 있었다. 반면, 막내아들의 발언을 사과하는 정몽준의 눈물은 무고하게 죽은 단원고 학생들과 달리 최상의 환경에서 자라난 그의 "철없는 막내아들"이라는 존재, 현대중공업 공장에서 죽어나가는 노동자들이라는 현실 앞에서 실체를 드러낸다. 박근혜의 눈물은 어떤가. 안전을 강조하며 대통령에 당선되었던 사실, 여러 규제를 '암 덩어리'이자 '원수'로 부르며 풀었던 사실, 희생자 가족을 사찰하고 시위자를 연행하는 경찰의 존재, 분향 장면을 연출했던 전력, 한반도 전체를 일거에 무너뜨릴 수 있는 원자력 사고에 대한 무지, 대국민 담화 당일 아랍에미리트로 출국해 원자로 건설을 응원하는 행위 등은 그녀의 눈물 뒤에 놓인 처참한 인식 상태를 '증명'해준다. 나훈아는 "사랑은 눈물의 씨앗"이라 했지만, 사실 눈물은 인식의 씨앗이다. 나라를 책임진 대통령의 눈물 앞에서 감동 대신 끔찍함을 느끼는 이유가 여기에 있다.

2014. 05. 24.

2014

세월호 사건 이후 일부 정치권의 행태가 비탄에 잠겨 있는 세월호 실종자 가족을 더욱 참담하게 하여 논란이 되었다. 정몽준 국회의원의 막내아들이 페이스북에 "국민 정서가 미개하다"며 실종자 가족들을 비난하는 글을 올려 정몽준 의원이 공개 사과를 했는가 하면, 박근혜 대통령이 합동 분향소를 방문하여 위로한 유족이 일반 조문객이었다는 사실이 밝혀지면서 분향 장면을 연출했다는 의심을 사기도 했다. 또 경찰이 세월호 참사 이후 4개월 동안 피해 유가족의 동향 파악에 1천여 명이 넘는 정보 경찰을 동원했던 것으로 밝혀졌다. 미행 및 사찰 의혹에 대해 경찰은 유족을 보호하고 도움을 주려는 것이었다고 해명했다.

망언은
어떻게
생산되는가

세월호 참사를 거치며 한국에 망언을 일삼는 이들이 많음이
드러났다. 국회의원, 장관, 목사, 교수에서부터 서울시장 후보의
막내아들에 이르기까지, 망언을 하는 이들의 범위는 넓고 깊었다.
이번엔 고르고 골랐을 국무총리 후보자까지도 망언 대열에
합류했다. 사회에서 일정한 권위를 가진 이들의 망언 역시
그 수준에서 결코 '일베'에 뒤지지 않음이 증명되었다.

'상식에서 벗어난 말'이라고 다 망언은 아니다. 상식은
진리가 아니며 허상일 때가 많다. 상식에서 벗어나는 사고나 말은
오히려 창조적인 사유를 위한 디딤돌이기도 하다. 니체의 독백이나
D. H. 로런스David Herbert Lawrence의 에세이에는 비상식적 발언이
넘쳐나지만, 깊은 공부와 독창적 시각이 낳은 이들의 비상식적
사유는 상식을 넘어서는 새로움으로 우리를 안내한다.

최근 문제가 된 이들의 망언에서 인식의 새로움을 거론하기란 낯 뜨거운 일이며, 느껴지는 것은 인식의 천박성뿐이다. 세월호 참사에 대고 '왜 제주도로 수학여행을 갔느냐'거나 '시체 장사에 한두 번 당해보았느냐'는 말을 지껄이고, 한국 현대사를 하나님의 섭리로 파악하는 국무총리 후보자 앞에서는 분석이나 고민을 할 만한 '깊이' 자체를 찾기가 힘들다.

　　망언을 한 이들은 대개 '사석에서 튀어나온 말'이었지 진심은 아니었다고 변명한다. 지그문트 프로이트Sigmund Freud에 따르면, 그렇게 갑자기 튀어나온 말이야말로 진심임을 증명해준다. 오히려 망언은 이를 가능케 한 어떤 세계관 속에 존재하며, 이 세계관을 공유하는 담론의 공동체가 있음을 드러낸다. 일본 정치인들의 망언은 제국주의적 세계관을 공유한 일본인들이 있기 때문에 발생하는 것이다. 망언을 하는 목사의 설교를 듣는 신자들, 망언의 교과서가 된 극우 논객을 따르는 네티즌들의 존재가 있다. 이 담론의 공동체 속에서 망언은 꾸준히 생산될 수밖에 없다.

　　문제는 이들의 가치관, 세계관, 역사관 등이 일종의 '표현의 자유'로 수용된다는 데 있다. 광주학살의 북한 개입설을 주장하는 극우 논객은 '내가 그렇게 생각한다는데 뭐가 문제냐'며 언성을 높인다. 역사를 해석에 따른 복수적 서사로 보는 포스트모더니즘도 한국에 오면 이렇게 일차원적인 '자유론'으로 둔갑한다. 공통의 역사적 인식을 정립하지 못한 채 역사 자체가 자유와 표현의 문제로 변질될 때, 그 사회는 영원히 역사의 유령에 사로잡힐 수밖에 없다.

한국의 보수적 '망언가'들이 그토록 좋아하는 미국이야말로
갈등을 통한 진보의 역사를 소중히 간직한다. 가령 아무리
보수적인 공화당 국회의원도 마틴 루터 킹Martin Luther King에 대해
함부로 말할 수 없으며, 그의 생일은 국경일이기까지 하다.
우리의 광주항쟁은 어떤 대접을 받는가? 최근 애인과의 전화
통화에서 인종차별 발언을 했음이 드러난 LA 클리퍼스 농구단의
구단주 도널드 스털링Donald Sterling은 미국프로농구협회에서
영구 제명을 당하고 고액의 벌금까지 물었다. 아예 트위터와
페이스북, 교회에서 대놓고 하는 한국의 '공적인' 망언들은 어떠한
처벌도 받지 않는다. 반면, 한 진보당 국회의원이 당원 모임에서
했다는 발언은 순식간에 무리하게 사법 처리되는 중이다.
망언은 사실 '자유'가 아니라 '권력관계'에 불과함을 여기서
알 수 있다. 그러면서도 망언자들, 나아가 일부 진보 지식인들조차
망언에 대해 '표현의 자유'를 들먹인다. 자유의 역설은 그것이
보장되기 위해서라도 자유의 규제를 요청한다는 데 있다.
실제로는 권력관계임에도 불구하고 자유로 포장되어 팔리는 망언
앞에서, 진짜 자유를 위해 무엇이 필요한지 따져볼 때가 되었다.

2014. 06. 14.

문창극 후보는 2014년 6월 국무총리 후보자로 지명되었으나 과거 발언이 재조명되며 여론이 악화되자 자진 사퇴하였다. KBS는 문창극이 2011년 서울 온누리교회 예배에서 "일본의 식민지 지배와 남북 분단은 하나님의 뜻"이라고 발언한 것을 단독 보도했다. 보도에 따르면 그는 "조선 민족이 일본의 식민지 지배를 받게 된 것은 이씨조선시대부터 게을렀기 때문"이라며 "이를 고치기 위해 일본의 식민지 지배를 하나님이 받게 한 것"이라고 주장했고, 일제강점기의 친일파를 옹호했으며 "일본이 이웃인 건 하나님께서 만들어주신 지정학적 축복"이라고 말했다.

블랙딜과
공화국

최근 개봉한 이훈규 감독의 다큐멘터리 영화 〈블랙딜〉의
핵심어는 공공재와 민영화다. 영화는 용인의 한 아파트에서
가족의 아침식사를 준비하는 주부의 모습에서 시작한다.
그녀가 아무렇지도 않게 쓰는 전기, 물, 가스 등이 공공재임을
지적하면서 카메라는 공공재가 민영화된 다른 나라의 일상을
비춘다. 민영화된 연금으로 인해 노년을 가난하게 보내는
칠레의 할아버지, 비싼 등록금 탓에 아르바이트를 하지 않으면
공부할 수 없는 칠레의 대학생, 낡은 지하철을 타고 불안해하는
아르헨티나의 시민들 등 영화가 비추는 각 나라의 일상은
민영화의 약속과는 달리 전혀 행복해 보이지 않는다.

공공재public goods란 '공중이 공동으로 사용하는 물건이나
시설'을 의미한다. 에너지, 물, 운송, 교육, 의료 등 공공재는

경제적 차이와 관계없이 인간적인 생활을 보장하려는 목적으로 국가가 운용을 담당한다. 다시 말해 공공재란 '공공의 이익'을 위해 특별히 보호되는 재산이다. 근대적 '공화국republic'은 이러한 공공의 이익을 보호하는 것을 전제로 하는 정치체제다. 공공재와 공화국이 모두 '공public'이라는 단어를 그 안에 품고 있는 이유다. 공화국의 차원에서는 경제도 사실 정치적인 것이다. '공공의 이익'이 보호되지 않는다면 그런 국가는 더이상 '공화국'이라 부를 수 없기 때문이다.

민영화란 공공의 이익을 지키기 위해 운영되는 공공재를 사적 영역의 경제 논리에 맡기는 일, 즉 공적 서비스에서 공적인 성격을 박탈하는 일이다. 당연히, 공공재의 민영화는 시민의 반발을 부르게 되는데, 이 반발은 대개 '공공재의 방만한 운용'을 질타하면서 자유경쟁을 통해 '더 효율적인 운용'을 해나갈 수 있다는 논리 앞에서 설 자리를 잃는다. '방만함'을 '효율성'으로 대체한다는 강력한 경제적 논리는 비효율적 관료화로 표상되는 정치적 논리를 제압하는 것으로 보이지만, 실은 그 자체로 정치적이다. 민영화란 공공의 이익을 지키는 공화적 정치이념 자체를 폐기하면서, 역설적으로 정치-없음을 통해 자본의 이익을 지키려는 강력한 정치적 지향을 갖는다.

영화 〈블랙딜〉이 말하는 것은 두 가지다. 첫째, 공공재의 민영화는 실제로 '더 나은 서비스, 더 효율적인 운용'과는 거리가 멀며, 오히려 치명적인 불안정을 가중시킨다. 가령 일본과 아르헨티나, 영국에서 빈번히 발생하는 대형 철도 사고는 효율만을 추구하는 민영화가 사실은 시민의 생명을 앗아가는 데 가장 '효율'적임을 보여준다. 둘째, 민영화 뒤에는 부패한 권력과의 검은 거래black deal가 있게 마련이다. 공화국의 근본을 뒤흔드는 전면적 민영화가 인민의 저항을 거슬러 현실화되기 위해서는 자본이 제공하는 돈을 받고 자신의 권력을 활용하는 정치인들이 필요한 것이다.

　　말없이 미소 짓고 눈물짓는 대통령의 만들어진 이미지와는 달리 한국의 상황 역시 전혀 예외가 아니다. 세월호 침몰은 기업의 탐욕이 국가의 제재를 받지 않을 때 얼마나 큰 참사가 발생하는지를 보여주었고, 소위 '관피아' 커넥션은 공공의 이익을 위해 헌신하지 않는 관료를 공적으로 제어하지 못할 때 이들이 얼마나 부패할 수 있는지를 생생히 드러내고 있다. 온갖 화려한 말들로 치장되고는 있지만, 한국 정부 역시 동참하고 있는 전면적 민영화는 또다른 세월호와 또다른 관피아를 낳게 될 것이 뻔하다. 공화국의 이념을 강제하려는 시민들의 저항이 없다면, 그렇지 않아도 이미 '위험사회'인 한국은 급격히 '재난사회'로 접어들게 될지도 모른다.

2014. 07. 05.

2014년 8월 정부가 발표한 '제6차 투자활성화 대책' 가운데 의료 민영화 정책이 있어 우려를 낳았다. 의료법인의 영리자법인 설립을 허용함으로써 병원의 영리 활동이 가능해지고, 투자 개방형 외국 병원을 유치한다는 명목하에 영리 병원 설립 및 민간 보험회사와 병원이 연계하여 해외 환자를 유치할 수 있게 되며, 신약·신의료 기술의 임상시험 규제를 완화해 국민 건강을 위협할 수 있다는 내용이다. 의료 공공성이 심각하게 저해될 수 있다는 이유로 의료계 및 시민단체가 반대하는 가운데 정부는 정책을 강행하고 있다.

중년은
왜
등산복을
입는가

최근 귀국해 고향 광주에서 머물다보니 수년 전 한국에 왔을 때는
보지 못했던 풍경 하나가 눈에 들어왔다. 사십대에서 육십대에
이르는 중년층의 다수가 등산복을 즐겨 입는 것이었다. 예전에는
산에 오르는 등산객들이나 입었을, 땀이 잘 흡수되는 얇은 재질로
격한 활동을 하기에 최적화된 등산복과 가벼우나 탄탄해 보이는
등산화도 중년층의 일상 '패션'이 되어 있었다. 중년층의 등산복
패션은 광주뿐 아니라 대전에서도, 서울에서도 흔히 발견할 수
있었다.

　　물론 등산 패션은 이십대나 삼십대에게는 해당되지 않았다.
아마도 이성의 시선이나 유행에 민감한 이들이기 때문일 것이다.
부유한 계층의 중년층에게도 해당되지 않았다. 고급차를 타고
다니며 유명 백화점의 명품 코너를 거들먹거리며 돌아다니는

중년들은 등산복을 입지 않는다. 삶 자체가 편한 이들은 굳이 활동하기에 편한 옷이 필요가 없을 것이다. 공원에 모여 소일하는 노년층에게서도 등산복 패션은 흔히 발견되지 않았다. 요컨대 등산복 패션은 청년층도 노년층도 아닌 중년의 서민층에서 독특하게 발견되는 현상인 것 같다. 청년처럼 멋을 부리기에는 이미 늦었고, 그렇다고 부자들처럼 한가하게 소일할 수도 없으며, 공원의 노인들처럼 저물어가는 인생을 바라보기엔 아직 힘이 넘치는, 그래서 아직 독립하지 못한 자녀들을 위해 부지런히 일해야만 하는, 그런 중년 서민층 말이다.

중년 서민층은 왜 등산복을 입을까? 물론 가장 큰 이유는 '편하기 때문'이다. 그러나 등산복이 주는 편안함은 다른 옷들의 그것과는 질이 다르다. 등산복의 편안함은 멋 내고 쉬기 위한 편안함이 아니라, 열심히 노동하기 위한 편안함이다. 그렇다고 등산복이 고무줄 통바지처럼 기능만을 강조하는 옷은 아니다. 등산복은 일하고 활동하기 편한 기능성을 강조하지만, 동시에 통바지와는 달리 일상의 패션과 자연스럽게 섞여든다. 요컨대 등산복을 통해 일상과 노동은 하나로 결합된다.

'일상화된 등산복'은 '등산이 된 일상'을 표상한다. 다시 말해, 하루종일 힘겹게 움직이며 일해야만 먹고사는 일상의 노동 강도가 거의 높은 산을 쉼 없이 오를 때 요구되는 노동 강도와 같아지는 것이다. 등산복을 일상에서 입는다는 것은 곧 일상을 등산하듯이 산다는 것이다. 1980년대에 야전 상의를 즐겨 입고 다녔던 대학생들에게 일상은 곧 전투였고, 1990년대에

트레이닝복을 즐겨 입던 청소년들에게 일상은 곧 스포츠였다. 오늘, 서울스퀘어 뒤편에 모여 담배를 피우는 직장 남성들의 와이셔츠는 깔끔하고 세련된 이미지를 갖춘 자본의 옷이고, 신촌과 홍대 입구를 가득 메운 젊은 대학생들의 개성 넘치는 옷은 그 거리에 난립한 개성 넘치는 소비 상권 속으로 들어가기 위한 패스포트 같은 것이다.

　　같은 맥락에서, 중년 서민층이 입는 등산복은 경제협력개발기구 평균(13퍼센트)보다 3배 이상 높은(49퍼센트) 노인 빈곤율, 미국에 이어 세계 2위로 높은 대학 등록금 액수, 2012년 현재 소득 상위 10퍼센트가 전체 소득의 45퍼센트를 차지함으로써 역시 미국(48퍼센트)에 육박하는 극심한 소득불균형과 밀접한 관련을 맺고 있는 것으로 보인다. 불평등과 빈곤이라는 위협 앞에서 항상적인 불안을 겪는 한국의 중년층에게 삶은 자신 앞에 놓인 거대한 산과 같다. 그 거대한 산을 깎아 평지로 만들려는 사회적 연대와 정치적 투쟁 없이 각자는 그 산을 홀로 올라야만 한다. 일반적으로 등산복은 단순한 패션 트렌드이다. 하지만 한국의 서민 중년층에게 등산복은 산처럼 험한 일상을 등반하기 위한 필수적인 도구다.

2014. 07. 19.

국내 등산복 시장은 2014년 말 7조 원대로 급성장했다. 세계 단일 시장으로는 미국 다음으로 크다. 1990년대 초 1천억 원 규모에서 2000년대 들어 약 1조 원을 기록하며 10여 년 만에 10배로 성장했다. 이후 매년 30퍼센트 성장세를 보였다. 시장 성장 배경으로는 베이비붐 세대의 은퇴와 주5일제 근무 등으로 아웃도어 활동 인구가 늘어나고, 중년 세대의 과시욕 및 모방 심리 때문이라는 분석이 나왔다.

아웃도어 시장의 고가 정책도 비판을 받았다. 한때 학생들의 교복으로 불린 '노스페이스' 패딩 점퍼는 50~100만 원에 이르러 부모들의 등골이 휜다는 뜻에서 '등골브레이커'라는 별명을 얻었다. 그러나 2016년 6월 패션그룹 형지가 매출 부진에 시달리는 아웃도어 브랜드 노스케이프를 5년 만에 철수하기로 결정하는 등 아웃도어 시장도 저물고 있다. 한때 '황금알을 낳는 거위'에 비유될 정도로 호황을 누렸지만 차별화 전략 없이 시장에 뛰어든 업체들의 출혈 경쟁과 아웃도어 시장 성장률 둔화 등으로 판매 수익률이 떨어진 탓이다. 국내 경제가 장기 불황에 빠지면서 고가 기능성 제품인 아웃도어 재구매가 활발하게 이루어지지 않은 것도 원인으로 꼽힌다.

등산복 패션은
중년의 서민층에서
독특하게 발견되는 현상인 것 같다.
중년 서민층은 왜 등산복을 입을까?

　　　●

등산복의 편안함은
멋 내고 쉬기 위한 편안함이 아니라,
열심히 노동하기 위한 편안함이다.
등산복을 통해 일상과 노동은
하나로 결합된다.

　　　●

등산복을 일상에서 입는다는 것은
곧 일상을 등산하듯이 산다는 것이다.
중년 서민층이 입는 등산복은
극심한 소득불균형과 밀접한 관련을
맺고 있는 것으로 보인다.
불평등과 빈곤이라는 위협 앞에서
항상적인 불안을 겪는 한국의
중년층에게 삶은 자신 앞에 놓인
거대한 산과 같다.

•

과거의
귀환

선임병들의 구타와 가혹 행위 와중에 사망한 윤일병 사건으로
온 나라가 떠들썩하다. 페이스북과 트위터에서 남자들은 저마다
군대 시절 겪었던 구타 경험담을 꺼내놓으며 '어떻게 요즘도
이런 일이 벌어질 수 있는지' 한탄하는 중이다. 윤일병의 사망은
한국인들에게 '끔찍한 과거의 귀환'처럼 여겨지는 것 같다. 구타는
과거 권위주의 정권 시절에나 있었던 일일 텐데 어떻게 지금
이 시대에 저런 야만스러운 일이 생길 수 있단 말인가, 하는 놀라움.

　　생각해보면 이런 일들은, 특히 오늘날 한국에서는,
부지기수다. 합법적이었던 교원단체가 불법 조직이 되고,
비판적이고 성찰적이었던 공영방송이 정권의 나팔수로 돌아갔고,
자주적이었던 대학 사회는 자주화 투쟁 이전으로 후퇴했으며,
독립적이었던 검찰과 국정원은 다시 정권을 위해 멸사봉공하는

집단으로 회귀했다. 박정희의 딸이 정권을 잡아 대통령이 된 사건은 이러한 일련의 과거회귀 경향의 화룡점정일 테다.

'진보' 진영의 사람들은 사회의 전면적 과거 회귀, 혹은 현재로 귀환하는 과거에 치를 떠는 듯이 보인다. 당연히, '역사는 전진하고 사회는 발전한다'고 믿는 진보주의자들에게 이런 일은 끔찍한 일일 것이다. 그런데 과연 그런가? 과연 역사는 전진하고 사회는 발전하고 문명은 진보하는가? 그렇지 않다. 존 그레이가 말하듯 "기술과 과학은 축적되지만 인간의 도덕은 언제나 새로 시작된다." 물질과 달리 인간과 관련된 부분은 세대를 거듭한다고 해서 더 발전하는 게 아니며, 오히려 더 퇴보하기 일쑤다. 교양 있고 예의바른 인간들이라고 해도 갑자기 변화한 물적 조건이나 종교가 된 이데올로기 앞에서는 쉽게 야만인이 된다. 한국전쟁 때의 양민학살이 채 30년도 지나기 전에 광주에서 똑같은 양민학살이 일어났었다. 21세기에는 그런 양민학살이 일어나지 말라는 법이 어디 있는가. 이런 질문에 회의적이라면, 이스라엘과 팔레스타인을 보라. 무엇이 바뀌었는가.

인간의 기질과 성향은 세대가 지난다고 자동으로 바뀌지 않으며, 역사도 그렇다. 과거는 갑자기 현재로 귀환하고, 현재는 쉽게 낯설어진다. 최근 발간된 손홍규의 소설『서울』은 쉽사리 바뀌지 않는 과거와 현재를 미래의 관점에서 그려낸 포스트아포칼립스 서사다. 알 수 없는 재난으로 폐허가 된 근 미래의 소설 속 서울에서 생존하기 위해 애쓰는 주인공 소년에게 폐허의 도시는 폐허 이전의 도시와 그리 다를 바가 없다. 과거나 현재나 서울은

그가 살아가기엔 힘든 도시일 뿐이기에 그렇다. 소년은
꿈 속에서나마 자신이 살고픈 서울의 이미지를 보지만, 모세가
가나안 땅에 들어갈 수 없듯이, 그 역시 새로운 미래의 서울로
들어가지 못한다. 그렇다고 해서 새로운 서울이 더 나아지리라는
보장도 없다. 최근 개봉한 영화 〈혹성탈출: 반격의 서막〉은
그 보장 없는 미래, 언제나 귀환하는 본성을 냉정하게 포착한다.

　　　오늘날 한국에서 생기는 일들을 바라보고 있노라면, 쉽게
진보를 말하는 일, 마치 우리가 조금만 힘을 모으면 어떤 거대하고
급진적 변혁이 금방이라도 일어날 수 있다는 식으로 사고하는
일이 얼마나 무책임한 일인지 깨닫게 된다. 오히려 지금은 인간과
진보가 얼마나 동떨어져 있는지를 성찰하는 일이 필요하다.
쉽게 희망을 걸었다 쉽게 실망하는 일 대신, 수십 년 동안 닦아온
진전이 7~8년이면 무너질 수도 있음을 직시하는 일이 필요하다.
야만은 언제나 우리와 함께한다. 오히려 중요한 것은 야만을
'척결'한다는 불가능한 바람이 아니라, 야만 속에서 미치지 않고
살아가는 일이 아닐까 싶다.

2014. 08. 09.

'윤 일병 사건'은 2014년 4월 경기도 연천 28사단 포병대대 의무대 내무반에서 후임 윤승주 일병이 이모 병장 등 선임병 4명과 초급 간부에게 지속적으로 폭행을 당해 사망한 사건이다. 이들은 2014년 3월부터 윤 일병이 사망한 4월 7일까지 온갖 가혹행위를 저지르고 수십 차례 집단 폭행해 윤 일병을 죽음으로 몰았다. 군 검찰은 폭행을 주도한 4명에게 살인죄를 적용, 기소하였다. 2015년 4월 9일, 이 병장을 비롯한 4명에게 살인죄가 적용되어 이 병장에게는 징역 35년을 선고하고 성범죄 신상정보 등록을 고지했다. 하 병장, 지 상병, 이 상병에게는 각각 징역 12년, 유 하사에게는 징역 10년, 이 일병에게는 벌금 300만 원이 선고되었다.

국방부는 윤 일병을 순직 처리하면서 5월 8일부로 상병으로 추서하고, 5월 16일 국립서울현충원에 안치했다. 2015년 10월 29일 대법원은 사건의 주범 이 병장에게만 미필적 고의에 의한 살인죄를 인정하고 나머지 인원에게 상해치사죄를 적용해야 한다고 판결했다.

'윤 일병 폭행 사망사건'의 주범으로 35년을 선고받고 복역하고 있는 이 병장은 군 교도소에서도 폭행과 가혹행위를 일삼다 추가로 기소돼 징역 30년을 또 구형받았다.

〈해무〉,
혹은
한국 사회라는
배

"물고기 대신 사람을 낚는 어부"들을 그리는 심성보 감독의 영화 〈해무〉는 한국 사회에 대한 알레고리로 읽을 때 빛나는 영화다. 가장 표면화되어 있는 상징은 아마도 '배'일 것이다. 망망대해를 떠도는 한 척의 배와 그 속에 탄 사람들이라는 이미지는 언제나 '사회' 혹은 '국가'를 상징한다. 사회에서처럼, 배 속의 집단은 철저히 계급화되어 있으며, 기능적으로 분화되어 있다. 자신의 위치를 망각하고 '동포'를 들먹이는 조선족 밀항자를 두들겨 패면서 선장은 외친다. "이 배에서는 내가 대통령이고 판사고 느그들 아버지여!" 그 이름처럼 '강철 같은 주인'의 모습을 한 철주(김윤식)는 배의 소유자이자 선장이므로 이 말에는 일말의 진실이 들어 있다. 배는 선장이 신성에 맞먹는 권력을 행사하는 권위주의적 공간이다. 허먼 멜빌Herman Melville의 『빌리 버드』가 보여주듯, 배의 질서는 권리, 진실, 심지어 생명보다 중요하게 여겨진다.

　이 영화는 권위를 가진 선장 철주의 선택이 다른 모든 선택을 압도하는 상황을 그린다. 선원들은 그의 결정에 무조건 따르는 수동적 인물들로 그려진다. 오직 자신과 관련 없는 타자를 위해 목숨을 거는 두 선원만이 선장의 결정에 저항한다. 잔인한 결정을 내리는 선장보다 그 결정을 기계적으로 따르는 선원들의 모습에서 우리는 끔찍함을 느낀다. 성찰하고 공감하는 능력이 사라질 때 인간과 괴물의 차이 역시 사라진다.

　선장의 선택은 "배를 버릴 수는 없지 않느냐"는 언명에 근거를 둔다. 배를 국가의 표상으로 본다면, 선장은 '국가를 버릴 수는 없지 않느냐'는 말을 하는 셈이다. 배를 살리기 위해서는 인간의 존엄성은 버릴 수 있다는 선장의 논리는 국가란 절대적인 실체이기에 국가에 해를 끼칠 수 있는 모든 이들은 제거될 수 있다는 논리와 통한다. 노동자의 파업, 시민들의 시위 앞에서 '경제'를 들먹이는 자들, 가령 투명하고 강력한 세월호 특별법 제정을 요구하는 유족과 시민들의 저항을 비난하는 자들의 논리 역시 마찬가지다. 결국 사람을 살리기 위해 배를 버린 이를 제외하고는 모두가 수장되는 〈해무〉의 결말은 이런 국가주의적 논리에 대한 비판의 성격을 띤다.

　이 배의 이름이 '전진호'라는 점은 의미심장하다. 선장은 배를, 대통령은 국가를 언제나 '전진'시키려고만 하기 때문이다. 영화의 배경이 된 1998년 10월, 곧 아이엠에프IMF 직후의 엄혹한

경제적 상황은 희생을 감수하고 '전진'해야 한다는 당위를
뒷받침해주는 것처럼 보인다. 우리는 그 시간적 배경에 익숙하다.
국가적 위기 앞에서 경제적 논리에 따라서만 생각하고 행동하는
인간들로 바뀐 신자유주의 체제가 본격적으로 시작된 시점이기
때문이다. 자본주의는 우리에게 언제나 '전진'하라고 명령한다.
돈을 벌기 위해 밀항업을 선택한 선장과 선원들, 돈을 벌기 위해
밀항을 선택한 밀항자들, 이 영화에 등장하는 모든 이들은
어쩌면 자본주의의 '전진' 명령 탓에 비극을 맞이했다. 그리고
우리는, 한국 사회는 여전히 끊임없이 '전진하라'는 그 명령을
거부하기 힘들어하는 중이다. 하지만 영원히 지속되는 진보나
발전이나 전진은 없다. 바다에서 언제든 시야를 가리는 '해무'가
드리워질 수 있듯이, 전진과 발전은 언제든 위기를 맞을 수
있다. 그 위기 속에서 전진의 환상을 성찰하지 못할 때, 파국은
찾아온다. 이 영화는 권위와 돈, 혹은 그 둘의 결합(선장)에
저항하지 않은 채 전진해가다 파국을 맞는 이들에 대한 이야기다.
그것은 또한 오늘의 한국 사회에 대한 가장 정확한, 가장 통렬한
알레고리이기도 하다.

2014. 08. 30.

세월호 특별법은 '4·16 세월호 참사 피해구제 및 지원 등을 위한 특별법'의 줄임말이다. 세월호 침몰 사고가 일어난 원인 규명과 사고 재발 방지를 위해 2014년 11월 제정되었다. 법의 필요성 여부부터 특별조사위원회(특조위) 구성 방법, 권한 범위 및 활동 기간, 참사 재발 방지 대책 시행 방법 등을 둘러싸고 유가족과 청와대, 정당 사이에 이견이 많아 기나긴 진통 끝에 탄생했다.

2015년 1월 12일, 국회는 본회의를 열고 '4·16 세월호 참사 피해구제 및 지원 등을 위한 특별법'을 재석의원 181명 중 찬성 171명, 반대 3명, 기권 7명으로 가결 처리했다. 세월호 참사 발생 이후 271일 만이다. 특별법에는 국가가 세월호 참사 피해자들에게 배·보상금을 지급하고, 안산 단원고 2학년생들이 정원 외 특별전형을 적용받을 수 있는 등의 내용을 담았다. 특별법은 피해자 지원 및 희생자 추모 사업을 위해 국무총리 소속으로 '세월호 참사 피해자 지원 및 희생자 추모위원회'도 설치하도록 했다.

국가는 세월호 참사로 인해 발생한 손해에 대해 관련 법령에 따라 피해자에게 우선 손해배상금을 지급하고, 사고 책임자에게 구상권을 행사하게 된다. 배상금 외에 지급되는 위로지원금은 금액이 정해지면 사회복지공동모금회 등 14개 단체가 모은 국민성금 1257억여 원에서 우선 지원하되 모자라는 부분은 심의위 심의를 거쳐 국가가 추가 지원한다. 하지만 2015년 3월 정부가 발표한 법률 시행령에서 특조위의 규모 및 권한을 축소하고 조사 대상인 공무원이 특조위를 지휘하게끔 직제를 구성하여 유가족과 시민단체의 반발을 샀다.

노출과
선정성

젊은 여성들의 '선정적' 옷차림은 잊을 만하면 불거지는
논란거리다. 최근 숙명여대 총학생회의 축제 의상 제재안을
둘러싼 이견들은 대표적이다. 걸그룹의 의상에 관한 논란 역시
마찬가지다. 페이스북이나 트위터 등 소셜네트워크서비스는
이와 관련한 기사가 나올 때마다 뜨거워진다. 날로 야해지는
여성의 옷차림에 대해서 개탄하는 목소리와 쿨하게 받아들이는
목소리가 여기저기서 부딪히지만, 그 논란이 실제 옷차림의
변화에 영향을 미치는 일은 여간해서는 발생하지 않는다.

　　반복적으로 발생하는 여성 옷차림에 대한 논란은 한국
사회의 분열적 측면을 드러낸다. 여성의 성을 상품화하는 것이
일상인 나라에서 동시에 여성의 노출 의상을 개탄하는 일 역시
일상적으로 벌어진다는 점이 그렇다. 어느 쪽이든 여성들이 남성

중심 사회에서 남성의 시각 아래 놓인 대상으로 취급된다는 점에서는 같다. 가령 노출 의상을 입은 여성을 극히 '선정적'으로 찍은 사진을 올려놓고는 이에 근거해 여성을 비하하는 식의 행위는 분열적 측면을 단적으로 보여준다. 음험함과 근엄함이 동시에 등장하는 것만큼 변태적인 방식이 또 있을까. 이런 논란의 주요 생산자로는 한국 언론이 대표적이다. 대개 이런 언론은 '정론지'와 '스포츠 신문'을 같이 발행하곤 한다.

이런 맥락에서 보면, 노출이 심한 여성의 옷은 이미 개인의 '독립적 선택'이나 '표현의 자유'를 넘어선 곳에 있는 셈이다. 남성 중심 사회의 여성은 어려서부터 남성의 시각에 맞춘 외양을 가꾸는 일로부터 자유로울 수 없기 때문이다. 성형수술의 유행, 화장에 대한 집착, 성을 강조하는 의상 등은 개인의 자유보다는 집단적 구속과 관련되어 있다. 여성 개인은 이 도저한 구속의 물결을 거스르기 힘들며, 그로부터 '한국 여성'의 독특한 스타일이 형성되는 것이다. 축제 기간의 주점 매출을 올리기 위해 집단적으로 야한 옷을 입는 여대생의 선택은 자유의지처럼 보이나 실은 특정한 상황의 요구 속에서 형성된다. 섹스어필과 돈이 자연스럽게 결합된 이 상황은 기실 대학의 축제 기간만이 아니라 한국 사회에서는 이미 일상이다. 서양 하녀복을 입고 주점 홍보를 하는 여대생, 노출 의상을 입고 섹시한 춤을 추는 내레이터 모델, 기획사의 판단에 따라 쉴새없이 여성성을 강조하는 걸그룹, 단정해 보이나 몸의 선이 드러나는 옷을 주로 입는 기상 캐스터 등은 같은 현상의 다른 판본일 뿐이다.

남성 소비자의 시선을 끌기 위해 감행되는 신체의 노출은 남성화된 자본에 예속된 한국 여성에게 요구되는 '경제적 노출'이다. '안 한 것처럼 자연스러운 화장'을 추구하는 요즘의 화장술과 마찬가지로, 여성의 경제적 노출은 신체를 드러내면서도 자연스럽게 가림으로써 욕망을 자극하는 방식으로 실행된다. 하지만 옷을 완전히 벗어던짐으로써 남성적 욕망에 부응하는 대신 자유와 신념의 메시지를 전달하려는 '정치적 노출'도 있다. 가부장제, 자본주의, 권위주의에 맞서 세계 곳곳에서 반라시위를 벌이는 우크라이나의 '페맨FEMEN' 그룹이나 여성 상의 탈의에 대한 사회적 태도를 변화시키기 위해 공원에서 가슴을 드러낸 채 독서하는 퍼포먼스를 벌였던 뉴욕 여성들의 노출이 대표적이다. 정치적 노출은 여성의 옷차림이 반드시 성적인 의미만을 가질 필요도 없고 가지지 않을 수도 있음을, 나아가 여성의 몸이 자본의 도구로 포섭되지 않을 수도 있음을 보여준다. 여성의 몸이 단순히 성적 매혹으로 축소되는 게 아니라, 다양한 정치적 공간으로 확장되는 것이다. 자신의 몸이 아니라 권력 자체를 '선정적'으로 만드는 것이다.

2014. 09. 27.

숙명여자대학교 총학생회가 2014년 9월에 있을 학교 축제에 구체적인 복장 제재안을 내놓았다. 선정적인 의상, 즉 '가슴골 보이는 상의' '망사 및 시스루' '허벅지 50퍼센트 이하 길이의 치마' 등을 입는 학생에게는 벌금 10만 원을 부과하겠다는 것이다. 지나친 호객 행위도 제재 대상으로 '오빠', '자기' 등의 단어를 사용하면 안 된다. 숙명여자대학교 총학생회 측에서는 해마다 많은 남학생이 방문하는데 노출이 심한 의상을 입은 여학생의 사진을 찍은 뒤 인터넷에 올리는 등 불미스러운 일이 발생해 학생을 보호하기 위한 처사라고 입장을 밝혔다.

애매함에
관하어

한 대학의 영문과에서 이번 학기에 스콧 피츠제럴드F.Scott
Fitzgerald의 『위대한 개츠비』를 강독하는 수업을 진행하고 있다.
『위대한 개츠비』의 문장을 해석하다보면 애매한 구절들을
발견하곤 한다. 문법적으로는 완벽하지만 이렇게 저렇게 해석될
여지가 있는 문장들이다. 문장뿐 아니라 인물도 마찬가지다.
개츠비가 정말 위대한지 아닌지, 데이지가 개츠비를 이용했는지
사랑했는지, 닉이 믿을 만한 화자인지 아닌지, 자신이 읽은 바에
따라 어느 하나를 주장할 수는 있지만 그것이 최종적인 답이
되는 일은 발생하지 않는다. 이런 애매함은 때로 강사와 학생을
당황하게 하지만, 세월을 이겨내고 '고전'이라는 이름을 취득한
텍스트치고 애매함을 갖고 있지 않은 텍스트는 없다.

　　애매함이 존재한다는 것은 서로 다른 시각과 해석과 입장이

존재한다는 것이다. 인문학은 애매함이 존재한다는 점에서
수학과 다르다. 수학이 '완벽한 아름다움'을 추구할 수 있는 건
궁극적으로 정답이 존재하기 때문이다. 반면 인문학에는
'아름다움'은 있을지 몰라도 '완벽함'은 없다. 애매함과 완벽함은
애초에 조화를 이루지 못한다. 완벽하지 못한 애매함이 아름다울
수 있는 곳, 그곳이 인문학이다. 인문학이 '인간의 무늬'를 다루는
학문인 이유도 여기에 있다. 애매한 인간 혹은 인간의 애매함을
다룬다는 말은 다양함을 받아들인다는 뜻이다. 인간의 다양한
측면은 그 자체로 의미를 발생시키고, 그 의미들이 해석을
열며, 이 해석들이 텍스트를 풍부하고 깊게 만드는 근거가 된다.
정답으로 규정될 수 있는 인물이 아니라, 애매한, 그래서 다양한
해석을 유발하는 인물이 문학사에 남는다. 제이 개츠비가 그렇고,
윌리 로만이 그렇다. 개츠비가 위대한지, 로만이 실패자인지에
대한 질문은 여전히 애매한 채로 남아 있으며, 그 애매함이
『위대한 개츠비』와 『세일즈맨의 죽음』을 꾸준히 읽히게 하는
힘이다.

   인문학을 공부하자며 대통령부터 기업 사장까지 목소리를
높이는 나라라면, 그 나라는 아마도 애매함이라는 인간의 본질을
인정해야 한다고 주장하고 있는 것일 테다. 하지만 현실은 전혀
달라 보인다. 노동당 부대표의 카카오톡을 검찰이 사찰하고,
단식하는 세월호 유가족 앞에서 폭식 이벤트를 벌이며, 남자가
치어리더에게 술을 따르라 하는 게 무슨 잘못이냐는 댓글들이
줄을 잇는다. 극도의 경쟁사회가 낳은 불안이 사회적 약자들에

대한 법적·일상적 혐오와 공격으로 전환되는 중이다. 좌파, 여성, 비정규직 노동자, 동성애자, 장애인, 호남, 유가족 등이 주요 표적이다. 혐오문화의 전면화가 드러내는 진실은 이 사회에서는 오직 애매하지 않은 인간만이 혐오 받지 않을 수 있다는 점이다. 한국을 사랑한다고, 북한을 싫어한다고, 법질서를 존중한다고, 비즈니스 프렌들리라고, 부정적이지 않다고, 이성애자라고 '확실하게' 말할 수 있어야 한다. 대통령이, 국회가, 경찰이, 기업이, 언론이, 대학이, 인터넷이 이러한 고백을 우리에게 끊임없이 요청하며, 우리는 '죄 지은 게 없이 당당하다면' 그 요구에 응해야 한다. 너의 정체, 너의 정답을 밝혀라! 너의 애매한 태도는 네가 부끄러운 게 있음을 말해준다!

애매함이 인문학의 본질에서 그치는 것은 아니다. 애매함은 삶의 본질이며, 인간의 본질이며, 세상의 본질이기도 하다. 인간은 답이 없으며, 끝까지 답이 없는 세계에서 살다 죽는다. 그런 인간에게 확실한 정답과 정체를 강요하면서 이를 혐오와 폭력으로 연결시키는 사회라면 그곳은 분명 인간을 그 자체로 인정하는 사회가 아니다. 이런 사회에서 인문학이 번성한다면 둘 중 하나다. 사회가 가짜거나, 아니면 인문학이 가짜거나.

2014. 10. 18.

정진우 노동당 부대표가 2014년 6월 세월호 집회로 구속기소되었을 당시, 검찰이 정 부대표의 카카오톡 계정을 압수수색해 집회·시위와는 무관한 대화 내역과 지인 3천여 명의 정보를 들여다봤다고 폭로했다. 마침 검찰이 전담 수사팀을 두고 '사이버상 허위사실 유포사범'을 철저하게 수사한다는 방침을 밝혔고 카카오톡 대표가 이에 적극 협력하겠다고 화답한 직후 벌어진 일이었다. 카카오톡을 이용하는 대다수 이용자들은 이 같은 조치가 정당한 수사를 넘어서 개인 정보 검열 및 사찰로 악용될 수 있으며 표현의 자유를 해친다고 반발했다. 이를 계기로 '텔레그램'처럼 보안이 철저한 타국 메신저로 옮겨가는 '사이버 망명' 현상이 벌어지기도 했다.

장그래를
보라

윤태호 작가의 동명 웹툰을 원작으로 한 드라마 〈미생〉에
대한 호평의 이유는 다양하다. 많은 이들이 이 드라마를 보며
자신의 직장 생활을 떠올리게 된다는 측면이 그중 독보적이다.
직장 생활을 하는 이들은 말할 것도 없고, 아직 학교에 있는
대학생들마저 '인턴'과 '비정규직 사원'이라는, 자신들이 곧
경험하게 될 세계를 미리 간접 체험한다. 수업 시간에 〈미생〉에
대한 감상을 물었더니 한 학생은 이렇게 말했다. "무서워요."

　실제로 〈미생〉에서 '상사맨'의 일상은 하나의 전투처럼
그려진다. 그러나 이 전투는 바둑에서처럼 두 사람의 대결만으로
끝나지는 않는다. 위계 서열의 맨 아래에 있는 장그래는 자신의
미숙함에 대고 발사되는 거친 언어의 총탄들을 맞으며 산다.
사원은 대리에게, 대리는 과장에게, 과장은 부장에게, 부장은

전무에게 '소리'를 듣는다. 모두가 아군이지만 동시에 적군이며, 계약을 성사시키는 작전 속에서 하나가 되지만 작전이 실패할 때는 처절히 깨진다. 회사는 전쟁터와도 같으며, 대중의 공감은 자신 역시 그 전쟁터에서 살아가고 있다는 데서 발생한다. 직장이든, 거리든, 대학이든 한국 사회는 끝없는 전투가 벌어지는 하나의 거대한 전쟁터이기 때문이다.

〈미생〉이 그리는 직장 혹은 전장의 풍경은 '리얼'하지만, 그것이 그저 가혹한 방식으로 리얼하기만 하다면 이 정도의 공감을 얻지는 못했을 것이다. 〈미생〉에는 가혹함의 그물을 뚫고 발산되는 '휴머니즘'이 있다. 오과장은 장그래에게 소리를 지르지만, 동시에 다른 팀의 상사들로부터 장그래를 보호한다. 안영이는 장그래의 진정성에 내심 끌리고, 장그래는 독백을 통해 약자로서 살아가는 심정을 절절하게 쏟아낸다. 한국인들이 흔히 말하듯, 직장 생활 속 애환의 핵심은 결국 '인간관계'인 것이다. 드라마에 옥상 장면이 자주 등장하는 이유는 그곳이 진짜 '인간관계'가 드러나는 공간이기 때문이다.

가혹한 직장 생활과 따뜻한 휴머니즘을 결합함으로써 널리 공감대를 형성하는 〈미생〉은 사실 바로 그렇기 때문에 지극히 이데올로기적이기도 하다. 가혹한 전쟁터에서도 한줄기 인간미는 살아 있고, 그것 때문에라도 우리는 이 험한 세상을 살아갈 수 있다는 체념 섞인 확신을 건네주는 것이다. 여기에 더해, 〈미생〉은 신자유주의 시대에 널리 선전되는 가치를 체화하고 있기도 하다. 회사 내의 작은 부정에 민감하지만 큰 틀에서는 모든 것을 자신의 부족함 탓으로 여기는 주인공 장그래를 보라.
"열심히 안 한 것은 아니지만 열심히 안 해서인 걸로 생각하겠다"는
그의 유명한 독백은 전형적으로 자본의 모순을 개인의 '열심'
문제로 환원시키는 자기계발론의 가치관을 드러낸다. 심지어 그의
이름은 '그래yes', 곧 우리 시대 자본이 외치는 긍정성 그 자체다.
고졸 검정고시 출신에 스펙도 없지만, '그래', 열심히 하면 끝내
인정받을 수 있다는 것이다.

　　　오과장, 김대리, 장그래로 이어지는, 시청자가 동일시하는
주인공들은 바로 그 '열심'과 '그래'의 정신으로 살아간다.
이들의 모습에 대한 애틋한 시선은 직장 바깥, 자본 외부에서
펼쳐질 수 있을 다양한 실험적 삶에 대해 상상할 여지를 차단한다.
우리 시대 자본주의가 생산하는 대중문화는 전쟁터와 같은 기업의
가혹함마저도 모두 개방하면서도, 동시에 사람들이 그 기업을
동경하게 만든다. 대중문화를 통해 자본의 모순은 이렇게 '공감'을
유발하며 '나의 부족함'을 돌아보게 하는 방식으로 공기중에 녹아
사라진다. 씁쓸하게도, 드라마가 끝나고 실제 우리가 보는 현실은
'그래!'를 외치다 지쳐 자살을 선택하는 노동자들의 행렬이다.

2014. 11. 08.

〈미생〉은 2014년 10월부터 12월까지 tvN에서 방영된 드라마로 윤태호 작가가 다음 포털에 연재한 동명의 만화가 원작이다. 바둑 기사를 꿈꾸던 주인공이 대기업에 입사하면서 벌어지는 내용으로, 바둑이 갖고 있는 특성을 직장인의 삶에 절묘하게 빗대어 큰 인기를 끌었다. '미생(未生)'은 집이나 대마 등이 완전하게 살아 있지 않은 상태를 이르는 바둑 용어로, 살 수도 있고 죽을 수도 있는 상황을 뜻한다. 희망과 절망 사이를 오가는 회사 생활을 은유했다고 볼 수 있다.

오과장, 김대리, 장그래로 이어지는,
시청자가 동일시하는 주인공들은
바로 그 '열심'과 '그래'의
정신으로 살아간다.
이들의 모습에 대한 애틋한 시선은
직장 바깥, 자본 외부에서 펼쳐질 수
있을 다양한 실험적 삶에 대해
상상할 여지를 차단한다.

●

자본주의가 생산하는 대중문화는
전쟁터와 같은 기업의
가혹함마저도 모두 개방하면서도,
동시에 사람들이 그 기업을
동경하게 만든다.

●

대중문화를 통해 자본의 모순은
이렇게 '공감'을 유발하며 '나의
부족함'을 돌아보게 하는 방식으로
공기중에 녹아 사라진다.

•

금연은
누구에게
이로운가

츠츠이 야스타카簡井康隆의 단편소설 『최후의 끽연자』는 흡연이
범죄가 된 상상의 일본을 그리고 있다. 처음에는 '담배 연기가
싫어요'로 시작된 혐연嫌煙 운동은 점점 세를 넓혀 급기야
끽연자들에 대한 전 국민적 혐오와 처단으로 발전하기 시작한다.
체인 스모커이자 소설가인 화자 '나'는 끝까지 흡연자의 권리를
옹호하며 버티지만 끝내 집까지 침탈해 들어온 혐연자 폭도에 밀려
도망쳐 국회의사당 꼭대기에 은신하며 당당한 '최후'를 준비한다.

거리 곳곳에 커다랗게 쓰인 '금연' 표지판들의 난립을
보며 이 소설을 떠올렸다. 한국에는 어딜 가나 '하지 말라'는
표지판이 지나치게 많은데, 그중에서도 으뜸은 '금연'이다. 최근
5~6년 사이에 금연 표지판은 버려진 담배꽁초보다 더 많이 생긴
것처럼 보이고, 텔레비전에 나오는 금연 광고는 공포 영화보다 더

끔찍하다. 한때 흡연자들이 방만하게 누렸던 자유 때문일까. 이제 그들은 다수 비흡연자들의 찌푸린 얼굴과 고성을 받고도 할말이 없이 쫓겨다니는 소수자 비슷하게 되어버렸다.

국가적 사업이 된 금연이 내세우는 기치는 크게 두 가지다. 청결과 건강. 흡연 뒤에 남는 꽁초, 재, 침 등은 거리를 지저분하게 만드는 주된 요인이고, 흡연자들이 내뿜는 연기는 모두의 건강을 위협하는 독소다. 두 가지 이유 모두 틀린 게 없다. 그런데 금연 구역을 확장하고 흡연자들을 눈에 안 보이게 하면 사회는 좀더 청결해지고 좀더 건강해질 수 있을까. 가끔씩 등장하는 연예인들에 대한 처벌과 마찬가지로, 흡연자들에 대한 단속 역시 어쩌면 가장 쉽고, 눈에 잘 띄며, 대중의 지지를 얻는 데 용이한 방식으로 보인다. 청결과 건강에 이의를 제기할 사람은 없고, 일상에 널린 흡연자들에게 청결과 건강을 해치는 이들의 이미지를 덧씌우기란 너무나 쉽다.

청결과 건강에 대한 강조는 얼핏 매우 상식적인 진리처럼 보이지만, 그것은 일종의 통치술이다. 깨끗한 도시경관의 창조는 대개 '젠트리피케이션gentrification'이라 불리는 도시 재개발로 귀결되는데, 이를 통해 '지저분한' 서민들의 집은 허물어져 '깨끗한' 부자들의 고층 아파트로 변모하기 일쑤다. 건강한 신체는 모두의 소망이지만, 지나치게 강조되는 순간 '중요한 것은 건강밖에 없는' 일차원적인 인간들의 양산으로 이어지기 십상이다. 도시가 부자들의 공간으로 바뀌고, 대중이 건강에만 집중하는 사회. 흥미롭게도 이런 세계는 오늘날의 자본이 좋아하는 세계상이기도 하다. 모두가 자신의 건강과 계발에 열중하면서 부자가 되길 꿈꿀 때, 자본은 완벽한 노동자상을 얻는다. 요구하고 농성하고 파업하는 노동자들의 혼란과 무질서가 사라진 세계.

청결과 건강은 바로 그 혼란, 무질서, 더러움의 반대항이다. 하지만 두 항은 언제나 결합되어 있다. 세계가 청결하고 건강한 선진국과 선진국이 착취하는 무질서하고 더러운 제3세계로 나뉘듯 말이다. 흡연자는, 말하자면, 우리가 싫어하는 제3세계의 이미지다. 그것은 동남아 노동자의 이미지고, 장애인과 환자의 이미지며, 실패자와 폐인의 이미지다. 권력은 이들을 받아 안지 못한 실패의 대가를 이들에 대한 차별로 전환시키면서 다수에게 성공과 청결과 건강의 이미지를 욕망케 만든다. 이렇게 구조의 문제는 문화의 문제로 가려진다.

그럼에도 불구하고, 그것이 영원히 가려지지는 못한다. 구조적 모순과 스트레스와 불안이 삶을 옥죄는 한, 흡연도 사라지지 않는다. 프로이트는 흡연을 가리켜 "삶이라는 전투에서 우리를 보호하는 참호이자 무기"라고 말했다. 한국인의 흡연율은 이 '삶이라는 전투'의 치열성과 얽혀 있는 문제다.

2014. 11. 29.

2015년 1월부터 금연 정책이 대폭 강화되었다. 면적 제한 없이 모든 음식점에서 실내 흡연이 금지되고 특히 담뱃값이 2천 원 인상되어 많은 찬반 논란을 불러일으켰다. 실제 2015년 상반기까지 정책 시행 결과를 보면 성인 7명 중 1명이 금연하였으나 소비량이 다시 회복되는 추세를 보이고 있어, 담뱃값 인상은 세수 부족을 메우는 방편일 뿐 금연 효과는 미미하다는 주장도 제기되고 있다. 정부는 작년 담뱃값 인상을 추진하면서 연간 담배 판매량이 34퍼센트 줄어들 것으로 보았으나 2015년 상반기 판매 집계 결과 28퍼센트 정도 줄어든 것으로 나타난 반면, 세수는 1조 2천억 원 증가한 것으로 나타났다.

'갑질'의 저편

올해의 키워드 중 하나는 단연코 '갑질'일 것이다. 한 주 동안
미디어를 도배하다시피 한 대한항공 조현아 부사장의 소위
'땅콩 리턴' 사건은 '갑질'의 대명사로 자리매김했다. 직원에게
폭언을 퍼붓는 서울시향 대표, 반복적으로 학생을 성추행하고도
사표만 내면 그만인 교수, 술집 종업원을 폭행하고도 돈이
많기에 당당한 어떤 주식투자 귀재에 관한 뉴스들은 한국 사회에
만연한 '갑질'의 다양성과 깊이를 보여준다.

　　흔히 돈과 권력을 가진 이들의 전유물로 재현되지만
'갑질'은 말 그대로 어디에나 있다. 우리는 모두 누군가에게
갑이며 을이다. 갑은 어느 순간 을이 되고, 을은 어느 순간 갑이
된다. 이처럼 갑과 을은 변함없는 본질이 아니라 내가 자리해 있는
위치의 상대성, 곧 '관계'의 문제다. 위치가 바뀌면 갑을관계는

순간적으로 전복된다. TV 프로그램 〈코미디 빅리그〉의 '갑과 을'이라는 코너는 이 위치의 상대성을 보여주며 웃음을 유발한다. 엘프리데 옐리네크Elfriede Jelinek의 소설『피아노 치는 여자』에서 엄격한 피아노 선생 에리카는 학생들의 실력을 냉정히 평가하고 그 위에 군림하는 갑이지만, 제자인 클레머의 유혹에 굴복해 '선생'에서 '여자'의 위치로 가는 순간 을이 된다. 둘 사이의 권력관계가 어떤 식의 폭력을 동반하는지를 보라. 일등석의 조현아는 갑이었지만 포토라인 앞의 조현아는 을이고, 일등석의 사무장은 을이었지만 뉴스 프로그램 속의 사무장은 갑이다. 한바탕 소동 후, 회사에 복귀할 조현아와 사무장은 다시 기존의 갑을관계 속에 놓이게 될 것이다. 한국인이 내가 서 있는 위치에 민감한 것, 어떻게든 그 위치를 높이려고 노력하는 것은 이 때문이다. 어떻게든 서울 쪽으로, 재벌 쪽으로, 권력 쪽으로 위치할 때, 내가 갑이 될 가능성은 높아진다.

　　민주주의는 갑을관계의 위치성을 영구적으로 전복하는 것, 없애는 것이다. 민중이 왕의 목을 치고, 대중이 무능한 정부를 갈아치우며, 노동자가 기업의 경영에 참여하고, 학생이 선생과 동등하게 토론하고, 여자가 남자와 동등한 대접을 받고, 이주자가 정주민과 같은 권리를 누리며, 동성애자가 이성애자에 의해 차별받지 않는 것이 '민주주의적'이라고 불릴 수 있는 이유는 이러한 관계 속에서 기존의 갑을관계가 전복되거나 사라지기 때문이다.

　　그런 점에서 민주주의는 정치제도가 아니라 완전히 새로운 삶의 방식, 곧 '문화'이고 오직 그럴 때만 비로소 그 이름에 값할 수 있다. 제도로서의 민주주의는 '성립'될 수 있지만, 문화로서의 민주주의는 요원하며, 언제나 요원하다. 타인의 욕망을 욕망하는 인간의 속성 때문에 그렇고, 이윤과 효율을 제일원칙으로 삼는 자본주의가 지배하는 세상이 평등을 제일원칙으로 삼는 민주주의적 관계를 용인할 수 없기 때문에 그렇다.

극단적 갑을관계가 효율성의 지표이자 권력의 표상이 되어 있는 현재의 반민주주의적 문화는 쉽게 바뀌지 않는다. 권력은 권력대로 대중은 대중대로 변화무쌍한 갑을관계 속에서 어떤 식으로든 쾌락을 누리며 살기 때문이다. 문제는 영원한 '을'에 위치해 있는 이들, 반민주주의적이고 극자본주의적인 환경 속에서 쓰레기처럼 폐기되어 있는 이들의 분노다. 그들이 무기를 들고 불특정 다수를 향한 복수를 시행하는 순간, 곧 '갑'이 되는 순간, 우리 모두는 이유도 모른 채 완벽한 '을'로 변모한다. 농촌 총각, 중국 동포, 이주 노동자라는 영원한 을을 떠올려보라. 이들에게는 자신을 대변할 조직도, 올라갈 크레인도 없다. 이미 조짐을 보이는 이 끔찍한 폭력의 도래는 우리가 완전히 새로운 암흑시대로 진입하고 있음을 보여주는 징후다. 이에 비하면 조현아는 스펙터클이자 이벤트에 불과하다.

2014. 12. 20.

일명 '땅콩 리턴' 사건은 2014년 12월 존 F. 케네디 국제공항을 출발, 인천국제공항으로 향하던 대한항공 여객기 내에서 조현아 당시 대한항공 부사장이 승무원의 땅콩 제공 서비스에 불만을 품고 항공기를 유턴시킨 뒤 직원을 강제로 내리게 해 항공편이 지연된 사건이다. 그 과정에서 승무원과 사무장에게 폭언 및 폭행을 가했다는 사실이 밝혀지면서 '사상 초유의 갑질'이라는 비판이 거세게 일었다. 부사장직에서 물러난 그녀는 항공보안법 위반으로 2015년 2월의 1심에서 징역 1년, 5월의 항소심에서 징역 10개월에 집행유예 2년을 선고받았다.

'갑질'은 말 그대로 어디에나 있다.
우리는 모두 누군가에게
갑이며 을이다.
갑과 을은 내가 자리해 있는
위치의 상대성,
곧 '관계'의 문제다.

•

문제는 영원한 '을'에
위치해 있는 이들,
반민주주의적이고 극자본주의적인
환경 속에서 쓰레기처럼 폐기되어
있는 이들의 분노다. 농촌 총각,
중국 동포, 이주 노동자라는
영원한 을을 떠올려보라.

●

내일을
위한
시간은
존재하는가?

다르덴Dardenne 형제 감독의 영화 〈내일을 위한 시간〉의 원제는
'두 번의 낮, 한 번의 밤'이다. 복직을 앞둔 노동자 산드라에게 해고를
알리는 한 통의 전화가 걸려온다. 해고는 동료들의 투표 결과였다.
그들은 산드라의 복직과 보너스 중 양자택일하라는 사장의 제안에
보너스를 택한다. 투표가 공정하지 않았다는 제보를 듣고 사장은
월요일 아침 재투표를 결정하고, 산드라는 이제 두 번의 낮과
한 번의 밤 동안, 곧 주말 동안 동료들을 설득하기 위해 나선다.

영화는 산드라가 동료 노동자들을 만나는 과정을 반복적으로
묘사한다. 산드라의 복직에 투표한다는 이들과 동시에 그녀의
복직을 원치 않는 이들도 나타난다. 이 롤러코스터 앞에서
산드라는 무너지기 직전이며, 그때마다 항우울제를 찾고 잠으로
빠져든다. 이 영화에서 '잠'과 '우울'은 묶여 있다. 잠은 죽음의

은유이며, 실제로 산드라는 항우울제 한 통을 먹고 자살을 시도하기도 한다. 그녀는 동정을 구걸하는 거지처럼 동료에게 나서기가 죽기보다 싫은 것이다. 니체는 힘든 친구에게는 뭐든 베풀되, 거지에게는 한 푼도 주지 말라고 가르친 적이 있다. 친구는 우정을 요청하지만, 거지는 동정을 구걸하기 때문이다. '동료'에게 '우정'을 버림받은 산드라가 자신을 '거지'로 느끼는 것은 당연하다.

하지만 실제로 산드라가 한 사람, 한 사람을 만나는 과정에서 상황은 바뀌어간다. 그녀는 동료들의 집을 찾고, 그들의 처지를 알게 되고, 그들의 감정 변화를 목격한다. 직접적 만남과 체험의 과정을 거치며 산드라는 더 강해지고, 더 자주 웃는다. 그녀는 더이상 자신을 '거지'로 여기지 않으며, 자신 역시 이들의 '동료'이자 '친구'라는 생각을 하게 된다. 산드라가 동료를 만나며 시시각각 바뀌듯이, 동료들 역시 산드라를 겪으며 지속적으로 바뀐다. 똑같은 질문의 반복 속에서 차이가 생겨나는 이 과정이야말로 영화의 핵심이다. 중요한 것은 거대한 연대의 구호보다는, 각자가 서로를 마주보는 경험이라고 영화는 말한다. 일상적 삶이 바뀌는 이런 감각적 경험은 정치적 연대에 우선한다. 자신을 복직시키는 대신 한 노동자와 재계약을 하지 않겠다는 사장에게 산드라는 그건 또다른 해고일 뿐이라 쏘아붙이고 나와버린다. 얌전하고 수동적이던 그녀는 사장의 기만에 맞설 정도로 변한 것이다. 동료들과의 만남이 그녀를 잠 혹은 죽음 충동에서 깨웠고, 이제 그녀는 삶을 열망한다. 만남은 그저 만남이 아니며, 인생을 바꾸는 '투쟁'이다("여보, 우리 잘 싸웠지?").

그렇다고 이 영화가 낙관만을 강조하지는 않는다. 남은 동료들은 이후 또다른 '산드라'가 될 공산이 크다. 사장은 지극히 민주주의적인 형식인 투표를 제안함으로써 복직도, 해고도 노동자의 선택인 것처럼 보이게 만들었지만, 실은 사장이야말로 투표 결과와 상관없이 결정을 내릴 수 있는 이다. 민주주의는 '형식'이지만, 사장은 '내용'이다. 하지만 최종 심급은 사장 너머에 있으니, 곧 '아시아와의 가격 경쟁'이라는 자본주의 시장 자체다. 누구에게도 선택권은 없으며, 고용의 문제를 풀 '최종 해결책'은 보이지 않는다. 이것은 우리가 살고 있는 세계의 모습이자 가혹한 실재의 이미지다. 싸움을 끝내고 웃음 짓는 산드라의 뒷모습 이후로 까만 화면에 엔딩 크레딧이 떠오르면, 그녀가 걷는 거리의 사운드는 크레딧 너머로 계속 이어진다. 즉, 영화가 끝나도 현실은 이어진다. 현실은 녹록지 않으며, 한 번의 싸움으로 극복할 수도 없다. 이 막막함 속에 과연 '내일을 위한 시간'은 존재하는가? 감동의 신파 대신 비껴갈 수 없는 냉혹한 질문을 던지며, 영화는 현실 속으로, 우리의 현실 속으로 침잠해 들어온다.

2015. 01. 10.

〈내일을 위한 시간〉은 벨기에의 거장 다르덴 형제 감독, 세계적 배우 마리옹 꼬띠아르 주연의 영화로 국내에 2015년 1월 개봉되었다. 회사 동료들이 투표로 주인공 '산드라'의 복직 대신 보너스를 받기로 결정했다는 것을 알게 되자 일자리를 되찾고 싶은 그녀는 월요일 아침에 있을 재투표를 위해 주말 동안 16명의 동료를 찾아가 설득을 시작한다. 신자유주의 시대를 살고 있는 오늘날 우리에게 남은 희망은 사람들과의 연대라는 것을 설파한다. 유수의 영화제에서 작품상 및 여우주연상을 수상했다.

건강이라는
질병

최근 몇 년 사이에 더욱 영향력이 커진 주제가 바로 '건강'이다.
한국 사회의 미디어는 신문, 방송을 가리지 않고 건강에 대한
정보들을 끝없이 양산해내는 중이다. 텔레비전 채널을 돌릴 때마다
의사들을 부쩍 많이 보게 된다. 거의 모든 방송사에서 의사와
연예인을 함께 불러다 건강과 질병에 대한 '토크'를 한다. 의학과
엔터테인먼트가 결합한 이런 프로그램들이 가지는 영향력은 특정
과일값의 폭등과 품귀 현상이 잘 보여준다. 방송을 보며 건강에
대한 '경각심'을 가지게 된 시청자는 방송 후에 이어지는 암보험,
생명보험 광고의 행렬을 맞이해야 한다. 불안해진 시청자들은
자신의 '건강하지 않은 삶'을 걱정하며 보험 가입을 고려한다.
　　'건강한 삶'에 대한 미디어의 강조는 이처럼 지식(의학)과
쾌락(연예인)과 비즈니스(보험)가 결합한 종합적인 담론의 형태로

나타난다. 이 건강 담론은 오늘날 한국 사회의 거의 유일한 정언명령이다. 이는 다시 한국의 언론을 장악한 다른 프로그램 형식들과도 기꺼이 조응하는데, 이들이 궁극적으로 말하는 주제는 '성공'이다. 건강 토크쇼는 '신체적 성공', 힐링 토크쇼는 '정신적 성공', 막장 드라마는 '경제적 성공', 서바이벌 오디션 쇼는 '사회적 성공'을 이야기한다. 그중에서도 건강 토크쇼는 자본주의 사회에 사는 이들의 가장 근본적인 불안을 건드리는데, 이는 '아프면 돈이 무슨 소용이냐'는 말로 표현된다. 하지만, 돈이 없으면 아파서도 안 되는 게 현실이다. 건강 아니면 돈, 서로를 요구하며 갈구하는 이 두 요소는 우리 삶을 규정하는 절대적인 지표이며, 대중문화는 이를 서사화하는 지배적 형식이다.

　　건강에 대한 집착은 건강하지 않아 보이는 것에 대한 배제를 동반한다. 예민해진 사람들은 자신의 건강을 침범하는 것들을 미세하게 분류하기 시작하고 이 범위는 확장된다. 더러운 것, 표준에서 벗어난 것, 뚱뚱한 것, 약한 것, 위험한 것은 무차별적으로 공격당한다. 종이컵과 전자레인지와 담배 연기의 신체적 독성을 걱정하는 이들과 장애인, 성소수자, 비만 여성, 동남아 노동자, 전라도 출신, 진보좌파, 인문학 전공자들이 끼치는 정신적 독성을 걱정하는 이들 사이의 거리는 가깝다. 신체적·정신적·사회적·경제적 '건강'을 위협하는 것은 제거해야만 한다. '독소' '암 덩어리' '바이러스' '수술' 등의 용어는 의학을 넘어 박근혜 시대 들어 정치 용어로 사랑받는다. 건강에 대한 집착은 배제와 혐오를 수반함으로써 공존을 중시하는

민주주의와는 멀어진다. 이것의 극단화된 정치적 형식이
파시즘이라는 사실은 의미심장하다.

　　무슬림 청년들의 테러를 보며 우리는 쉽게 '이슬람
근본주의'를 비판하곤 하지만, 우리 자신의 '건강 근본주의'를
비판하지는 않는다. 근본주의가 가진 문제는 자신의 도그마
이외의 모든 것을 악으로 규정한다는 데 있다. 신체적 건강에
대한 한국인들의 집착은 거의 하나의 도그마, 하나의 근본주의가
되었다. 건강, 힐링, 웰빙에 대한 강조가 넘쳐나지만,
'무엇을 위해, 왜' 건강해야 하고, 잘 살아야 하는지에 대한 사유는
정지되어 있다. 건강, 그것은 누구도 의문을 제기할 수 없는
가장 근본적인 삶의 조건이기에 그렇다. 이런 식으로, 우리 삶은
점점 일차원적으로, 평면적으로, 사유가 필요치 않은 것으로
변해간다. 내 건강을 위협하는 모든 것을 제거하면서, 우리는
황폐해진다. 이슬람 근본주의자들에게 죽음이 구원인 것처럼,
건강 근본주의자들에게는 이 황폐함이 곧 건강함의 표상이다.
건강 담론의 역설이 바로 이것이다. 아도르노가 간파했듯,
"넘치는 건강은 그 자체로 이미 항상 병"이라는 것.

2015. 01. 31.

KBS의 〈비타민〉을 효시로 종편에서 우후죽순 생겨난 '건강 토크쇼'는, 연예인과 의사들이 출연하여 건강을 주제로 의학 상식 및 정보를 재미있는 토크와 함께 전달하는 일종의 인포테인먼트 [정보(Information)와 오락(Entertainment)의 합성어로 정보와 재미를 융합시킨 개념] 프로그램이다. MBN의 〈천기누설〉, 채널A의 〈나는 몸신이다〉 〈닥터 지바고〉, TV조선의 〈내몸사용설명서〉 〈닥터의 냉장고〉, JTBC의 〈닥터의 승부〉 등이 그 예다. 하지만 일부 의사들의 사견이 검증된 의학지식인 것처럼 포장되거나 방송에 등장한 의약품이 품귀 현상을 겪는 등 파급력이 크고, 유명세를 이용하여 건강기능성 식품을 파는 일명 '쇼닥터'의 문제도 발생해 의협에서 가이드라인을 만드는 등 논란도 발생하고 있다.

열정은
어떻게
작품이
되는가

김형주 감독의 영화 〈망원동 인공위성〉은 망원동 한 건물의 지하
작업실에서 송호준 작가의 개인 인공위성 프로젝트가 추진되는
과정을 따라가는 다큐멘터리다. 티셔츠 만 장을 만 명에게 팔아
1억 원을 마련해서 개인이 인공위성을 우주에 쏘아 올린다는
야심찬 프로젝트는 '세계 최초'였다. 한 작업을 카메라에 담으면서
이를 다시 영상 작업으로 만든다는 점에서 이 영화는 프로젝트의
프로젝트라는 이중적 성격을 가진다. '인간극장'류였다면 우여곡절
끝에 꿈과 희망을 일구는 개인의 성공담으로 마무리되었을 공산이
크다. 〈망원동 인공위성〉은 다르다. '세계 최초로 인공위성을
쏘아올린 개인'이라는 포장하기 좋은 메시지가 아니라 '꿈과
희망의 작업'처럼 보이는 일의 이면에 존재하는 고통과 외로움을
강조하는 것이다. 영화의 메인 카피("이것은 꿈과 희망을 전파하는

2015

일입니다")를 아이러니로 받아들여야 할 이유다.

　아무리 내가 좋아하는 일을 한다 해도, 일단 그것이 하나의 '프로젝트'가, '서사'가 된 이상 서사의 법칙에 종속되게 마련이다. 프랭크 커모드가 『종말 의식과 인간적 시간』에서 말하듯, 인간은 '시작-중간-끝'이라는 서사의 법칙 속에서 시간과 역사를 인식한다. '똑'이 있으면 '딱'이 있어야 하듯, 창조가 있으면 종말이 있어야 한다. 처음에 즐겁게 시작한 이야기도 결국 '데드라인'이라는 이름의 끝으로 가고, 그러다보면 끝의 압박은 처음의 이야기를 잡아먹곤 한다. 여기서 빠져나오기란 얼마나 어려운가. 티셔츠가 팔리지 않고, 발사일이 연기되고, 본체 제작이 어려움에 빠지면서 개인들의 참여를 통해 과학을 예술로 만들어낸다는 흥미로운 발상에서 시작한 인공위성 프로젝트는 압박으로 변한다. "내가 왜 이걸 시작했지?"라는 물음이 빈번히 등장하며, 나중엔 무조건 데드라인을 맞추기 위해 모든 것을 거는 프리랜서의 광기마저도 드러난다. '꿈과 희망의 전파'는 실제 작업 과정에는 없다.

　인공위성 프로젝트가 '예술'을 지향했음을 떠올린다면, 이 예술을 마지막까지 가능하게 만든 것은 사실 지난한 '노동'이었던 것이다. 영어에서 예술art과 장인artisan이 동일한 어원에서 나왔듯 예술과 기술은 다르지 않고, 예술의 상위 범주인 문화를 가리키는 영어인 'culture'는 밭을 가는 쟁기질cultivate에서 기원했다. 예술과 문화는 하늘에 떠 있는 고상한 작품으로 독립된 것이 아니라 땅을 파헤치는 수고를 수반하는 노동과 결합되어 있다.

예술에서 노동의 흔적을 제거할 때, 상황은 꼬이기 시작한다. 노동에 '창의력, 즐거움, 열정, 아이디어, 새로움'을 강조하는, 곧 노동을 예술화하는 우리 시대의 이데올로기가 겉으로는 멋져 보이나 실상은 착취로 귀결되는 것도 이 때문이다. 즐거움과 열정을 강조하며 노동에 대한 정당한 보상을 회피할 때, 즐거움과 열정은 기피 대상이 되기 시작한다. 자연스럽게 우러나와야 할 열정이 상품화되는 바로 그 순간(신자유주의), 열정 자체가 없어지는 이들(사토리 세대)도 등장하는 것이다. 한편에서는 열정이 광고되고, 다른 한편에서는 무기력한 잉여가 넘쳐나는 모순이 우리 시대를 규정한다. 핫식스와 우울증은 서로를 요청한다.

〈망원동 인공위성〉은 예술과 열정이 노동을 기반으로 함을 보여주면서, 동시에 자본의 상술과 어긋나는 과정도 함께 보여준다. 주인공의 프로젝트는 결국 성공하지만 마지막 장면에서 그는 망원동 작업실에 홀로 앉아 허공을 멍하게 쳐다본다. '성공적인 상품'이 되지 않은 열정은 고통과 허무를 받아 안을 줄 알고, 그 속에서 새로운 창조가 다시 솟아날 수 있을 것이다. '열정'이 '페이'와, '창조'가 '경제'와 결합되지 않고 그 자체로 남아 있을 때, 노동work은 작품work이 될 수 있을 것이다.

2015. 02. 28.

'사토리 세대(さとり世代)'는 욕망을 억제하고 득도한 것처럼 살아가는 일본의 젊은 세대를 말한다. '사토리'는 '깨달음, 득도(得道)'라는 뜻의 일본어. 2011년 일본에서 출간되어 2015년 국내에 번역된 『절망의 나라의 행복한 젊은이들』이라는 책을 통해 국내에도 보편화되었다. 일본의 사회학자 후루이치 노리토시는 이 책에서 '잃어버린 20년'이라 불리는 최악의 경기 침체 속에서 일본 젊은이들이 왜 행복한지를 풀어냈다. 그는 오늘날 젊은이들에게 더 바랄만한 미래가 없기 때문에 "어떠한 목적을 달성하기 위해 매진하는 것이 아니라 동료들과 어울려 여유롭게 자신의 생활을 즐기는 생활 방식"을 택하고, 그 결과 "사회라는 커다란 세계에서는 불만을 느끼지만 자신들이 머물고 있는 작은 세계에 대해서는 만족한다"고 적고 있다. 이러한 젊은이들을 향한 일본 기성세대의 비판에 저자는 단호하게 맞선다. 기성세대의 비판은 1900년대 일본이 전쟁을 벌이고 고도성장을 이룩하면서 젊은이를 자신의 입맛에 맞게 재단한 기성세대의 헛발질에 불과하다는 것이다. 지금 일본 사회를 이 지경으로 만들어놓은 기성세대가 민족주의라는 마법에서 풀려난 젊은이들, 국가에 삶을 바치는 대신 개인의 소소한 행복을 택한 젊은이들을 탓하지 말라는 것이다.

인공적
자양강장제

최근 몇 년간 생겨난 가장 강력한 예능 트렌드는 '체험'에 관한 것이다. 언제나 그렇듯 주인공은 연예인이다. 이런 프로그램들은 대개 셀레브리티로서 대중과 동떨어진 곳에서 살아가는 (것처럼 보이는) 연예인들이 자신들뿐 아니라 대중도 쉽게 접하기 힘든 일들을 몸소 체험하고 그 과정에서 이런저런 즐거움과 감동, 교훈을 유발하는 포맷을 가지고 있다. 연예인들의 체험 예능은 크게 네 가지 분야로 나뉜다. 농어촌, 육아, 오지, 군대가 그것이다. 체험의 장소나 소재는 달라도 효과는 동일하다. 이 예능 프로그램들은 궁극적으로 모두 정서적 '힐링'을 추구하는 데 힘쓴다.

'농어촌'이라는 공간은 언제나 힘들고 지치거나 혹은 실패한 이들을 따뜻하게 보듬어줌으로써, 이들에게 감정적 안정을 제공함으로써 그들이 다시 일어서서 도시라는 전쟁터로 나갈 수 있게 만든다. 도시의 편리함 대신 모든 것을 스스로 해결해야 하는 농어촌에서의 생활은 신체의 활력을 회복시킴으로써, 도시에서 우리를 기다리고 있는 무한 경쟁에서 '성공'할 수 있는 기초 체력을 만들어주는 역할도 한다. 〈삼시세끼〉에서 그려지는 농어촌은 정확히 이런 모습이다. 텃밭에서 야채를 뜯고·바다에서 고기를 잡아 손수 밥을 해먹고, 작은 방에서 도란도란 이야기하다 같이 누워 자는 경험을 통해 출연자들은 도시 생활에서의 정서적 피폐함과 신체적 피로를 회복한다.

이러한 '농촌'의 기능은 '육아'에서 동일하게 변주된다. 농촌이 그렇듯 남편/아빠가 아내/엄마 대신 아이를 키우는 일 역시 힘들지만 정서적 행복감을 선사해준다. 〈슈퍼맨이 돌아왔다〉라는 프로그램이 보여주듯, 아이를 키우는 연예인 남편/아빠는 연예 활동(도시)을 벗어나 육아 활동(농촌)에 하루이틀 전념하는 과정에서 그동안 도외시했던 다양한 감정 노동과 신체 노동을 겪음으로써 이전에 '몰랐던' 무언가를 깨달으며 행복해한다.

'리얼'을 표방하는 이 예능 프로그램들은 철저히 기획된 것이며, 이 기획은 도시-남성-노동자라는 한국 사회의 전형적 주체가 농촌과 아이라는 '타자'를 만남으로써 겪는 신체적 고됨과 이 고됨이 주는 정서적 행복감을 시청자에게 전달한다. 행복해지기 위해서 먼저 아픔, 고통, 힘겨움이 있어야 하듯이, 대중문화는 이 아픔과 고통, 힘겨움을 인공적으로 제공한다. 〈진짜 사나이〉(군대 생활)와 〈정글의 법칙〉(오지 생활)도 마찬가지다. 규율, 제한, 힘겨움의 무대라는 점에서 군대와 오지는 농촌과

육아의 또다른 반복이다. '힐링 예능'은 밀린 일을 위해 밤샘
야근을 준비하는 이들이 마시는 '핫식스'가 하는 것과 같은 역할을
한다고 할 수 있으니, 즉 다가올 '진짜' 고통을 어떻게든 견뎌내게
만드는 인공적 자양강장의 역할이 그것이다.

인공적 자양강장제가 필요한 이유는 대중문화가 필요한
이유와 같다. 노동과 경쟁으로 가득한 대중의 진짜 삶의 조건,
그 초라하고 치열한 삶의 모습을 짧지만 여운은 긴 상상적인
쾌락으로 채우고, 이를 통해 진짜 삶을 견뎌내도록 하기 위해서다.
'고통을 견뎌라'고 하는 것은 사업가 기질이 농후한 멘토들만의
몫이 아니다. 바쁘고 지친 우리들 '대신 놀아주는 사람' 역할을
하는 연예인들은 오지에서, 육아를 하며, 군대에 가고, 손수 밥을
지어 먹으며 이미 우리 삶에 만연한 고통을 새로운 차원에서
다시 경험한다. 새롭고 드물기에 그 고통은 그럭저럭 견딜 만한
것이 되며, 때로는 신선한 기쁨을 주기도 한다. 하지만 모든
자양강장제가 그렇듯, 그 인내와 기쁨은 더 본질적인 것,
즉 노동에의 전면적 몰입을 응원하기 위해서만 의미 있는 것이다.
물론 모든 대중문화가 이런 역할을 하지는 않는다. 노동을
소외시키면서 동시에 그것을 절실히 필요로 하는 우리 시대의
특징이 인공적 자양강장제를 끊임없이 요구할 뿐이다.

2015. 03. 21.

'리얼 버라이어티 쇼'는 리얼리티(reality)와 버라이어티(variety)를 합성한 단어로 예능 프로그램 장르 중 하나이다. 짜인 각본과 출연자들의 수위 높은 행동 등 기존 예능 프로그램의 단점을 보완해, 다양한 상황과 미션이 주어진 상태에서 출연자들이 생생하고 예상치 못한 웃음을 만들어내는 것이 특징이다. MBC 〈무한도전〉을 시작으로 각 방송사마다 다양한 영역-〈1박 2일〉(여행), 〈슈퍼맨이 돌아왔다〉(육아), 〈진짜 사나이〉(군대), 〈정글의 법칙〉(오지) 등-의 리얼 버라이어티 쇼가 제작됐다.

예능 속
아이,
예능 밖
아이

근대 이전에 그저 '작은 어른'으로서 그에 맞는 노동을 수행하면서
다양한 방식으로 '수난' 당했던 아이라는 개념은 차츰 고유의
권리를 부여받고 사회의 특별한 보호와 관심을 받아야 하는
존재로 위상의 변화를 겪었다. 아이는 사회의 미래로, 나아가
인류의 미래로 그려진다. 공익광고 포스터를 만들 때 환하게 웃는
아이의 사진이 필수적이라면, 아프리카의 고통을 말할 때 헐벗고
굶주린 아이의 사진도 필수적이다. P. D. 제임스Phyllis Dorothy
James의 소설 『칠드런 오브 맨』이 그리듯, 새로 태어나는 아이가
없는 인류에게는 미래도 없다. 전 세계적으로 아이는 미래, 희망,
꿈을 드러내는 기호로 활용된다.

　　　이러한 아이의 표상은 한국 사회에서도 동일하게 나타난다.
아이에 대한 강력 범죄는 국민적 공분을 자아내고, 아이를

방치하고 학대하는 가난한 가정의 이야기 역시 국민적 동정을 자극한다. 초등학생 여자아이를 강간 폭행한 중년 남자에 대해, 보육원에서의 아이 폭행 사건에 대해 대중이 얼마나 흥분했는지 되돌아보라. 흥분은 반대 방향의 감정에서도 일어난다. 〈오! 마이 베이비〉나 〈슈퍼맨이 돌아왔다〉 등 '육아 예능'에 등장하는 연예인 2세들에 대한 호감은 대표적이다. 송일국의 세쌍둥이 아들들과 추성훈의 딸은 온 국민의 사랑을 받는다. 요컨대 한국 사회에서 아이는 동정과 공분과 호감과 사랑을 자아내는 존재, 끊임없이 예찬되(어야만 하)는 존재로 재현된다.

하지만 아이에 대한 예찬은 정치성이 탈각되었을 때 비로소 가능한 것이다. '육아 예능' 속 아이들에 대한 호감은 '귀엽고 예쁘다'는 일차원적인 감각에서 나오고 거기에서 그칠 뿐이다. 고발 보도 프로그램에서의 아동 방치와 학대에 대한 동정과 분노 역시 마찬가지다. 호감이나 동정의 확장이 가닿는 최고치는 전자의 경우 '구매'이고(연예인 2세들을 등장시킨 광고), 후자의 경우 '자선'인데, 두 경우 모두 완벽하게 개인적인 감정의 차원, 곧 탈정치적인 차원일 때라야 가능하다.

아이라는 기호가 호감이나 동정을 넘어 '정치'의 영역에 들어올 때 예찬은 멈추고 논란이 시작된다. 세월호 참사에서 희생된 단원고의 아이들, 무상급식을 받지 못하는 경상남도의 아이들은 이 사회의 '예찬'이 가닿을 수 없는 영역에 존재한다. 진정 아이들이 '미래'이고 '꿈'이기에 예찬될 존재들이라면 세월호의 아이들에게, 경남의 아이들에게 이런 식의 대우를

할 수는 없다. 즉, 아이가 우리 사회의 희망이자 미래라는 말은, 오늘날, 오직 하나의 표어이자 제스처일 뿐인 것이다. 사회의 희망과 미래라는 지극히 정치적인 주제는 아이라는 기호를 통과하면서 완벽히 탈정치화된다. 아이에 대한 우리의 예찬, 우리의 애정 고백이 일차원적일 뿐 아니라 지극히 위선적인 이유도 여기에 있다.

아이라는 기호가 탈정치적으로 배치되는 방식은 지속적으로 변주된다. 한국 사회의 아이가 '청년'이 되면 그 청년은 온갖 멘토링 비즈니스의 소비자이자 최저임금 노동자이자 대학과 기업의 호구가 된다. 청년의 신체, 감정, 지성, 에너지를 모조리 뽑아 쓰기 위해 대통령과 재벌 총수와 멘토들은 다시금 청년이 우리의 미래이자 희망이자 재산이라고 소리 높인다. 이런 구조에 청년이 반항하는 즉시, 이들은 순수를 배신한 '정치적' 운동권으로 낙인찍혀 배제된다. 아이와 청년, 소위 우리 사회의 희망과 미래는 이런 식으로 철저히 소비되고 버려진다. 우리는 이러한 구조를 낱낱이 알면서도 개인적으로 적응하는 방식, 곧 내 '아이'를 승자로 기르는 방식을 택함으로써 이 구조를 온존시킨다. 그런 점에서, 〈슈퍼맨이 돌아왔다〉를 보며 외치는 '대한, 민국, 만세'는 한국에서 아이와 국가와 대중이 어떤 식으로 결합되어 있는지를 보여주는 의미심장한 구호다.

2015. 04. 11.

2015년 4월 홍준표 경상남도 도지사가 예산 부족을 이유로 경상남도에서 진행하던 학교 무상급식을 중단해서 논란이 일었다. 이후 경제적 능력이 있는 학생들의 급식비를 정부가 지원해야 하는지를 놓고 보편적 복지와 선별적 복지 간의 관점이 대립했다. 일부 학교에서는 도시락 싸기, 출석 거부 등의 방법으로 정책에 항의했고, 경남 도지사의 주민 소환 운동도 진행되었다. 학부모와 시민단체, 야당으로 구성된 '홍준표 경남지사 주민소환운동본부'는 진주의료원 폐업, 무상급식 중단, 성완종 리스트 등의 사유를 들어 주민소환 서명운동을 벌였다. 2016년 9월 26일 경상남도선거관리위원회는 홍준표 지사 주민소환투표 청구인 서명부를 최종 심사해 '각하'를 결정했다. 선관위는 2016년 8월 8일 서명부 심사시 유효로 결정한 24만 1373명과 보정, 재심사에서 유효 결정한 2만 1264명을 합산한 유효 서명부 총수는 26만 2637명이고, 무효는 9만 5146명이라 했다. 홍 지사 주민소환투표 청구요건인 27만 1032명(경남 전체 유권자의 10퍼센트)에 8395명이 부족한 것으로 선관위는 결정했다.

한편 홍준표 경남도지사는 2017년 3월 18일 대구 서문시장에서 자유한국당 대선주자로 대선 출마를 공식 선언하는 자리에서 "'성완종 리스트' 사건으로 대법원에서 유죄 판결을 받게 되면 고(故) 노무현 전 대통령처럼 자살을 검토하겠다"는 발언으로 논란을 불러일으켰다. 홍 지사는 성완종 전 경남기업 회장으로부터 불법 정치자금을 받은 혐의로 2016년 1심에서 징역형을 받았다가 2심에서 무죄를 선고받았다. 하지만 검찰이 대법원에 항소해 2017년 3월 현재 대법원의 최종심을 기다리고 있다.

'육아 예능' 속 아이들에 대한
호감은 '귀엽고 예쁘다'는
일차원적인 감각에서 나오고
거기에서 그칠 뿐이다.
고발 보도 프로그램에서의
아동 방치와 학대에 대한
동정과 분노 역시 마찬가지다.

•

아이라는 기호가 호감이나 동정을
넘어 '정치'의 영역에 들어올 때
예찬은 멈추고 논란이 시작된다.

•

세월호 참사에서 희생된 단원고의 아이들, 무상급식을 받지 못하는 경상남도의 아이들은 이 사회의 '예찬'이 가당을 수 없는 영역에 존재한다. 아이와 청년, 소위 우리 사회의 희망과 미래는 이런 식으로 철저히 소비되고 버려진다.

•

'지대넓얕'의 표상

역사적으로 '인문학'은 모든 대학의 토대이자 핵심이었다.
하지만 오늘날 인문학 대신 한국 대학을 사로잡고 있는 것은
'취직'이다. 소위 'SKY'에서부터 '인서울', '지잡대'에 이르는 한국
대학의 위계는 엄격하지만, 이는 취직이라는 정언명령 앞에서는
허물어진다. 취직하지 못한 채 졸업하는 한 'SKY' 명문대생은
졸업식장에 냉소하는 플래카드를 붙이고, 한 '인서울' 대학에서는
(취업) '경쟁력 있는' 학과만을 남겨놓을 수 있게 학과 체계를
없애는 구조조정 안을 만들었다 논란을 불렀다. 소위 '지잡대'를
배경으로 한 인기 웹툰 〈복학왕〉에서 학생들의 유일한 꿈은
'대기업에 취직하는 것'이다. 'SKY'와 '지잡대'의 차이는
그 이름값의 위계가 취직과 직결된다는 데 있다. 일류라는
이름값을 지키고 싶은 대학생과 하류라는 이름값에 주눅 든

대학생이 서로 나누는 멸시와 동경의 물결 역시 원인은 궁극적으로 자신들이 취직하는 곳의 이름값과 관련된다. 모두가 그 앞에서 불안을 공유한다.

실용 학문들에 비해 취업률에서 뒤처지는 인문학이 대학에서 당하는 굴욕은 이런 맥락 속에서 이해가능하다. 인문학을 공부하는 이들은 교수나 학생이나 '비판'만 일삼고 '학교 발전'에는 관심이 없으니 사라져야 한다는 식의 논의가 대학에서 공공연하게 제기되는 것이다. 확실히, 인문학은 '비판'을 자신의 업으로 삼고 있으며, '학교 발전'에 대해서도 역시 비판적이다. 왜일까? '인간이란 무엇인가'를 질문하는 인문학은, 인간의 복잡다단한 측면을 쉽게 판단할 수 없듯이 인간이 만들어내는 사회 역시 그렇게 간단하지 않음을 알기 때문이다. 인문학은 간단히 제시되고, 수용되고, 환호 받는 개념들에 언제나 의심의 눈초리를 보내며, 그것의 본질이 무엇인지를 따진다.

'비판'한다는 것은 천천히 꼼꼼하게 개념의 본질과 맥락과 역사를 살펴보는 일이다. 비판을 뜻하는 영어 'criticism'의 어원은 '양 갈래 길'이다. 양 갈래 길 앞에 선 사람은 위기crisis를 느끼지만, 여기서 그에게는 제대로 결정할 의무 역시 있다. '비판'은 그런 위기 앞에서의 결정을 의미한다. 인문학의 비판은 제대로 된 결정을 위해 먼저 제대로 읽겠다는 태도이고 자세다. 인문학이 텍스트 '읽기'를 핵심으로 삼는 이유도 여기에 있다. 인문학적 읽기의 테크닉과 비판적 자세가 없다는 것은, 그저 되는 대로, 세상이 흘러가는 대로, 편하게 살아가겠다는 것이다.

한국 사회에서 발생하는 거의 모든 사회문제들의 기저에는
바로 이런 반인문학적 태도가 있다.

　　인문학을 혐오하는 정서 저편에는 인문학을 상품화하고
대중화하는 흐름도 있다. 이 둘은 상반된 것처럼 보여도
사실은 동일하다. 연예인 패널이 없이는 제작되지 않는
텔레비전의 인문학 교양 프로그램에서부터 '콘서트'라는 이름을
붙여야만 하는 인문학 토크쇼나 강의에 이르기까지 오늘날의
대중적 인문학은 교양 판타지를 보너스로 제공하는 완벽한
'엔터테인먼트' 상품이다. 쾌락과 결합시킨 인문학 패키지는
지루하고 느린 읽기의 시간, 기존 질서를 해부하고 파헤치는
비판의 태도를 결여할 뿐 아니라 그것을 멀리한다는 점에서
인문학 혐오의 또다른, 하지만 훨씬 더 기만적인 판본이다.
『지·대·넓·얕』이라는 서점가의 '인문' 베스트셀러는 깊고 느리고
꼼꼼하게 파헤치는 인문적 읽기를 부정하는 방식, 곧 사유를
요점 정리로 대체함으로써 인문학을 팔아치운다는 점에서 오늘날
반인문학적 태도의 궁극적 표상이다. 취직, 발전, 경쟁력 구호
속에 담긴 이 '얕음'을 적극적으로 긍정하는 책과 대학과 사회.
이 긍정의 물결을 비참한 위기로 느끼며 끊임없이 거슬러가는
역설, 그것이 진짜 인문학이다.

2015. 05. 02.

'지대넓얕'으로 불리는 『지적 대화를 위한 넓고 얕은 지식』은 2014년 12월 출간된 인문교양서이다. 같은 해 4월부터 인기리에 연재하고 있는 동명의 팟캐스트(채사장, 김도인, 독실이, 깡선생 운영)를 엮은 책으로 역사, 철학, 과학, 예술, 경제, 윤리, 종교 등 다양한 분야의 지식을 쉽고 편하게 알려주는 콘셉트로 베스트셀러에 올랐다. 무거운 인문서와 가벼운 자기계발서 사이 중간자 역할을 한다는 긍정 평가와 얕은 지식만 얻을 뿐 인문학적 성찰로 이어지지 않는 독서 경험이라는 부정적 평가가 오갔다.

'시골의사' 박경철 씨는 《영남일보》 칼럼에서 "모두가 '고고한 척'하는 세상에 대놓고 이 책 한 권 읽고 '지적인 체하자'는 뻔뻔한 당당함에 후련함을 느낀 것"이라고 책의 성공 이유를 찾았다. 저자인 채사장도 언론과의 인터뷰에서 "『지대넓얕』의 방점은 '얕은 지식'이 아니라 '지적 대화'"라며 "제대로 된 진짜 대화가 부족한 시대에 다른 사람과 소통하며 대화를 할 때는 깊고 전문적인 지식보다는 교양과 인문학으로서의 넓고 얕은 지식이 필요하다"고 말했다.

'쿡방'은
무엇을
요리하는가

'먹방'의 인기와 더불어 생긴 '쿡방'은 '먹방'의 변주다. '먹방'이
음식을 먹는 상황 자체에 초점을 맞춘다면, '쿡방'은 그 음식을
만드는 상황에 집중한다. 예전에도 '요리 프로그램'은 고정적으로
편성되었다. 요리 연구가들이 나와 조용히 음식을 만들고, 영양을
설명하는 프로그램들. 지금의 '쿡방'은 과거의 요리 프로그램과
다르다. '요리 연구가'라는 어정쩡한 명칭은 '셰프'라는
전문가적 명칭으로 바뀌었다. 요리 연구가가 대체로 사십대부터
육십대까지의 여성이었다면, 셰프는 대개 삼사십대의
젊은 남성이다. 요리 프로그램이 음식의 조리 과정과 영양과
식단에 집중되는 일종의 '교양'이었다면, 쿡방은 연예인 MC의
사회와 흥겨운 음악과 토크와 웃음과 게임이 모두 버무려진
'엔터테인먼트'이다.

감각의 제국

2015

요리 프로그램을 대체한 쿡방의 인기는 요리라는 문화적 영역에서의 변화들과 맞물려 있다. 과거의 요리는 여성들의 '살림' 영역이었다. 요리 연구가가 '엄마'를 환기시키는 여성이었던 것은 이를 보여준다. 쿡방에 등장하는 젊은 남자 셰프는 이제 요리가 사적 영역을 넘어 전문지식이 필요한 영역으로 변모했음을 보여준다. 과거의 요리 연구가들이 한식 전통을 이어받는 '승계자'였다면, 현재의 '셰프'는 유럽과 아메리카의 유명 요리학교에서 유학을 마치고 한국에서 자신의 이름을 딴 레스토랑 체인을 가지고 있는 '전문가'이자 '사업가'이다. 쿡방에서의 인기는 셰프의 레스토랑 매출로 이어진다. 요리는 이제 지식-비즈니스가 되었다.

쿡방의 인기를 요리 연구가에서 셰프로의 변화로 설명할 수는 없다. 무엇보다 쿡방의 인기는 그것이 사실은 '요리' 프로그램이 아니라는 점에 기인한다. 이 엔터테인먼트의 기본 성격은 판타지다. 가지 않아도 가 있는 것처럼, 놀지 않아도 노는 것처럼, 먹지 않아도 먹는 것처럼 느끼게 해주는 판타지. 〈꽃보다 할배〉에서는 노동해야 하는 노인들 대신 배우 출신의 연예인 '할배'들이 아름다운 그리스를 여행하고, 〈무한도전〉에서는 학업과 알바에 쫓겨 많은 것을 포기하고 있는 청년들 대신 연예인들이 다양한 '도전'을 즐긴다. 신자유주의 노동사회의 '서바이벌'은 필연적으로 '힐링'을 짝패로 삼을 수밖에 없으며, 대부분의 예능은 우리 대신 경쟁하고 놀고 여행하고 위로 받는 일을 직업으로 삼는 연예인들을 통해서 두 임무를 동시에 수행한다. 쿡방은 이 둘의 결합이다. 그것은 '서바이벌 경쟁'이면서 동시에 스트레스를 푸는 '힐링'이다.

　〈냉장고를 부탁해〉가 그리듯, 셰프들은 편을 짜서 연예인의 냉장고 안에 있는 재료를 가지고 15분 동안 요리를 만들어낸다. 핵심은 요리를 하는 것이 아니며, 짧은 시간 동안 그럴 듯한 요리를 뚝딱 만들어내는 속도감과 그 결과에 대한 평가와 승패에 있다. 15분 동안의 요리 경쟁이라는 '서바이벌'은 냉장고 속 별것 아닌 재료가 한편의 '디시dish'로 재탄생하는 것을 지켜보는 데서 오는 '힐링'과 결합한다. 이 쿡방은 출연자들이 요리를 먹으며 감탄사를 내지르는 먹방으로 완결된다.

　먹방과 쿡방의 인기는 대중의 삶의 질이 더 나아졌음을, 시간과 여유와 취향이 풍부해졌음을 뜻하지 않는다. 그것은 오히려 신자유주의적 노동사회를 무너지지 않게 지지하는 대중문화가 '식욕'이라는 가장 일차원적 감각의 영역마저 판타지로 장악했음을 의미한다. 우리는 요리에 쏟을 시간이 없기에 쿡방을 본다. 이 역설의 근거는 '배달 앱'이다. 먹방과 쿡방이 많아질수록 배달 앱 광고는 미디어의 광고판을 도배한다. 쿡방을 보면서 배달 앱을 누르는 역설, 이것은 '요리'로 표상되는 일상의 실천이 이제는 미디어 재현과 상품의 세계, 곧 비즈니스의 세계에 의해 지배되고 있음을 말해준다.

2015. 05. 23.

2015

'먹방'과 '쿡방'의 시대다. 드라마, 예능, 교양을 막론하고 허기진 배를 채우며 음식을 맛있게 먹는 모습이 공중파와 케이블 방송을 타고 전국에 방영되고 있다. 사람들은 이에 열광하며, 자신의 SNS에 음식 사진을 찍어 올리고, 개인 인터넷방송 BJ들은 사용자들의 요구에 따라 카메라 앞에서 음식을 먹는다. '쿡방'은 'cook(요리)'과 '방송'을 합성한 신조어로 요리하는 과정을 보여주는 방송 프로그램이다. 유명 셰프(chef)들이 화려한 퍼포먼스로 대결을 벌이고 다양한 요리 팁을 알려주는 형식부터 일반인 참여자들이 상금을 걸고 요리 경연을 펼치는 오디션 형식, 고립된 농어촌에서 제한된 재료를 가지고 과제를 수행하는 형식이 있다. 〈냉장고를 부탁해〉〈마스터 셰프 코리아〉〈삼시세끼〉〈집밥 백선생〉 〈맛있는 녀석들〉〈수요미식회〉〈한식대첩〉 등이 쿡방과 먹방의 인기 프로그램이다. 쿡방 흥행은 '혼밥(혼자 밥 먹기)'과 스타 레시피 따라하기의 대중화 등이 원인으로 꼽힌다. 과거 주부 시청자를 대상으로 한 아침 방송의 요리 연구가가 40~60대 여성이었다면, 쿡방의 셰프는 대부분 해외 유명 요리학교에서 유학을 마치고 돌아온 30~40대의 젊은 남성이다. 전통적이고 한국적이고 일상적인 것에서 이국적이고 서구적이고 고급스러운 것으로의 변화를 보여준다. 방송에 출연한 유명 셰프들이 자신의 이름을 딴 레스토랑 체인을 가지고 있는 '사업가'라는 점도 특징이다. 셰프가 아닌 연예인을 주인공으로 한 쿡방은 '집밥' 형태를 띤다. 백종원의 〈집밥 백선생〉, 이서진, 에릭, 차승원 등이 출연한 〈삼시세끼〉는 '생활 밀착형 쿡방'의 성공을 가져왔다. 결과적으로 쿡방은 한국 사회의 욕망을 보여주는 문화적 형식이다. 고급스럽고 서구적인 것에 대한 대중의 욕망을 드러내고, 남성 셰프의 전문가적인 모습과 스타덤을 통해 남성의 공적노동과 여성의 사적노동이라는 성별 노동 분업의 현실을 드러내면서 동시에 감추고, 세계 최장의 노동시간 속에서 생존경쟁을 하는 대중을 힐링하는 문화적 서사에 그치고 있다는 비판도 있다.

여혐,
여혐혐

혐오란 '나'라는 견고한 경계를 구성하고 유지하기 위한 가장
기본적인 정동이다. 나의 안전을 해치고 위생 상태를 더럽힐 수
있는 것들에 대해 '본능적'으로 거부감을 느끼게 함으로써
생명을 유지하는 데에도 도움이 된다. 혐오의 정동은 사회로도
확장되어 작용한다. 사회의 법과 제도, 규범들을 지키기 위해서
그 사회가 용인할 수 없는 존재와 행위, 사고방식 등에 대해서도
집단적인 혐오가 작동하는 것이다. 한국 같은 이성애 중심의
가부장제 자본주의 사회에서 성소수자, 여성, 외국인 노동자,
장애인 등이 혐오의 대상이 되는 것은 일견 자연스러운 일이다.
이런 의미에서 혐오는 자연적이고 본능적인 것을 넘어서
문화적이고 사회적인 것이 된다.

　　혐오는 이미지의 문제이기도 하다. 즉 어떤 실체가 있어서

혐오의 대상이 된다기보다는, 사회가 만들어내는 이미지들 속에서 혐오의 대상이 구성된다는 말이다. 최근 인터넷에서 가장 핫한 이슈가 되고 있는 디시인사이드(이하 '디시') 메르스 갤러리(이하 '메르스갤')의 '여혐혐'(여성혐오에 대한 혐오)은 이 지점을 정확하게 보여준다. 여혐혐의 성지가 된 이곳의 시작은 사실 혐오와는 무관한 공간이었다. 그런데 홍콩에서 메르스 의심 환자 여성 2명이 격리 치료를 거부하면서 문제는 시작된다. 메르스갤은 (마치 기독교 우파가 메르스와 에이즈를 즉각적으로 연결하면서 동성애 혐오를 조장하려 들었듯이) 된장녀와 메르스 바이러스를 연결하면서 여성혐오 발언을 쏟아내기 시작했던 것이다. 주목해야 할 것은 어째서 혐오가 '격리 거부'가 아니라 '여성'을 향하느냐 하는 점이다. 격리 거부가 의사소통상의 오해에서 비롯되었다는 사실이 밝혀지지 않았다면 이내 '메르스녀'라는 신조어가 등장할 판이었던 셈이다. 여성혐오를 가능하게 하는 사회의 성별 위계와 성별 권력의 문제는 언제나 여성을 혐오의 대상으로 정확하게 골라낸다.

하지만 여성혐오가 생산하는 효과가 이미지의 영역에만 머물지 않는다는 것이야말로 두려워해야 할 문제다. 실제로 여성혐오 발화나 행위를 가능하게 하는 사고방식은 물리적인 폭력으로 이어지기 때문이다. 『남자들은 자꾸 나를 가르치려 든다』에서 리베카 솔닛Rebecca Solnit은 남자들은 아는 척하고 여자들은 그런 남자들을 배려하기 위해서 순진한 얼굴로 모르는 척하는 문화에 대해서 기록하면서(맨스플레인mansplain, man+explain) 이것이 어떻게 실제 여성에 대한 폭력을 묵인하고 조장하는 구조와 연결되어 있는지 설명한다. 여성이 자신의 말에 스스로 권위를 부여하지 못하고, 사회 역시 여성의 말을 신뢰하지 못하는 상황, 즉 여성에게 목소리가 주어지지 않은 사회에서 폭력에 대한 여성의 증언은 대체로 '미친 여자의 착각'으로 폐기처분되어버린다. 여성혐오가 판치는 사회에서 여성들은 매해 114명씩 남성 파트너에게 살해당하고 6,800명씩 데이트 폭력에 노출된다. 장동민의 여성혐오 발언에 대해 우리는 쉽게 '농담은 농담일 뿐'이라고 말하지만, 그런 농담은 기실 여성의 생명을 담보로 한다.

   그리고 드디어 메르스갤에서 여성들의 '반격'이 시작되었다. 지금까지 디시를 비롯한 다양한 인터넷 게시판에서 아무런 거리낌 없이 쏟아내던 온갖 여성혐오 발화들이 여성들의 것으로 전유되어 '남성혐오' 발화들로 쏟아지기 시작한 것이다. 흥미로운 것은 '남성혐오' 발화에 대한 디시와 남성들의 반응이다. 디시에서는 '욕설을 자제'하라고 요구하고 메르스갤 '여혐혐' 게시물을 대량 삭제했다. 남성들의 여성혐오는 유희가 되지만, 여성들의 (패러디로서의) 남성혐오는 유희가 될 수 없다는 것이다. 인터넷에서의 여성들의 반격에 주목해봐야 할 이유다.

2015. 06. 12.

'맨스플레인(mansplain)'은 '남자(man)'와 '설명하다(explain)'를 결합한 단어로, 남자가 여자에게 잘난 체하며 아랫사람 대하듯 말하는 것을 뜻한다. 《뉴욕타임스》 2010년 올해의 단어 중 하나로 선정되었고, 2014년 〈옥스퍼드 온라인 사전〉에도 올랐다. 리베카 솔닛의 『남자들은 자꾸 나를 가르치려 든다』를 통해 우리에게도 화두가 되었다.

솔닛은 이 책에서 "남자들은 자꾸 나를, 그리고 다른 여자들을 가르치려 든다. 자기가 무슨 소리를 하는지 알든 모르든, 어떤 남자들은 그렇다" "이런 현상은 길거리 성희롱과 마찬가지로 젊은 여자들에게 이 세상은 자기들 것이 아님을 넌지시 암시함으로써 여자들을 침묵으로 몰아넣는다"라고 적으며 일상에 가려진 권력과 위계에 의한 차별과 억압을 드러낸다. 잘난 척하며 가르치기를 일삼는 일부 남성들의 일화에서 출발한 이야기는 다양한 사건들을 통해 성별(남녀), 경제(남북), 인종(흑백), 권력(식민-피식민)으로 양분된 세계를 그려낸다. 이를 통해 여성이 사회에서 겪는 사소한 괴로움과 폭력으로 강요된 침묵, 폭력에 의한 죽음이 하나로 이어진 연속선이며, 우리가 마주하는 일상의 작은 폭력이 양분된 세계의 거대한 구조적 폭력의 씨앗임을 보여준다.

혐오는 이미지의 문제이기도 하다.
즉 어떤 실체가 있어서
혐오의 대상이 된다기보다는,
사회가 만들어내는 이미지들 속에서
혐오의 대상이 구성된다는 말이다.

　•

하지만 여성혐오가 생산하는
효과가 이미지의 영역에만
머물지 않는다는 것이야말로
두려워해야 할 문제다.

　•

실제로 여성혐오 발화나 행위를
가능하게 하는 사고방식은 물리적인
폭력으로 이어지기 때문이다.
장동민의 여성혐오 발언에 대해
우리는 쉽게 '농담은 농담일 뿐'이라고
말하지만, 그런 농담은
기실 여성의 생명을 담보로 한다.

●

'양념 반
후라이드 반'의
인간형

미국 TV 드라마 〈왕좌의 게임〉 시즌 5의 마지막 에피소드에서는
극의 한 축이었던 스타크 가문의 서자 존 스노우가 갑작스런
죽음을 당한다. 티리온, 대너리스와 함께 사랑을 받던 주인공이
이토록 쉽게 죽을 줄 예상한 사람은 없었고, 드라마 시청자들은
이 죽음 앞에서 슬픔보다는 허망함을 느꼈다. 주인공을 죽임으로써
시청자들을 충격에 몰아넣는 방식은 〈왕좌의 게임〉만이 아니라
다른 '영드'와 '미드'에서 최근 이미 트렌드가 되고 있다.

　　핵심은 '세상은 네가 생각하듯 돌아가지 않는다'는 데 있다.
〈왕좌의 게임〉〈보드워크 엠파이어〉〈다운튼 애비〉〈하우스 오브
카드〉에서 충격적 죽음을 맞는 주인공들은 모두 정의롭거나,
동정심을 끌어내거나, 올바른 가치를 가지고 있는 이들이다.
이들은 우리가 어려서부터 배운 가치관, 곧 '정의는 언제나

승리한다'거나 '착한 사람은 복을 받는다'는 등의 상식을 구현하고
있다. 시청자들은 이들을 자신과 동일시하며 몰래 응원하지만,
이들은 준비되지 않은 어느 순간 악한 자들에 의해, 혹은 승리와
성취가 다가온 그 순간 갑자기 죽음을 맞는다. 가치의 역전이,
진공상태가 펼쳐지는 것이다. 영미 소설에서 주드 폴리, 테스
더비필드, 에드나 퐁텔리에, 제이 개츠비의 죽음 역시 마찬가지다.
세상은 가혹하며, 착한 이들의 작은 소망은 그렇게 쉽게 이뤄지지
않는다. 이상주의 대신 펼쳐지는 현실주의는 이제 소설 대신
TV 드라마에서 더 큰 빛을 발하는 중이다.

　　세상은 우리의 정의, 이념, 가치, 동일시와 상관없이
잘 돌아간다. 내가 사랑하는 누군가, 또는 내가 죽는다고 해서
세상이 눈 하나 꿈쩍하는 게 아니다. 이것이 '가차 없음의 세계'에
대한 재현이 우리에게 주는 메시지다. 이 세계 앞에서
1970~1980년대 '진정성의 인간들'은 자신의 몸을 던진 바 있다.
하지만 그들의 죽음이 만들어낸 세상이 바로 지금 우리가
사는 세상이다. 여전할 뿐 아니라 더 가혹해졌다. 진정성이
사라져버린 뒤, 1990~2000년대의 '속물적인 인간들'은 이미
세계의 법칙에 적응했다. 가치가 아니라 생존이 정언명령이므로,
그냥 살아남는 것, 더 성취하는 것만이 최고의 가치다.
진정성이 허무를 준다면, 속물성은 역겨움을 준다.

　　이제 우리의 문화는 진정성도 속물성도 아닌 제3의 길을
내고 있다. '양념 반 후라이드 반'이라는 인기 메뉴처럼, 진정성과
속물성이 반반씩 섞인 그것의 이름은 '스마트 반 착함 반인

인간'이다. 이들은 기본적으로 사회가 원하는 분명한 자기성취를
이뤄낸 이들이다. 노력을 통해 돈, 명예, 인기, 지위 등을
얻어냈지만, 거기에서 그치지 않고 우리가 교과서에서 배웠던
올바른 가치관, 정의로운 시선도 함께 가지고 있다. 둘 중 어느
하나만 있어서는 안 된다. 성취만 있으면 속물적 인간이고, 가치만
있으면 진정성의 인간이다. 최근 손석희, 김제동, 최진기, 이재명,
박원순 등이 누리는 인기는 이를 보여준다. 종편에 출연하지만
그곳에서 기득권에 비판적인 얘기를 하고, 입시체제에 봉사하지만
그곳에서 개혁적인 시선을 내비치고, 제도권에서 성공했지만
그곳에서 송곳처럼 튀어나오는 사람. 4대강을 '녹조 라테'로
만들어놓고 테니스나 치러 다니는 사람도 싫고, 세월호에서
억울하게 죽은 가족을 위해 1년 넘게 천막을 차려 투쟁하는 사람도
힘들다. 우리에게 '도덕적 기쁨'을 주는 사람은 성취와 가치를
함께 가진 이들이다. 점점 부상하는 이 새로운 인물형은 성취도
못 이루고 가치도 없는 총체적 무능을 표상하는 박근혜의 세계,
착한 사람들은 다 죽어버린 이 '가차 없음의 세계'에 대응하는
인간형이다.

2015. 07. 03.

감각의 제국

2015

이재명은 변호사 출신의 정치인으로 현재 성남시 시장이다.

2015년 6월 메르스 사태 당시 성남에 양성 판정을 받은 환자가 발생하자, 이재명 성남시장은 SNS를 통해 관련 정보를 공개하여 메르스 괴담 확산을 막고 시민들의 불안을 해소하고자 했다. 환자나 양성 환자가 발생한 병원에 대한 정확한 정보를 공개하지 않았던 정부의 방침에 반하는 일이었다. 하지만 그는 "집단 감염병에서 가장 중요한 대응은 대중적 불안을 막는 것"이라며 "지자체의 특수상황에 따른 독자적인 집행 영역이 존재한다"는 뜻을 밝혔다. 한편 이재명 시장은 더불어민주당 19대 대통령 경선후보로 참여하며 대권 도전에 나섰다.

〈인사이드 아웃〉이
뒤집지
못한 것

피트 닥터Pete Docter 감독의 애니메이션 〈인사이드 아웃〉은
제목 그대로 '안팎을 뒤집어' 보여준다. 여기서 뒤집히는 '안'은
인간의 뇌, 정확히는 뇌에 위치한 감정들이다. 영화는 라일리라는
11살 소녀의 삶과 그녀의 뇌 속에 있는 의인화된 감정들(기쁨, 슬픔,
버럭, 까칠, 소심)을 교차해서 보여준다. 골자는 라일리의 내면에서
벌어지는 감정들 간의 상호작용 혹은 권력투쟁으로, '기쁨'과
'슬픔'의 갈등이 대표적이다. 행복만이 제일이라고 믿는 기쁨은
슬픔을 통제하려고 애쓰고, 슬픔은 쉽게 감정을 변모시키는
자신의 능력을 뻗치며 거기서 벗어난다. 갈등 끝에 기쁨은
슬픔에 푹 젖으면 기쁨이 피어날 수 있다는 사실을 깨닫는다.
노랑(기쁨)과 파랑(슬픔)이 손을 잡음으로써 녹색의 감정이
탄생하는 장면은 이 깨달음을 나타낸다.

픽사Pixar를 비롯한 디즈니Disney 애니메이션은 오늘날 가치의 변화들을 정확히 인지하고 있다. 소수자, 약자, 소외된 자를 보듬으면서 상생을 추구하는 것이 강자의 도덕임을 조용히 설파한다. 빙봉의 '희생'이 기쁨을 탈출시키는 것이나 무서운 피에로의 기억이 제때에 라일리를 깨우는 장면 역시 마찬가지다. 잊히는 기억들, 잊고 싶은 기억들도 나름의 긍정적 역할을 한다. 이 깨달음은 영화에서 성장 서사로 그려진다. 11살에서 12살이 되며 새로운 환경에서 적응하게 된 라일리의 성장과 그녀의 뇌 속, 슬픔을 껴안는 기쁨의 성장은 하나다.

정치적으로 올바른 도덕적 성장은 정치학자 웬디 브라운 Wendy Brown이 말하는 '관용'을 환기시킨다. 서구 제국의 통치 전략인 관용은 화합과 동반이라는 제국의 문화적 가치에 동조하는 이들에게만 베풀어지는 도덕이다. 그렇지 않은 이들은 근본주의자, 테러리스트로 호명되어 제거 대상이 된다. 제국이 관용을 채택하는 이유는 근본주의자가 사라지지 않기 때문이다. 흥미롭게도 이 영화에는 이슬람 국가나 북한같이 서구 글로벌 질서에 저항하는 근본주의자가 없다. 기쁨을 제외한 슬픔, 버럭, 소심, 까칠은 모두가 '부정적'인데도 서로를 돕는다. 큰 힘을 가진 슬픔이나 버럭도 근본주의자라기보다는 기쁨의 인정을 갈구하는 것으로 그려진다. 관용의 글로벌 질서란 이런 모습 아닐까.

긍정과 부정이 힘을 합쳐 '라일리'라는 주체를 조화롭게 운영하는 이 영화의 세계관은 그래서 샌프란시스코의 아이스하키장처럼 매끄럽기만 하다. 우리 모두가 몰두하는

스마트폰의 액정 화면과도 조응하는 이 매끄러움은, 그러나,
뭔가를 얼음장과 액정 화면 아래로 묻어버린 매끄러움이다.
기쁨과 슬픔이 손을 잡고, 긍정과 부정이 협력하지만,
궁극적으로는 그 조화가 '긍정'을 위해서만 작용하기 때문이다.
슬픔을 인정하는 것은 그것이 기쁨을 유발할 수 있다는 깨달음
때문이고, 버럭이 유용한 것은 그것이 유리창에 매달린 기쁨을
구해낼 수 있기 때문이다. 부정적 감정들은 라일리의 '제대로 된'
성장이라는 긍정에 봉사할 때 유의미한 것이다. 가출 직전에
라일리를 끝내 버스에서 내리게 만드는 힘, 신자유주의의 지식
IT 경제를 표상하는 샌프란시스코로 이주한 벤처창업자(후에
앱 개발로 백만장자가 될 수도 있을) 아빠에게 부담을 주지 않게
만드는 힘, 그리고 여기에 모든 감정들이 협력하는 영화의 서사는
쿠바를 받아들이면서 북한을 배제하는 미국과 그리스에게
기회를 주면서 강력히 구조조정하려는 유럽연합의 정책과
상통한다. 기존 체제에 근본주의적으로 저항하는 세력은 완전히
배제하면서 세력을 확장하는, 그리하여 기존 체제의 정치경제적
모순을 문화적 개방과 자유의 이미지로 덮어버리는 것.
〈인사이드 아웃〉은 우리 내부를 뒤집어 보여주지만, 이것만은,
이러한 우리 시대의 지배적 이데올로기만은 뒤집지 못한다.

2015. 07. 24.

영화 〈인사이드 아웃〉은 픽사에서 제작한 장편 애니메이션으로 칸 국제영화제에서 극찬을 받았다. 이사 후 낯선 환경에 적응하느라 바쁜 11살 소녀 라일리의 마음에서 '기쁨'과 '슬픔'이 이탈하면서 벌어지는 소동을 그렸다. '기쁨, 슬픔, 버럭, 까칠, 소심'이라는 다섯 가지 감정을 의인화하여 사람들이 흔히 겪는 감정 변화의 비밀을 찾아가는 과정이 설득력 있게 전개된다. 국내에는 2015년 7월 개봉, 500만 관객을 동원하며 역대 애니메이션 흥행 4위를 기록했다.

애국이냐,
국뽕이냐

광복 70년을 맞아 온 나라에 태극기가 휘날리고 있다. 광화문과
명동에는 십수 미터짜리 대형 태극기가 약속이나 한 듯 빌딩
중앙을 도배하고 있고, 거리에는 태극 문양 가로등이 걸려 있다.
'태극기'는 하나의 기호다. 이 기호는 누가 어떻게 쓰느냐,
어떤 상징을 담느냐에 따라 다양한 방식으로 전유될 수 있다.
똑같은 태극기가 민주주의의 기호가 될 수도 있고, 독재정권의
기호가 될 수도 있다. 현대사의 굵직한 사건들에는 모두 태극기가
등장하지만, 그 사건들을 보는 입장은 언제나 극단적으로
양분되어 있다. 친일파 척결 실패, 독재자 단죄 실패, 좌파에 대한
혐오, 냉전주의적 반북 감정 등으로 인해 한국인은 지금껏
단 한 번도 똑같은 의미를 담아 태극기를 흔든 적이 없다. 우리는
단죄 없는 역사, 합의되고 정리되지 못한 역사, 그래서 이제는

감각의 제국   **2015**

저마다 '자유'롭게 주장할 수 있는 '취향'이 되어버린 역사를
살아가며 저마다의 태극기를 흔든다.

지금 광화문과 명동에 펄럭이는 '태극기'는 이 뒤틀린
역사의 균열을 '애국심'이라는 추상적인 말로 덮어버리는 일종의
가림막 같은 것이다. 지나간 역사를 정면으로 응시하고 제대로
심판하는 일은 너무나 '근본적'이고, 그래서 불편하기에, 권력은
그저 태극기를 진열해 '대한민국은 위대하다'고 외칠 뿐이다.
역사는 불편하지만, 태극기는 편하다.

1천만 관객을 향해 달리는 영화 〈암살〉과 〈베테랑〉의
시원함 뒤에는 우리의 역사, 우리의 현재가 가시처럼 걸려 있다.
청산되지 못한 친일파라는 역사, 무소불위의 자본이라는 현재.
영화는 친일파를 직접 처단하는 독립운동가와 재벌에 맞서 끝까지
싸우는 형사를 그리며 시원함을 주지만, 악의 처단자로서의
독립운동가와 정의의 수호자로서의 형사야말로 우리가 지금껏
실제로 가져보지 못한 인물들이다. 그런 의미에서 두 영화는
현실에서 불가능했던 일을 상징적 영역에서라도 가능케 해
시원함을 주는 대중적 판타지다.

두 영화와는 달리, 거리의 태극기 물결은 상상도 재미도
주지 않는 판타지다. 오로지 갈등과 균열을 덮어버리기 위해
존재하는 태극기 판타지는 현실을 '그냥' 잊으라는 명령이다.
힘든 현실을 헤쳐 나가지 않고 그냥 잊고 덮기 위해 필요한 게
마약이라면 오늘 광화문과 명동의 태극기는 정확히 마약과 같은
것이다. 광복 70년을 맞은 한 재벌가 회장의 특별사면과 그 재벌이

소유한 회사 빌딩에 붙은 대형 태극기가 바로 그런 마약이다. 그냥 잊고 덮기 위해 필요한 태극기. 누가 만들었는지 모르지만, '국뽕'이라는 말은 태극기의 판타지 같은, 마약 같은 기능을 정확히 포착하고 있다.

영화가 상영되는 CGV 극장 광고에서도 태극기는 펄럭인다. "국민의 90퍼센트가 국기를 가지고 있는 나라. 세계 빈곤 국가 중 하나에서 세계 10위권의 경제 대국이 된 나라. 기름 범벅이 된 바다를 위해 100만 명의 자원봉사자가 달려가는 나라. 반세기 만에 GDP를 750배 성장시킨 나라. 700만이 광장에 모여도 단 한 번의 사고도 없던 나라. 당신이 살고 있는 이 나라는 누구도 하지 못한 일을 해낸 유일한 나라. 대한민국입니다." 이 진지한 광고 속엔 국가가 해낸 것만 있고, 하지 못한 것은 없다. 광고는 이렇게 다시 쓸 수 있다. "친일파와 독재자가 여전히 떵떵거리는 나라. 권력자의 자녀들이 미국 국적을 가지고 있는 나라. 경제협력개발기구OECD 1위의 노동시간과 자살률을 자랑하는 나라. 기름 범벅을 만든 재벌을 처벌하지 못하는 나라. 304명이 바다에서 죽어도 진실 규명이 되지 않는 나라. 노동자가 파업을 하면 벌금 폭탄으로 응징하는 나라. 당신이 살고 있는 이 나라는 누구도 하지 못한 일을 해낸 유일한 나라." 태극기가 펄럭이는 이때, '국뽕'이라는 말은 우리에게 국가의 이면을 같이 볼 것을 요청한다.

2015. 08. 14.

'국뽕'이란 '국가'와 '히로뽕'의 합성어로 자국에 대한 자긍심에 도취된 경향을 꼬집은 신조어다. 국수주의, 극단적 민족주의의 한 형태다. 인터넷 커뮤니티 디시인사이드(dcinside) 역사 갤러리에서 유래되었다. 심형래의 영화 〈디 워〉에 대한 맹목적 지지, 싸이의 〈강남 스타일〉 열풍, 해외에서 활동하는 스포츠 스타를 국가 위상과 동일시하는 태도 등을 말한다. 자국의 가치를 타자(他者), 특히 선진국으로부터 확인받으려는 행위로, 겉으로 드러난 자긍심의 기저에 국가에 대한 짙은 불안감이 깔려 있음을 의미한다.

우울증적인
투쟁

안국진 감독의 영화 〈성실한 나라의 앨리스〉는 어려서부터 성실히
공부하고 일한 여성 수남이 사회적, 개인적 조건의 변화 속에서
궁지에 몰리다 몇 차례의 살인을 저지르게 되는 이야기다. '열심히
일해도 행복해질 수 없는 세상, 행복해지고 싶었어요'라는 영화의
광고 카피는 수남의 살인 동기가 '행복해지고 싶다'는 욕망에
있다고 말한다. '행복해지려는 욕망'은 우리 시대의 자본주의가
가장 강조하는 '덕목'이기도 하다. 한국 사회에서 행복의 실현은
대출을 수반할 수밖에 없다. 공장 경리인 수남과 그녀의 장애인
노동자 남편이 행복해지기 위해 한 선택은 집을 사는 것이고,
집을 사려면 대출을 받아야 하며, 대출을 갚기 위해서는 하루종일
성실히 일해야 한다. 이 벅찬 노동의 시간은, 하지만, 결코 행복의
시간과 자연스레 연결되지 않는다. 우리는 모두 이를 알고 있다.

어떤 위대한 인문학 강사들은 이 단절을 강조하며 우리더러 자유롭기 위해 '백수'가 되라 조언하고, 어떤 쿨한 연예인들은 답답한 서울을 벗어나 제주도로 가라고 말한다. 하지만 '여공이 될 것이냐, 엘리트가 될 것이냐'는 실존적 선택 앞에서 '엘리트'가 되기 위해 '여상'에 진학한 수남 같은 여성에게 그런 말들은 그저 비현실적일 뿐이다. 그녀에게 달동네의 집 한 채는 가장 기본적인 삶의 기반을 표상한다. 문제는 수남의 '허위의식'이 아니라 아무리 일해도 집 한 채 가질 수 없는 '이상한 나라'의 현실이다.

이 영화는 2015년판 노동자 수난사로도 읽힌다. 기술 발전 앞에서 장인적 능력이 갑자기 쓸모없어진 노동자, 기계의 도구가 되어버린 노동자, 육체가 망가지자 정신도 함께 망가져버린 노동자들의 익숙하고 오래된 역사가 영화 속에 담겨 있다. 노동의 의미를 묻는 임흥순 감독의 영화 〈위로공단〉이 베니스 비엔날레에서 대상을 받는 시대에, 역설적으로 한국에서 '노동자'라는 단어는 좁게는 실패한 인생을, 넓게는 경제 발전의 걸림돌을 의미하게 되었다. 새누리당 김무성 대표의 노동자에 대한 인식은 천박하지만 엉뚱하지는 않다.

성실히 노동하면서도 행복은커녕 인간 대우조차 받지 못하며 졸지에 '사회악'이 되어버린 노동자들은 뭘 할 수 있을까? 이 영화는 자살 혹은 투쟁이라고 말한다. 기계에 손가락이 잘린 수남의 남편은 자살 시도를 하다 식물인간이 되고 ('불나방스타쏘세지클럽'의 명곡 〈불행히도 삶은 계속되었다〉를 들어보라), 남편의 병원비를 대려는 수남은 재개발 반대자들을 상대로 살인과 방화를 저지른다. 영화가 스스로를 부르는 이름인 '잔혹 살인극'은 궁지에 처한 노동자들의 악에 받친 반격에 가깝다.

　　흥미로운 점은 그 '반격' 혹은 '투쟁'이 자본이나 국가에 맞선 것이 아니라는 데 있다. 수남의 반격은 자기와 같은 처지의, 역시 '행복해지고 싶은' 다른 서민들을 상대로 저질러진다. 수남을 가장 밑바닥의 '을'로 만든 '갑'은 영화에서 보이지 않고, 오직 '을'이 다른 '을'을 죽이는 것만 보인다. 너무나 거대한 갑, 이제는 아예 억압자로서 모습조차 드러내지 않는 갑 아래에서 을들은 다른 을들과만 투쟁한다. 학생이 학생을 죽이고, 층간 소음으로 아랫집 사람이 윗집 사람을 죽이고, 정규직 노동자가 비정규직 노동자를 외면하고, 얼마 후에 백수가 될 여대생이 청소 아줌마를 모욕하는 이상한 투쟁들. 그런 의미에서 외부의 모순과 싸우다 지쳐 그 모순을 끝내 내면으로 끌고 들어오는 '우울증'적인 텍스트인 이 영화는 '행복'과 '희망'의 프로파간다 아래에서 모두가 자기 이웃을 상대로 경쟁하고 싸우고 죽이는 우울증적인 한국 사회의 알레고리이기도 하다.

－－－－－－－

2015. 09. 04.

〈성실한 나라의 앨리스〉는 안국진 감독, 이정현 주연의 영화로 2015년 8월 개봉됐다. 취업을 위해 14개의 자격증을 취득하고 대출을 갚기 위해 쓰리잡(three-job)까지 불사하는 성실한 주인공이 현실에 좌절하면서 복수를 다짐하는 내용이다. 스펙 경쟁, 내 집 마련, 재개발 열풍 등 한국의 뜨거운 이슈들이 등장해 성실함이 배반당하는 부조리한 사회를 보여준다. '헬조선'이라 불리는 작금의 현실과 그 속에서 살아남아야 하는 '오포세대'의 비극으로도 읽히며 관객들의 공감을 자아냈다. 전주국제영화제에서 한국 경쟁 부문 대상을 수상했고 다수의 해외영화제에 초청받기도 했다.

'아저씨'적인
폭력

미국에서 7년 동안 유학하면서 어떤 사람과도 나이 얘기를
한 적이 없다. 나보다 나이가 어리거나 많아 보이는 이들도 언제나
스스럼없이 대했다. 카페에서 우연히 만나 알게 되었던 폴은
나보다 20년은 나이가 많아 보였지만 우리는 그저 '친구'였다.
웃으며 인사하고, 각자의 일상을 나누고, 궁금한 건 서로 묻고,
도움이 필요하면 부탁했다. 나는 폴 앞에서 예의를 지켰고,
폴도 그랬다. 나이는 정말이지 아무 의미가 없었다.

　　귀국한 지 1년이 되었지만 나이 많은 이와 그렇게 마음 편한
관계를 맺어본 적이 없다. 한국에서 폴 또래의 50~60대 남자들은
주로 '아저씨'라고 불리는데, 이 아저씨들이야말로 곳곳에서 나를
힘들게 하는 사람들이었다. 전철에서 다리를 쩍 벌리고 있거나,
술에 취해 소리를 지르거나, 어깨를 부딪치고 말없이 당당히

가거나, 말을 나누는 순간 싸움이 생길 것만 같은 표정의 사람들.
슈퍼마켓에서 신용카드를 냈다고 구시렁대며 카드를 휙 던져
나와 말싸움을 벌였던 이도, 심야 시간이라고 신호를 안 지키며
고속도로 달리듯 과속하는 바람에 그냥 내려야만 했던 택시의
운전기사도, 장례식장에 와서 슬픔을 표하는 대신 촌수를
내세우며 일장연설을 해서 나를 분노케 했던 이도 아저씨였다.

아저씨들의 놀라운 당당함에는 몇 가지 근거가 있는 것
같다. 남자이고, 나이가 많으며, 지위가 있다는 것, 이 세 가지가
그들을 '아줌마'와 구별 짓는다. 아줌마에겐 '나이'만 있지
아저씨에게 있는 다른 두 가지가 없다. 가끔 눈살을 찌푸리게 하는
행동을 하지만, 아줌마는 남들을 윽박지르거나 공격적이거나
권위를 내세우는 일은 좀처럼 하지 않는다. 아저씨는 남성
중심적이고 상하 위계적인 한국 사회의 추악한 본질을
내면화했다. 그래서 그들은 자기보다 어리고, 지위가 낮고,
여자인 사람을 '맘대로' 대하는 데 있어 어떤 성찰도 결여한다.
성별, 나이, 지위는 아저씨에게 '힘'의 상징이다. 그는 가정과
직장과 국가의 가부장이다.

최근 작가 고종석이 여배우 에마 왓슨Emma Watson에게 쓴
공개편지와《조선일보》논설위원 김광일이 자신의 아들에게 쓴
공개편지 형식의 칼럼은 한국 사회 '아저씨'들의 면모를 정확히
보여준다. 다양한 곳에서 많은 활동을 하며 영향력을 떨치는
페미니스트 여배우에게 진부한 훈계를 던지는 고종석의 편지는
도대체 자신의 지식과 교양을 과시하지 못해 안달 난 아저씨가

어떻게 상황과 맥락을 초월할 수 있는지, '늙는다는 건 벌이
아니다'라며 박근혜 정부의 기만적인 노동 정책을 고생 모르는
청년들에 대한 훈계로 물타기하는 김광일의 편지는 극우신문
논설위원 아저씨의 현실 인식이 얼마나 시대착오적인지를
보여준다. 두 '성공한' 아저씨들과 거리에서 만나는 교양 없이
당당한 아저씨들 사이의 차이는 없다. 알량한 성별과 나이와
지위를 가지고 '어린 여자'와 '철없는 아들'에게 맘대로 훈계할
자격이 있다고 믿는다는 점에서 아저씨들은 모두 하나다.

　　이준익 감독의 영화 〈사도〉에 등장하는 영조의 모습은
한국 아저씨들의 폭력적 성향을 다른 방식으로 드러낸다. 영조와
사도세자 사이의 갈등과 비극적 결말은 단지 '원수가 될 수밖에
없는 왕가의 아버지와 아들'이라는 특수한 사례에 그치지 않는다.
아버지가 지키려는 가치를 벗어난 아들에 대한 아버지의 단죄는
21세기 지금 여기 곳곳에서 반복되는 중이다. 성과 세대와
계급이라는 영역에서 힘을 가진 이들이 힘없는 이들에 대해
가하는 '아저씨적인 폭력'은 한국 문화의 독특한 풍경이다.
서구의 68혁명은 기실 자신들의 '아저씨'를 처단한 약자들의
문화적 반란이었다. 뒤주에 갇혀 죽는 아들을 보며 우는
아버지에게 감동할 게 아니라, 그런 강력한 아저씨의 문화를
뒤엎을 문화적 반란이 절실하다.

2015. 09. 25.

〈고종석의 편지〉는 《경향신문》에 연재중인 고종석의 칼럼이다. 서간문 형식으로 연재되는 이 칼럼의 여섯번째 편지가 '에마 왓슨 유엔 여성 친선대사께'였으며, 이 칼럼의 논조가 '남자가 여자에게 잘난 체하며 아랫사람 대하듯 설명하는' '맨스플레인(mansplain)'의 전형이라는 비판을 받으며 화제가 됐다. 고종석의 글이 게시된 2015년 9월 20일로부터 1년 전인 2014년 9월 21일, 영화 〈해리포터〉 시리즈의 여배우 에마 왓슨은 뉴욕 유엔(UN) 본부에서 양성평등을 위한 캠페인 히포쉬(HeForShe)의 시작을 알리는 연설을 했다. '히포쉬'는 전 세계 많은 여성이 겪고 있는 불평등의 해소를 위해 10만 명의 남성들이 지지자로 나서줄 것을 호소하는 취지로 시작된 유엔여성기구(UN Women)의 캠페인이다.

남자이고, 나이가 많으며,
지위가 있다는 것, 이 세 가지가
그들을 '아줌마'와 구별 짓는다.
아줌마에겐 '나이'만 있지
아저씨에게 있는
다른 두 가지가 없다.

  •

아저씨는 남성 중심적이고
상하 위계적인 한국 사회의
추악한 본질을 내면화했다.

  •

성별, 나이, 지위는 아저씨에게 있어
'힘'의 상징이다. 그는 가정과 직장과
국가의 가부장이다.

　　　　•

알량한 성별과 나이와 지위를 가지고
'어린 여자'와 '철없는 아들'에게
맘대로 훈계할 자격이 있다고
믿는다는 점에서 아저씨들은
모두 하나다.

　　　　•

'교과서' 문제가 아니다

나는 이번 학기에도 스콧 피츠제럴드의 『위대한 개츠비』를
가르치고 있다. 소설의 모든 문장을 한 줄 한 줄 꼼꼼히 읽으면서
이로부터 미국의 역사에서부터 인간의 욕망, 나아가 사랑과
성공의 현재적 의미에 이르기까지 다양한 관점과 해석을 제시하고
훈련하는 수업이다. 이미 이 소설을 읽었던 학생들은 가끔 이렇게
말한다. "예전에 읽었을 때와는 전혀 다른 소설이라고 느껴져요."
그렇다. 소설을 읽는 기쁨은 이런 것이다. 이미 읽은 소설이라도
다른 시간에 다른 상황에서 다른 해석으로 다시 읽을 때 완전히
새로운 경험을 하게 되는 것. 읽을 때마다 새로운 생각과 감각을
주는 소설이야말로 위대한 작품이라고 일컬을 가치가 있다.

　　문학 비평에서 텍스트와 독자 혹은 비평가의 관계 역시
이런 것이다. 텍스트는 작가의 집필 의도나 관점에 의해 결코

고정되어 있지 않으며, 오히려 독자의 해석에 열려 있다. 독자의 읽기를 통해 비로소 텍스트는 살아 있는 텍스트로 만들어진다고 할 수 있다. 이는 역사와 철학 등 인문학 전체에도 해당되는 문제다. 역사history는 일종의 이야기story이며, '서사'의 형식으로 기술되는 '문학literature'의 일종이다. 비평가 프레드릭 제임슨 Fredric Jameson이 말하듯, 문학은 역사 속에서 생산될 뿐 아니라, 그것 자체가 역사의 알레고리이다. 나아가 문학과 역사는 공히 인간과 세상을 보는 철학적 관점을 담고 있으며, 철학은 흔히 문학과 역사를 소재로 삼아 논의를 전개한다.

역사교과서 국정화란 무엇인가? 그것은 5년 동안 국정을 위임받은 '한시적'인 정부가 한 나라 전체의 역사, 한 나라의 서사를 단 하나의 관점으로 볼 것을 강요하는 일이다. 어떤 선생이 『위대한 개츠비』를 읽는 자신의 관점을 '올바르다'고 말하면서 다른 해석은 모두 틀렸다고 강의한다면, 그런 강의는 당장에 없어져야만 한다. 그런 문학 강의는 역설적으로 문학을 죽이는 일이기 때문이다. 역사라는 서사에 대한 관점과 해석, 비평 역시 같다. 역사는 뒤흔들 수 없는 사실과 변화하는 시대정신에 유연하게 열려 있어야 하며, 오직 그럴 때만 역사는 살아 있을 수 있다. 하나의 관점으로 해석된 이야기의 강요는 결국 이야기를 죽이는 일이다.

문학이 항상 열린 해석의 자유를 누리는 것은 아니다. 1980년대 영문학에서의 '정전논쟁'이 보여주듯이, 문학은 '가르칠 텍스트와 배제할 텍스트'를 나누는 정치적 입장이 싸우는 전쟁터이기도 하다. '무엇을 가르칠 것이냐'의 문제는 언제나 관점과 관념을 장악함으로써 현실을 장악하려는 정치적인 문제다. 문학에서 이 정치적인 싸움은 학자들의 독립성을 인정하는 것으로 귀결되었다. 정치적 입장 차이가 불가피한 문제라면, 그 입장이 자유롭게 표현될 수 있도록 하는 게 결국 학문적 자유를 지키는 일이기 때문이다. 자신만이 옳다고 강요하는 순간 민주주의는 사라지며, 그와 더불어 문학도 역사도 사라진다.

역사교과서 국정화는 역사학자들만의 문제가 아니다. 그것은 인문학과 예술의 문제이고, 민주주의의 생사에 관한 문제다. 결코 진보와 보수, 여와 야의 대립 문제가 아니다. 대학에 돈을 던져주면서 학문을 입맛에 맞게 재편시키고, 희곡과 영화와 미술을 사상재판으로 만들어왔던 이 대통령과 정부가 이제 드디어 역사를 하나의 해석으로 단일화하려 한다. 그 야만성과 천박성은 딱 그 정부에 어울리는 것이지만, 그렇다고 우리가 단지 냉소할 수만은 없다. 문학과 역사와 예술에서 해석의 다양성을 지켜내는 것은 표현과 사상의 자유와 직결된 헌법정신의 문제, 민주주의의 문제이기 때문이다. '올바른 역사교과서'란 존재할 수 없다는 것, 오직 이것이야말로 지금 우리가 견지해야 할 '올바른' 관점이다.

2015. 10. 16.

2015년 10월 12일, 교육부가 역사교과서 발행체제를 현행 검정(檢定)에서 국정(國定)으로 전환한다는 내용을 포함한 '중·고등학교 교과용 도서 국·검·정 구분안'을 행정 예고했다. 2017년 중고등학교 신입생부터 중학교 '역사'와 고등학교 '한국사' 교과서가 국정 교과서로 바뀐다는 내용이다. 정부와 여당을 비롯한 찬성 측은 민간 검정 교과서가 가진 오류와 이념적 편향성을 바로잡는 일이라 주장하고, 사학계와 야권을 비롯한 반대 측은 정부가 개입하면 정권에 따라 역사 왜곡이 일어날 수 있다고 주장했다. 거센 반대 여론에도 불구하고, 2015년 11월 3일 역사교과서 국정화가 확정·고시되었다. 그러나 대표 집필진으로 초빙된 교수가 성추행 혐의로 사퇴하고, 집필진 구성 및 공개 여부를 놓고 논란이 이어지는 가운데 국정화 반대 투쟁이 계속되었다. 이러한 반대에도 불구하고 박근혜 정부는 국정 역사교과서를 공개했다. 박정희 정권의 성과를 강조하고 친일파의 친일 행적을 축소하는 등 편향된 서술이 드러나 국정교과서 반대 여론은 더욱 커졌다.

국정 역사교과서의 특징은 박정희 유신체제의 그늘보다는 성과를 강조하는 데 무게를 뒀다는 것이다. 친일파 기술 부분도 대폭 축소했다. 가장 쟁점을 불러온 1948년 8월15일은 '대한민국 정부 수립'이 아닌 '대한민국 수립'으로 기술됐다.

국정교과서를 주교재로 사용하는 연구학교는 경북 경산 문명고 한 곳에 그쳤다. 교육부는 보조교재 활용을 희망하는 학교 신청을 받았지만 83곳의 중·고교가 신청했다. 전국 중·고교의 1.42퍼센트에 불과한 수치다. 전국에서 유일하게 국정 역사교과서 연구학교로 지정된 문명고 학부모들은 법원에 '국정 역사교과서 연구학교 지정 처분 효력정지(집행정지) 신청'을 제출했고 법원은 이를 받아들였다.

우리에게
미래는
없다

서울 통의동 정림건축문화재단에서 '재난포럼'을 진행한 지
2주차가 지났다.(12월까지 매주 계속된다.) 나도 한 회를 맡아서
재난과 파국이라는 '부정성'에 대한 강의를 한 바 있다. 놀라웠던
점은 포럼에 참석한 청년들의 모습이었다. 재난과 파국이라는,
한국 사회에서는 생경할 뿐 아니라 비주류적인 담론에 대한
이들의 진지함은 심지어 숙연함을 느끼게 할 정도였다.
꿈과 희망을 느끼라고 강요당하다시피 하는 이 청년들이
왜 그 반대편에 있는 파국과 재난에 관심을 가질까?

    강의실에서도 마찬가지다. 아메리칸드림의 의미와 양상을
다루는 수업에서 학생들은 코리안드림에 대한 발표를 진행했는데,
이들은 코리안드림과 '금수저, 흙수저 계급론'의 관계에 대해
진지하게 고찰했다. 청년 실업, 치열한 경쟁, 태생적 한계 등에

대해 학생들은 정확하게 인식하고 있다. '헬조선'이라는 말의
유행은 이런 인식을 드러내지만, 동시에 정치적인 방식의 변화에
대한 믿음은 여전히 약하다는 사실도 함께 보여준다.

절망에 대한 청년들의 관심과 인식은 결국 미래에 대한,
더 정확히 말하면, '미래 없음'에 대한 인식이다. 미래가 불확실성,
즉 '어떤 일이 펼쳐질지 모르기에 가능성 역시 상정할 수 있는
시간'에 대한 개념이라면, 오늘날 청년들에게 미래는 너무나
'확실'하기만 하다. 종신형을 받은 죄수에게 미래라는 개념이
아무런 의미가 없듯이, 흙수저를 물고 태어난 청년들에게 미래란
확실히 예상 가능한 어려움의 연속으로 그려지는 것이다.
그래서 역설적으로, 미래는 있지만 미래는 없으며, 그 미래 없음에
대한 인식이 현재의 절망을 불러온다.

좀더 큰 그림 속에서, 미래 없음에 대한 인식은 자본주의가
만들어낸 문명생태계의 결과로 볼 수 있다. 15세기 이래
자본주의는 쓸 수 있는 한 모든 자원을 뽑아내고, 할 수 있는 한
모든 인간을 노예나 노동자로 변모시키며 발전했다. 인류사에서
자본주의의 역사적 전개과정은 자연nature과 인성human nature
모두를 착취하고 변화시켰다. 이 500년의 역사는 지구라는
행성 자체를 모조리 소모하는 방식의 역사라고 할 수 있다.
더이상 착취할 '프런티어'가 사라진 자본주의는 여전히 '미래'를
말하지만, 실은 예전처럼 미래가 그 자리에 순순히 있어주는 게
아닌 상태가 되었다. 쓰나미, 온난화 등의 기후변화와 전염병의
창궐, 사회적 갈등의 폭발 등은 자본주의가 변화시킨 생태계

전체의 불균형 속에서 설명되어야 한다.

한국 사회에서 이미 경향화된 청년 비정규직 및 프레카리아트 precariat(불안정한 precarious과 프롤레타리아트 proletariat를 합성한 조어)의 급증은 미래 없는 자본주의가 만들어낸 결과이고, 이러한 상황은 문화적으로 영속화된 불안과 절망 상태를 낳고 있다. 재벌집단에 대한 규제나 노동자에 대한 보호 장치를 완전히 풀어버린 채로 작동하는 한국 자본주의는 더욱 심각하다. 한국이 시리아의 난민을 받지 않는 이유는 혹시 이미 한국이 자국 출신 난민으로 가득차 있기 때문이 아닐까? 미래가 보이지 않는다는 점에서 시리아 국민이나 한국의 청년이나 같은 '난민'일 테니까.

이런 상황에 대한 인식도 정책도 결여한 무능하고 못난 대통령과 정부가 하고 있는 일이라는 게 '역사교과서 국정화'다. '미래 없음'의 문제를 진지하게 사유하면서 청년의 불안을 해결할 방도를 마련하지 못하는 이들은 그래서 '과거'로만 회귀하려 한다. 이들이 '헬조선'이라는 말을 '역사교육의 좌편향 문제'로 인식하는 것은 이 때문이다. '미래'가 중요한 시점에 '과거'로, 그것도 독재시절의 퇴행적 과거로 돌아가는 이 정부야말로 진정 '미래'가 없다. 대통령의 임기가 2년이나 남았지만 우리에게 미래가 있다고 느껴지지 않는 이유다.

2015. 11. 06.

'흙수저'는 출신 환경을 수저로 빗댄 '수저계급론'에서 하층 계급
(흙 묻은 수저)을 일컫는 말이다. '수저계급론'은 최근 청년층 사이에서
유행하는 신조어로, 부모의 재산과 사회적 지위에 따라 계층을 금수저,
은수저, 동수저, 흙수저로 나눈다. SNS상의 기준에 따르면 '흙수저'는
부모의 총 자산이 5천만 원 이하인 경우, 또는 가구의 연소득이
2천만 원 이하인 경우이다. '흙수저'는 계급이 고착되어가는 한국의
사회구조 속에서 자신의 노력만으로는 계층 상승이 불가능하다고
보는 젊은 세대의 자조와 열패감을 반영하는 단어라 할 수 있다.

응8,
혹은
지나간 것의
의미

〈응답하라 1988〉(응8)은 제목이 말해주듯 과거를 '불러내는'
드라마다. 이 시리즈에서 가장 중요하게 다뤄지는 것은 '고증'이다.
지나간 시절의 세세한 일상을 손에 잡힐 듯 재현함으로써,
이 시리즈는 서사가 시작되기도 전에 이미 우리를 몰입시킨다.
이 놀라운 성실성은 훌륭한 만듦새로 과거의 문화를 재현해내는
드라마의 한 '장르'로서의 〈응답하라〉 시리즈에 어떤 종류의
권위를 부여한다. 〈응답하라〉 시리즈가 비판을 받는 지점도 이와
관련되어 있다. 과거를 불러내는 일이 개인적이고 대중문화적인
'향수'의 자극에만 머문다는 것이고, 그것이 여러 과거의 모순이
해결되지 않은 채로 중첩되어 있는 한국 사회의 현재에서는
일종의 '퇴행'이라는 것이다.

　　하지만 과연 향수는 그저 '퇴행'이기만 할까? 주인공

가족만이 중심이었던 전작들과 달리 쌍문동에 사는 네 가족의 삶을 각각 비중 있게 묘사하는 〈응답하라 1988〉의 경우, 가족, 친구에서 이웃과 사회, 국가까지 서사를 확장시키면서 평범한 소시민의 삶에 거대한 시스템이 어떤 영향을 미치는지를 드러내는 데 정성을 쏟는다. 대학생 성보라의 시위와 체포 장면 에피소드는 그 시절 대학생의 정치의식과 가족의 갈등을 보여주지만, 동시에 개인과 가족의 절절한 갈등을 만들어낸 주체가 곧 정당성 없는 권위주의 정부였다는 사실을 보여준다. 가족 앞에서 "잘못한 게 없다"고 소리치던 보라가 경찰 앞에서 딸을 지키는 어머니의 피에 젖은 엄지발가락을 보면서 "잘못했어요"라고 말하며 자수하는 장면은 진짜 '잘못한' 쪽이 어디인지를 시청자에게 묻게 만든다.

무엇보다 〈응답하라 1988〉에서 의미 있는 장면들은 쌍문동 이웃들 간의 '정'에 관한 묘사들이다. 음식을 이웃과 나누고, 학용품을 친구에게 빌리고, 서로의 고민을 힘닿는 데까지 해결해주는 장면들은 그저 배경으로 쓰이는 게 아니라 오히려 가장 핵심적인 서사의 요소다. 이런 공동체가 존재했기에 공부 못하는 여주인공도, 오타쿠인 6수생도, 소통 능력이 없는 천재 바둑기사도 각자의 자리를 찾을 수 있었다. 어쩌면 이것은 지나간 시절에 대한 판타지에 가까울지 모른다. 하지만 이웃, 친구, 가족, 타인 사이의 연대에 대한 유토피아적 믿음은 절망의 시대를 사는 우리가 어떤 '희망'을 꿈꿔야 하는지 보여주는 소중한 밑그림이기도 하다. 〈응답하라 1988〉에서 국가는 이러한 유토피아적 믿음을 위협하는 힘이다. 잘못한 것 없는 시위 대학생이나 쫓아다니는 너절한 국가에서도 인민들 각자는 이렇게 서로 도우며 끝까지 살아내는 것이다. 지금은 그리 많이 달라졌는가?

과거에의 '향수'는 현실도피이지만, 동시에 우리가 잊어버린 현재와 미래를 비추는 등불이기도 하다. 부자와 빈자가 서로 돕고, 전교 1등과 999등이 친구가 되고, 이웃의 상처가 외면당하지 않는 유토피아적 이야기는 기실 인민들이 꿈꿔왔던 '좋은 세상'에 대한 이미지 자체다. 이러한 이미지 없이는 운동도 변혁도 애초에 불가능할 것이다. 〈응답하라 1988〉의 향수는 '좋은 세상'에 대한 집단적 향수다. 정치도 경제도 사회도 이미 망해버린 세상이지만, 대중문화는 이러한 급진적이고 집단적인 감각을 보존하고 강화하는 근원적 힘을 갖고 있다. 이러한 감각의 힘이야말로 대중문화가 가진 정치적 힘이다. "지나간 것은 지나간 대로 그런 의미가 있죠"라는 드라마 주제가의 가사는 결국 이렇게 이어진다. "새로운 꿈을 꾸겠다 말해요."

2015. 11. 27

〈응답하라 1988〉은 2015년 11월 6일부터 2016년 1월 16일까지 tvN에서 방영된 드라마다. 2013년에 방영된 〈응답하라 1994〉의 후속작으로 시리즈의 세번째 작품이다. '응팔'이나 '응8'로 불린다. 2016년 1월 16일 방영된 최종회가 평균 시청률 19.6퍼센트, 최고 시청률 21.6퍼센트를 기록하며 케이블 텔레비전 프로그램 중 역대 최고의 시청률을 기록했다. 이 드라마로 박보검(최택), 이혜리(성덕선), 류준열(김정환), 류혜영(성보라), 안재홍(김정봉), 고경표(성선우) 등이 스타로 떠올랐다.

재난,
세월호,
애도

우리 시대는 '재난의 시대'다. 재난은 세계화되어 있는 오늘날
우리에게 곧바로 당도한다. 원자력발전소 폭발, 테러리즘,
금융 위기 등에는 사실상 국경이 없다. 뿐만 아니라 한국을 숙주로
하는 재난의 가능성 역시 상존한다. 남북한의 위기는 한국을
넘어 동남아, 세계 전체의 위험요소다. 각 지역의 공장에서는
이따금씩 폭발 사고가 일어나고, 서울의 지하철은 빈번히
승객들을 대피시키고, 비정규직을 전전하는 노동자들의 자살
소식은 끊이지 않는다. 좁은 공간에서 사람들이 촘촘하게
살아가는 이 땅에서는 아주 작은 충격파만 생겨도 거대한 격변이
발생할 가능성이 농후하다.

  재난은 상실을 전제한다는 점에서 정동情動, affect을 동반할
수밖에 없다. 프로이트가 말하듯이 상실과 슬픔에서 기인하는

애도는 대상과의 기억으로 인해 유발되는 심리적 고통을 일컫는다. 하지만 애도의 고통이 심리적 차원에서만 끝나지는 않는다. 애도의 행위가 죽음을 만들어낸 거대한 질서를 인식하게 될 때, 애도는 외적이고 사회적 차원의 투쟁으로 격상될 수 있는 것이다. 주디스 버틀러가 말하듯 "애도는 자신이 겪은 상실에 의해 자신이 어쩌면 영원히 바뀔 수도 있을 것이라는 점을 받아들일 때 비로소 일어난다." 이때 이 '바뀜', '전환'을 만들어내는 애도는 석연치 않은 죽음의 이면을 캐내려는, 밝히려는 행동을 가리키는 이름이 될 수 있다. 요컨대 애도는 개인의 슬픔을 지칭하지만 언제든 정치적 행동이 될 수 있는 가능성도 함께 가진 정동이다.

애도라는 정동이 정치적 행동의 성격을 가지려면 세 가지 요소가 필요하다. 희생자가 눈에 보여야 하는 가시성, 죽음을 유발한 원인에 관한 책임소재의 확정, 마지막으로 상실을 만들어내지 않도록 할 제도적 변화의 요청이 그것이다. 재난으로 인한 국민적 애도는 이렇게 슬픔을 관통하면서 사회의 구조적 모순을 극복할 기회를 열어젖히는 정치적 성격을 갖게 된다. 세월호 사건을 국가가 받아들이는 과정에서 이 세 가지 요소 중 오직 한 가지, 곧 '희생자의 가시성'만이 드러났다. 책임소재의 확정도, 제도적 변화의 요청도 거리에서는 발화되고 있으나, 법과 행정의 영역에서는 축소되거나 사라졌다. 청문회에서 드러났듯 책임은 선장과 선원들에게만 전가되는 중이고, 제도적 변화는 아무것도 없다. 오히려 문화예술계에서는 세월호를 연상시킨다는 이유로 연극과 공연에 대한 지원이 중단되는 일들이 생겨났다.

즉, 재난을 통한 애도의 정치적 가능성이 '자동적'으로 실현되지는 않는다는 게 언제나 문제다. 재난을 통한 애도의 정치 혹은 정치적 애도가 구조적 변화에 대한 요구와 급진적 행동으로 이어지기 위해서는 애도로 표상되는 '슬픔'의 정동이 '열정' '분노' '광신'과 같은 적극적인 정동을 동반해야만 한다. 세월호 직후, 세월호 1주기 때 그러한 결합이 있었지만, 쉽게 사라져갔다. 우리 시대는 재난도 만들어내지만 정동도 만들어낸다. 20세기 이후 정동은 언제나 관리되는 대상이었고, 인지능력 자체를 에너지원 삼아 작동하는 오늘날의 신자유주의적 자본주의는 극도의 조증과 극도의 울증 사이를 번갈아가며 인간을 소모시킨다. 기쁨, 행복, 긍정의 정동이 강조되고 강요될수록 슬픔과 우울의 정동 역시 번창한다. 두 극단 모두 사회적 문제를 개인의 문제로 환원시킨다. 애도의 정치적 가능성이 정치적 불가능성과 얽혀 있는 것은 이 때문이다.

2015. 12. 18

2014년 4월 16일 오전 8시 50분경 전라남도 진도군 조도면 부근 해상에서 여객선 세월호가 전복되어 침몰했다. 이 사고로 경기도 안산시 단원고등학교 학생 등 304명이 사망하였다(시신 미수습자 9명 포함). 세월호의 핵심 승무원들이 승객들을 남겨두고 먼저 탈출하고, 실종자 가족들이 해경과 해군을 믿지 못하고 민간 잠수부 투입을 요구하는 등 한국 사회의 축소판이라는 분노와 성찰이 이어졌다. 그날 이후, 피해 가족은 물론 많은 국민들이 트라우마에 시달리고 있고, 개인의 삶과 우리 사회 전체를 되돌아보게 한 중요한 분기점이 되었다. 2017년 3월 10일 헌법재판소의 탄핵심판 선고에서 재판관 김이수와 이진성은 박근혜 전 대통령의 세월호 7시간을 파면 사유로 인정하지 않았지만 "헌법 및 국가공무원법에 따라 대통령에게 부여된 성실한 직책수행 의무를 위반했다"는 기록을 따로 남겼다.

우리 시대는 '재난의 시대'다.
원자력발전소 폭발, 테러리즘,
금융 위기 등에는 국경이 없다.
재난은 상실을 전제한다는 점에서
'애도'라는 정동情動을 동반한다.

　　　•

애도의 행위가 죽음을 만들어낸
거대한 질서를 인식할 때,
애도는 외적이고 사회적 차원의
투쟁으로 격상된다.

　　　•

애도는 개인의 슬픔을 지칭하지만
정치적 행동이 될 수 있다.
재난으로 인한 국민적 애도는
슬픔을 관통하면서 사회의
구조적 모순을 극복할 기회를
열어젖히는 정치적 성격을 갖는다.

•

우리 시대는 재난도
만들어내지만 정동도 만들어낸다.
신자유주의적 자본주의는
극도의 조증과 극도의 울증 사이를
번갈아가며 인간을 소모시킨다.
두 극단 모두 사회적 문제를
개인의 문제로 환원시킨다.

•

2016

혐오의
이면

해방 이후 한국 사회는 '혐오' 없이는 작동할 수 없는 기계처럼
끊임없이 혐오를 필요로 했다. 1970년대 이후에는 '전라도'와
'빨갱이'('북한'의 변주)가 박정희 및 전두환 독재정권의 존속을 위해
혐오되어야 했고, 1990년대 이후 현재는 여성과 동성애자, 장애인,
비정규직, 동남아 노동자 등으로 혐오의 대상이 확장되어가는
중이다. 분단과 냉전 체제는 북한을, 독재 체제는 전라도와
빨갱이를, 신자유주의적 자본주의 체제는 취약하거나 소수인
주체들을 혐오의 대상으로 요청한다. 가상의 적을 설정함으로써
내부의 구조적 모순을 가리는 방식. 핵심은 혐오의 대상이 사실은
'죄가 없음'을 증명하는 데 있다기보다 혐오를 요청하는 구조적
메커니즘, 즉 시스템을 살피는 데 있다.

하지만 오직 앞으로 달려가는 것만 아는 이 눈먼 자본주의는

시스템의 일을 사적인 문제로 뒤바꾼다. 자, 무한경쟁에서의 생존이 삶이라는 무대의 유일한 장치가 되었고, 이 무대 위에서의 승패는 모조리 개인의 책임이 되었다. 조금만 한눈팔면 '루저'가 될 수 있는 이 살벌한 세상에서 개인들이 '정상적으로' 살기 위해서는 그들의 무차별적 생존 경쟁 과정을 정당화해줄 이데올로기가 필요하다. '긍정'에 대한 믿음, '승자'에 대한 찬양, '힐링'의 필요 등이 이런 이데올로기들이다.

　　이러한 관념들은, 그러나, 지독히도 어두운 그림자를 동반할 수밖에 없다. 긍정적이지 않고 부정적이며 비판적인 이들, 승자가 되지 못하고 패배한 이들, 그러면서 권리를 주장하는 이들, 힐링 대신 기존의 구조를 문제 삼으며 변혁을 외치는 이들에 대한 혐오가 있어야만 하는 것이다. 긍정과 열망과 희망이 과도하게 예찬되는 사회는 반드시 예찬의 반대편에 놓인 이들에 대한 끈질긴 혐오도 함께 끌어들인다. 긍정의 물신화는 강력한 혐오의 대상이 없이는 완성될 수 없다.

　　의무 대신 권리만 주장하고, 나의 자리를 위협하는 '여성', 실패를 떠올리게 만드는 '장애인'과 '동남아 노동자', 정상적이라고 간주되는 성정체성의 범주를 뒤흔드는 '동성애자', 내가 열심히 살아가고 있는 이 질서를 변혁하려 하는 '좌파'와 '파업 노동자'들, 보수정권을 반대하고 비판하는 '전라도 사람들', 이들은 다양해 보이지만 궁극적으로는 하나의 이유로 혐오의 대상이 된다. 내게 '편한' 기존 질서를 위협하거나 그 질서에서 배제된 자들이라는 이유. 신자유주의적인 질서에서 무조건 살아남아야 하는 '나'에게 이들은 불편함을, 위협감을, 불안감을, 피곤함을 느끼게 만든다.
'나'는 이러한 기분을 느끼지 않고 '편하게' 생존 경쟁에만
힘쓰며 살고 싶은 것이다.

　　'혐오'가 그토록 널리 퍼져 있는 것, 이를 뿌리 뽑기가
불가능한 것, 혐오의 대상의 죄 없음을 증명하거나 혐오의
주체들을 도덕적으로 공격한다고 해서 혐오가 사라지지 않는
것은 이 때문이다. 우리 시대의 지배질서인 신자유주의는 긍정과
혐오를 함께 필요로 하고, 이 사회에서 생존하는 게 유일한 목표인
'우리'들을 긍정과 혐오의 이중구속 속에서 살아가게 만든다.
우리 모두는 여기에서 자유로울 수 없으며, 어쩌면 영원히 자유로울
수 없다. 여성에 대한 혐오에서부터 무슬림에 대한 혐오에 이르는
혐오의 물결이 희망과 욕망과 소통과 힐링을 긍정하는 한국과
전 세계에 '글로벌'하게 퍼져 있고, 이 긍정과 혐오의 세계화로부터
다시 세계의 끝에 대한 상상이 무르익어가고 있다. 당분간 긍정과
혐오와 파국이라는 감각의 트라이앵글은 우리 시대를 설명하기
위해 반드시 거쳐야 하는 통로가 될 것이다.

―――――
2016. 1. 15

미국에서도 '혐오'가 사회적 의제로 떠오르고 있다. 미국 노동자들에게 일자리를 우선적으로 제공하고, 이들의 임금을 높이기 위해 새로운 이민 통제 정책을 수립하며, 이민자들로 인한 테러의 위협에서 미국인들을 보호한다는 트럼프 정부의 정책은 이민자를 미국인들의 일자리와 삶의 질, 안전을 위협하는 존재로 인식하고 있다.

트럼프 당선 직후인 2016년 11월 9일부터 사흘간 미 전역에서 201건의 혐오 범죄가 발생했다. 혐오 범죄는 흑인, 이민자, 무슬림을 향한 순서로 높은 수치를 보였다. 미국 내 인종혐오 범죄 역시 해마다 증가하고 있다. 연방수사국(FBI) 통계를 보면, 2015년 미국에서 발생한 혐오 범죄는 5,800건으로, 절반이 넘는 56퍼센트가 인종 관련 혐오 범죄로 나타났다. 무슬림을 향한 혐오 범죄는 257건으로, 2014년에 비해 66퍼센트 폭증했다.

모든 것의
젠트리피케이션

한남동의 카페 '테이크아웃드로잉'에 두 번 가보았다. 이 카페는
단지 커피만 파는 게 아니라 1층과 2층 공간이 하나의 미술관이며
공연장이다. 나는 2층에서 독서 토크 행사를 진행한 적이 있고,
놀라운 퓨전 국악밴드의 공연을 관람하기도 했다. 이곳에서는 늘
어떤 전시, 포럼, 모임 등이 열리고 있다. 이러한 전시와 모임은
'돈'이나 '권력'과는 하등 상관이 없다. 독립적이고 적극적인 예술을
표방하며 '동네 미술관'이 되기를 원하는 테이크아웃드로잉은
의식적으로 이런 행사들을 마련하는 것이다. 비싼 한남동 땅에서
이런 일이 일어난다는 것 자체가, 시공간이 모두 자본의 회전율을
높이는 데 이용되는 자본주의의 법칙을 거스르는 일이다.

   이 테이크아웃드로잉의 정신이 또다른 아티스트에 의해
위협받았다. 건물을 사들인 가수 싸이가 이들을 내보내고

그 자리에서 다른 일을 하려고 했기 때문이다. 장기 프로젝트를 기획하고 들어왔던 테이크아웃드로잉을 내보내고 독립예술가의 공간을 대형 프랜차이즈 상업으로 대체시키면 싸이는 그저 앉아서 매달 수천만 원을 더 벌 수 있다. 싸이의 본모습은 아티스트로서 쓴 가사가 아닌, 건물주로서 행하는 강제집행에서 명확히 드러난다. '놀기 좋아'하는 '쿨'한 가수가 아니라 시세차익과 임대료 수익을 극대화시키려는 건물주가 바로 그것이다.

가난한 예술가나 소상공인들이 독특한 '문화'를 만들어 어떤 공간에 사람이 몰리자 이익을 극대화하려는 건물주는 재건축을 하거나 임대료를 끝없이 높인다. 이 과정에서 원래 문화를 만들었던 이들은 쫓겨나고 대규모 자본의 상업시설이 들어온다. 어지럽고 가끔 지저분하지만 자유로운 활기가 넘쳤던 공간은 돈으로 처바른 거대하고 깨끗한 공간으로 변한다. 이를 '젠트리피케이션'이라 부른다. '취향을 세련되게 한다'는 뜻의 부드러운 이 말은 사실 '인간의 공간'이 '자본의 공간'으로 변하는 폭력을 제거해버린 말이다. 뉴욕의 가난한 예술가들이 임대료를 올려 이익을 취하려는 건물주에게 노래와 사랑과 투쟁으로 맞서는 일을 그린 뮤지컬 〈렌트〉가 다루는 주제가 바로 이것이다. 뮤지컬 속 가난한 예술가들이 1년을 재는 기준이 몇 잔의 커피라면〈Seasons of Love〉, 건물주에게 그 기준은 1년 치 임대료 총액일 것이다. 〈렌트〉는 싸이에게 맞서는 테이크아웃드로잉의 투쟁으로 여기 한국에서 다시 반복되고 있다.

인간의 공간이 자본의 공간으로 바뀌는 젠트리피케이션은

사실 한국 사회 전체를 관통하는 중이다. 구불구불하고 복잡하고 시끄럽던 공간은 깔끔하고 쾌적한 공간으로 바뀌어간다. 그렇게 최신식으로 변해가는 자본의 공간에서 우리의 정신은 인간이 아니라 상품에 대한 스마트한 관계 맺기로 새롭게 구성된다. 자본이 구획해놓은 동선을 따르며 상품 스펙터클의 대상이 되고, 자본이 마케팅하는 '이벤트'의 관객이 되며, 상품 관계 바깥을 상상하지 못하는 인간으로 서서히 만들어진다. 오늘날의 대학이 대표적이다. 캠퍼스가 깔끔해지고 고층화되는 현상과 인문-사회-예술이 대학에서 주변화되는 현상은 동일한 것의 양면이다. 자본이 대학을 지배할 때 인간의 학문은 쫓겨나고, 고급 아파트가 서민의 골목을 집어삼킬 때 우리 삶의 어떤 모습도 함께 사라진다. 모든 것의 젠트리피케이션이다. 이를 표상하는 건물주 싸이가 뭔가 비주류적이고 쿨하고 위반하는 것 같은 노래들로 인기를 얻는다는 것이야말로 우리 시대의 지독한 아이러니가 아닐 수 없다.

2016. 2. 5

테이크아웃드로잉은 예술가들의 생각의 초안(드로잉)을 수집하고
소개하자는 취지로 2006년 서울 삼성동 비영리법인 '접는 미술관'
사무실, 2007년 서울 성북동 1호점, 2008년 대학로 아르코미술관
2호점을 거쳐 2010년 4월 한남동에 자리 잡았다. '임차인이 원하는
경우 해마다 계약을 연장한다'고 약속한 일본인 건물주는 6개월 후
30억 원이었던 건물이 68억 원으로 오르자 주류 수입 회사에 건물을
팔았다. 새 주인은 건물을 새로 짓겠다는 이유로 세입자들에게
명도소송을 제기했다. 2011년 12월 법원은 2013년 12월 말까지
건물을 비울 것을 명했다. 그러나 건물주는 두 달 뒤 78억 원에
건물을 팔았다. 새 주인은 아내와 공동명의로 건물을 매입한 가수
싸이였다. 싸이는 테이크아웃드로잉 자리에 대기업 계열 프랜차이즈
커피숍을 입점시키려 했다. 프랜차이즈 커피숍이 제안한 월세는
여섯 층을 쓰는 경우 약 5천만 원, 두 층을 쓰는 경우 약 2천만
원이었다고 한다. 드로잉이 내는 월세는 약 700만 원이었다.
테이크아웃드로잉과 싸이는 명도집행과 집행정지를 반복했고,
이를 계기로 우리 사회에 예술가들이 공간을 활성화해놓으면 대기업
계열의 프랜차이즈가 비싼 월세를 미끼로 공간을 잠식해버리는
'젠트리피케이션'이 주요 의제로 대두되었다.

인간의 공간이 자본의 공간으로
바뀌는 젠트리피케이션이
한국 사회를 관통하고 있다.
최신식으로 변해가는 자본의 공간
속에서 우리의 정신은 인간이 아니라
상품에 대한 스마트한 관계 맺기로
새롭게 구성된다.

●

자본이 구획해놓은 동선을 따르며
상품 스펙터클의 대상이 되고,
자본이 마케팅하는 '이벤트'의 관객이
되며, 상품 관계 바깥을 상상하지
못하는 인간으로 만들어진다.

●

2016

오늘날의 대학이 대표적이다.
캠퍼스가 깔끔해지고 고층화되는
현상과 인문-사회-예술이 대학에서
주변화되는 현상은 동일한 것의
양면이다.

●

자본이 대학을 지배할 때 인간의
학문은 쫓겨나고, 고급 아파트가
서민의 골목을 집어삼킬 때 우리 삶의
어떤 모습들도 함께 사라진다.
모든 것의 젠트리피케이션이다.

●

픽 미 업

〈프로듀스 101〉이라는 케이블 프로그램이 있다. 한국의 다양한
엔터테인먼트 기획사에 소속된 연습생 101명이 기획사 이름을
달고 출연해 최종 11명으로 구성되는 '국가대표 걸그룹'의 멤버가
되기 위해 피나는 연습을 하고, 매주 국민투표로 탈락자를 가려
최종 멤버를 결정하는 포맷이다. 어찌 보면 또 하나의 오디션
서바이벌 프로그램의 탄생이지만, 이 프로그램은 뭔가 다르다.

　　가장 다른 점은 출연자들이 '연습생' 신분이라는 점이다.
몇 달 전에 연습생이 된 사람부터 10년 동안 연습생 생활을
한 사람까지 포진해 있고, 이 연습생 101명의 연습 기간을 모두
합치면 270년이 넘는다. 다른 오디션 프로그램들의 출연 대상이
'국민 전체'임에 비춰볼 때, '연습생'만을 대상으로 했다는 점은
이들의 재능과 기량이 기본은 된다는 점을 전제하게 한다.

실제로 이들은 모이자마자 〈픽 미 업〉이라는 노래를 완성하고 뮤직비디오를 찍었다. 이 프로그램의 '합리성'은 연습 기간의 길이와는 상관없이 오직 '재능'에 따라서만 '선택(픽업)' 된다는 데 있다.

또다른 점은 출연자들이 모두 '어린 여자'라는 것이다. '국가대표 걸그룹'을 뽑기 위한 프로그램이니 당연하다. 대부분 10대 후반에서 20대 초반이라, 스물다섯 살의 출연자는 '늙어' 보일 정도다. 101명의 어린 소녀들이 모여 똑같은 옷을 입고 춤추고 노래하는 장면을 지켜보는 것은 상쾌함과 발랄함을 넘어 기괴한 느낌까지 준다. 이들에 대한 요구는 대한민국이 무대를 갈구하는 '어린 소녀'들에게 요구하는 것들이다. 예쁘고, 재능 있고, 섹시하고, 게다가 착해야 한다! 그것은 나아가 취업준비생 여성들에게 회사가 절대적으로 요구하는 것이며, 이는 궁극적으로 한국 남성의 요구이기도 하다.

'어린 소녀'들이 백 명씩 나와, 재능에 의해 철저하게 등급을 부여받으며 연습하고, 섹시한 끼를 발산하고, 이들의 모습을 보며 '국민 프로듀서'라 호명되는 시청자가 투표하여 생사를 결정하는 이 프로그램의 포맷은 남성/강자의 시선을 내면화한 한국 '사회'에서 여성/약자들이 생존하는 방식의 알레고리다. 약자들은 강자를 향해 미소 지어야 하고, 끼를 부려야 하고, 재능이 있음을 보여야 하고, 살아남을 의지가 있음을 증명해야 한다. 여기서 로마의 콜로세움에서 관객의 반응에 살고 죽는 검투사의 모습이 떠오르는 것이 그다지 과도해 보이지는 않는다.

우리에게 익숙한 이 잔인한 생존 게임의 피비린내를 덮는 향수는 '꿈'과 '열정'이라는, '헬조선'에서 더없이 천박해지고 너덜너덜해진 단어다. '꿈 때문에 힘들다'고 울먹이던 소녀들은 "우리는 꿈을 꾸는 소녀들, 너와 나 꿈을 나눌 이 순간"이라고 노래한다. 그런데 이 꿈은 나 혼자 잘 한다고 되는 게 아니라 국민의 '선택(픽 미, 픽 미, 픽 미 업!)'에 의해서만 가능하다. 2002년에 한국인이 '꿈은 이루어진다!'고 소리쳤다면 2016년에 한국인은 '꿈은 생존을 위한 무기다!'라고 소리 지른다. 문제는 꿈을 향해 잔인함을 감내하는 어린 소녀들의 모습이 결국 우리의 모습이라는 데 있다. 소녀들의 모습을 즐기며 이들의 운명을 결정하는 '국민 프로듀서'는 다음날 아침이면 다시 콜로세움에 나가 다른 '갑'들의 선택을 받기 위해 내 모든 에너지를 불살라야 한다. 그 피곤함이 밤에 다시 이 소녀들의 미소를 찾게 만드는 동기일 것이다. 그런 의미에서 〈프로듀스 101〉은 걸그룹을 뽑는 프로그램이 아니라 생사의 갈림길이 일상인 한국인의 삶의 방식에 대한 개론서에 더 가까워 보인다.

2016. 2. 26

〈PRODUCE 101〉은 2016년 엠넷에서 방영된 아이돌 서바이벌 프로그램이다. 대형 기획사, 중소 기획사, 개인 연습생 등에 소속된 연습생 101명(4명 자진 하차 포함)이 모여서 대한민국 대표 걸그룹 기획 프로젝트에 참여하는 것이다. 연습생 101명을 대상으로 A-F 등급 구별제와 매주 방송을 통해서 국민 프로듀서 온라인 투표제를 실시하여 순위를 매겨 최종 11명을 데뷔시켰다. 우승자 전소미를 비롯해 김세정, 최유정, 김청하, 김소혜, 주결경, 정채연, 김도연, 강미나, 임나영, 유연정이 최종 선정되어 'I.O.I(아이오아이)'라는 이름으로 〈픽 미〉〈드림 걸스〉〈너무 너무 너무〉 등으로 활동했다. 'I.O.I'는 Ideal Of Idol의 약자로 가장 이상적인 아이돌이라는 뜻이다. 프로듀스 101의 101명의 연습생을 의미하는 숫자 101도 포함한다. 엠넷은 2017년 3월, '힙통령' 장문복 등 남자 연습생 101명을 등장시킨 〈프로듀스 101 시즌 2〉를 방영하고 있다. 시즌 1과 같이 교복을 입고 무대에 선 이들이 부른 노래는 〈나야 나〉다.

성큼 다가오는 지옥

나는 대학 영문과에서 학부생들에게 근대 영미소설을,
서사창작과에서 소설과 희곡 작가를 꿈꾸는 대학원생들에게
문화비평이론을 가르친다. 강의실에서 학생들과 만날 때마다
너무나 행복하다. 하지만 그들의 눈에 담긴 불안을 마주칠 때면
그토록 두렵고 안타까울 수 없다.

　　취업준비생에게는 최고의 학점, 최고의 영어 점수,
교내와 교외에서의 다양한 활동, 외국 생활 경험, 인적성시험이
필수다. 여학생들의 경우엔 외모까지도 평가 대상이 된다.
애인이 있어서 결혼할 예정인 여성은 채용하지 않는다거나,
결혼하면 제 발로 나가야 하는 회사도 있다는 경악스러운 말까지
들었다. 작가가 되려는 학생들은 소설, 연극, 비평 등 전통적인
예술 창작 활동 전반이 새로운 미디어와 환경에 밀려 축소되고

사라질 가능성에 대한 불안에 사로잡혀 있다. 실험적이고 전위적인 예술이 엔터테인먼트에 밀려 급격히 고사되고, 인문학이 실용학문과 스펙 경쟁에서 밀려 취업 과정에서 찬밥 신세가 되는 현상은 확실한 경향으로 자리 잡았다. 이세돌을 격파한 '알파고'가 인문학 분야로도 확장될 거라는 전망도, 기존의 휴머니즘을 비판하며 넘어서려는 포스트휴머니즘이 이론의 최전선에 위치하는 현상도 이러한 경향성을 보증해준다.

소득 상위 10퍼센트가 전체 소득의 45퍼센트를 점함으로써 상류층 소득집중도가 아시아 최고이고, 소득 수준에 따른 기대수명이 10년 넘게 차이 나며, 특목고·자사고·강남권 일반고의 서울대 합격률이 50퍼센트(군 단위 출신 2.5퍼센트)에다, 청년실업률이 12.5퍼센트로 1999년 이후 역대 최고라는 이 '헬조선'에서 청년으로 산다는 것은 아마도 생존의 무리 속에 들기 위해 자신의 삶까지도 걸어야 하는 엄청난 인생 도박일 것이다. 그런 의미에서 〈위키드〉(어린이)에서 〈프로듀스 101〉(소녀)을 거쳐 〈슈퍼스타 K〉(국민)에 이르는 서바이벌 엔터테인먼트와 그 변형체들은 한국인들이 겪어내야 하는 사회적 운명의 알레고리다. 특목고와 자사고 입학하기, 서울 상위권 대학 입학하기, 대기업 정규직 취업하기, 육아휴직 이후에도 버티기, 퇴직에서 밀려나지 않기 등은 이미 청년들의 삶에 프로그래밍된 한국인의 운명이다.

이런 서바이벌 체제에서 끝까지 버티고 살아남기 위해 애쓰는 게 청년의 운명이라면, 그 운명에서 살아남은 대가는 세계에서 58번째로 행복한 나라의 국민이 되는 것이다. 살아남아

승리한 청년들은 설현(AOA)처럼 자기 몸과 재능이 상품처럼
거래되고 광고되는 것을 받아들여야 하고, 살아남지 못해
실패한 청년들은 노동 착취와 성폭력과 미래가 없는 절망 속에서
살아가는 삶을 받아들여야 한다. 유럽 사람들처럼 여유롭고
멋지게 사는 꿈을 실현하는 이들은 금수저를 물고 태어나
여유롭게 외국 생활을 하면서 취향과 교양까지 획득한 후
서울의 '핫 플레이스'에서 유럽식 카페와 식당을 운영하는
부자 3세들뿐인 것처럼 보인다. 물론 그러기 위해서
테이크아웃드로잉 같은 기존 가게를 내쫓는 폭력은 필수다.
　　　한국 사회를 '딥러닝'으로 배운 청년들은 이 서바이벌
체제에 적응해서 성공하는 게 유일한 답이라고 여길지 모른다.
하지만 적응하고 성공하려는 노력 자체가 사실은 자신의
패배뿐 아니라 이 야만적 체제를 유지하는 일이기도 하다.
이런 삶에서 벗어나기 위해 체제 바깥을 상상하고, 공부하고,
적극적으로 저항하고 행동하는 일이 없다면 미래는 모두에게
진정한 '헬'이 될 것이다. 나는 인문학이 그런 저항의 베이스캠프가
되길 원하지만, 인문학마저도 비즈니스로 전락한 오늘날엔
그마저도 요원해 보인다. 딱 그만큼 지옥은 우리 앞으로
성큼 다가오는 것 같다.

———

2016. 3. 18

'20대 우울증'이 사회 문제로 떠오르고 있다. 극심한 취업난과 생활고, 불투명한 미래로 인한 심리적 스트레스가 젊은층의 정신 건강을 해치고 있는 것이다. 지금의 젊은층은 유년 시절 부모님이 외환위기를 겪은 걸 보고 자란 세대라 실직이나 불경기에 대한 트라우마가 크다는 게 전문가들의 의견이다. 대학에 입학하자마자 취직을 걱정해야 하는 심리적 압박과 좌절감, 경쟁적인 사회 분위기에서 '더 잘해야 한다'는 강박관념, 인간관계 단절 등도 20대 우울증의 원인으로 꼽힌다. 자신의 가치를 상실했다고 여기는 20대들이 자신의 가치를 찾을 수 있도록 사회 제도의 보완과 기성세대의 인식의 전환이 시급하다.

'하이-라이즈'와 샴쌍둥이

벤 휘틀리 감독의 영화 〈하이-라이즈〉는 1975년에 발표된
제임스 그레이엄J. G. 밸러드의 동명소설을 원작으로 만들어졌다.
제목 '하이-라이즈high-rise'는 초고층 빌딩을 뜻한다. 최첨단
테크놀로지가 집약된 건축물인 영화 속 고층 아파트는 수영장,
마트, 학교 등을 갖춘 고급 아파트다. 주인공인 닥터 랭은
25층으로 이사 와서 설레는 마음으로 새로운 삶을 시작하고,
이웃들은 파티를 연다. 자족적인 이 완벽한 아파트는 하나의
'유토피아'처럼 보인다. 하지만 정전, 소음, 아이들, 엘리베이터
고장 등 사소한 문제들이 주민들 사이에 균열을 일으킨다.
이 균열은 층수에 따른 계급화로 나타나는데, 저층-중층-고층은
각각 서민-중산층-부유층을 표상한다. 부유층은 서민들을
천박하게 여기고, 서민들은 부유층에 대한 분노를 키운다.

중간에 있는 닥터 랭은 둘 사이를 오간다. 균열은 터지고, 최첨단 고급 아파트는 전쟁터가 되었다가, 나중에는 원초적인 밀림처럼 변한다.

원작 소설의 주된 테마는 인간의 폭력적 본성이다. 밸러드는 외부와는 동떨어진 평온하지만 황량한 중산층 타운을 배경으로 삼아 그곳에서 벌어지는 살인과 섹스와 폭력을 다양하게 그린다. 중산층의 내부 붕괴를 그리는 작품은 흔하지만, 밸러드의 독창성은 폭력이 역으로 평온을 가능케하는 필수 요소임을 드러내는 데 있다. 폭력은 인간의 본성이며, 그 본성은 풍요로운 부와 최첨단의 기술을 가진 서구 세계마저도 영원히 제거할 수 없다. 결국 인간의 문명이란 아슬아슬하게 유지되는 취약한 것에 불과하다.

40년 만에 영화화된 〈하이-라이즈〉는 소설보다 더 화려하지만 덜 명료하다. 소설에서 보이는 계급 간의 갈등과 하층민의 상승 욕망이 영화에서는 명확하게 설명되지 않는다. 그럼에도 영화는 유토피아의 건설이 어떻게 광기의 디스토피아로 귀결되는지를 강렬한 이미지로 그려낸다. 하층민과 부자가 평화롭게 '함께' 사는 세상은 오지 않으며, 중산층(닥터 랭)은 그 속에서 가장 잘 적응해서 살아남는 기회주의자들이다. 영화는 죽음을 부르는 남성적 폭력과 삶을 꾸리는 여성적 돌봄을 대비시키면서, 계급 갈등이 남성의 도태와 여성의 번성으로 전환되는 상황을 상상한다. 마지막 장면에서 감독은 만화경으로 '미래'를 보는 어린 토비가 듣는 라디오를 통해 '자본주의 외에

다른 경제 체제는 없음'을 설파하는 마거릿 대처의 목소리를
배치함으로써, 이 영화 전체가 신자유주의적 유토피아 기획의
예견된 실패에 대한 알레고리였음을 드러낸다.

〈하이-라이즈〉는 여러모로 한국 사회를 환기시킨다.
부자-빈자, 남자-여자, 서울-지방, 우파-좌파, 정규직-비정규직,
기성세대-청년세대 등 한국 사회의 '격차'와 그 속에서 발생하는
착취와 갈등은 날로 깊어가지만, 드라마와 예능에서부터
국회의원 총선에 이르기까지 한국에서는 희망, 경쟁, 화합, 미래,
발전과 같은 '착한' 말만 무성하다. 전자가 현실이라면 후자는
환상이다. 이 착한 말들은 일상에서 겪는 노골적인 폭력의
만연을 잠시 가릴 수는 있지만, 현실의 폭력을 결코 사라지게
하지 못한다. 밸러드의 통찰에 기대자면, 착한 말들은 노골적인
폭력으로 인해 비로소 존재할 수 있는 것이다. 다시 말해
그 둘은 한 몸통을 가진 샴쌍둥이다. 착한 말로 가득한 총선
포스터와 무릎 꿇고 읍소하는 후보들에게서 내가 보는 것은
다시 4년 연장될 끔찍한 폭력의 세상이다.

2016. 4. 8

톰 히들스턴, 제레미 아이언스, 시에나 밀러 주연의 영화 〈하이-라이즈〉는 1975년 런던, 첨단 고층 아파트 '하이라이즈'에 입주한 한 남자가 건물의 치명적인 결함과 함께 서서히 드러나는 하이 라이프의 실체를 목격하며 벌어지는 신세계 스릴러다. 올더스 헉슬리 『멋진 신세계』, 조지 오웰 『1984』와 비견되는 미래 소설 『하이라이즈』를 원작으로 했다. 음모와 욕망, 그리고 이 기이한 세계가 파국으로 치닫는 과정을 현실적이고 흡입력 있게 묘사해 호평을 받았다.

자소서는
어떻게
'자소설'이
되는가

오늘도 취업준비생들은 '자소서'를 쓴다. 자소서는 '자기소개서'의
줄임말로, 기업에 원서를 낼 때 거의 예외 없이 제출하는 서류다.
명칭 그대로 자소서는 자기가 살아온 경험을 소개하면서 자신이
이 회사에 채용되어야 하는 이유를 기술하는 글이다. 하지만
자소서에 쓰는 모든 소개는 그 자체로는 의미가 없다. 궁극적으로
채용 담당자를 설득하지 않으면 무용지물이기 때문이다.

청년들이 자소서를 '자소설'이라고 부르는 이유도 여기에
있다. 자소서를 쓰는 이는 모든 항목에서 자신의 경험과 생각을
최대한 과장해야 한다. '가장 어려웠던 일을 극복하기 위해
어떤 일을 했는지', '조직의 목표를 달성하기 위해 노력하고
희생함으로써 협력을 이끌어낸 경험'을 쓸 때, 지원자는
최근 4~5년의 대학생활 동안 경험했던 일들을 복기해서 아무리

작은 경험이라도 그 속에서 '어려움' '극복' '목표 달성' '희생' '협력'이라는 키워드를 끌어내야 한다. 당연히 경험은 과장될 수밖에 없다. 그래서 그것은 '소설'처럼 '있을 법한 허구'가 된다. 모두가 소설을 쓴다면, 그중 가장 극적이고 재밌는 소설을 쓴 이가 서류 전형을 통과할 공산이 크다. 자소서 쓰기는 우리 시대의 청년문학이자, 기업이 주관하는 신춘문예다.

자소서가 '자소설'이 되는 또 하나의 이유는 그것이 '자기소개'의 독자성과 창의성을 결여하고, 기업이 제시하는 항목에 자기를 맞추는 글이기 때문이다. 회사를 초월해 자소서 항목에서 반복적으로 등장하는 단어들은 뭘까. '열정, 극복, 도전, 끈기, 성과, 창의, 문제 해결, 비전, 노력, 희생, 진지함, 헌신, 감동' 등이다. 이 단어들은 기업이 찾는 인재가 거의 '슈퍼히어로'에 가까움을 보여준다. 평범한 대학생들의 삶과는 어울리지 않는 거창한 단어들이다. 하지만 취준생들은 자기 삶의 경험들을 이러한 단어들에 맞춰서 재배치해야만 한다. 이제 경험을 통해 가치를 추출하는 게 아니라, 자소서에서 요구하는 가치를 충족하기 위해 선제적으로 경험을 조직하는 게 최선이다. 대학생활에서 자소서가 만들어지는 게 아니라, 자소서를 위해 대학생활이 만들어지는 것이다.

자소서의 기능은 그래서 단순히 기업에 '자기소개'를 하는 게 아니다. 자소서는 '자기'를 만들어내는 것, 기업의 인재상에 맞추어 '자기'를 생산하는 기능을 한다. 그것은 짧게는 1~2년, 길게는 9~10년의 자기 인생을 기업이 요구하는 가치에 따라 조직하는 일이다. 청년실업률이 역대급으로 높은 오늘날, 자소서는 청년들이 '자기'의 삶을 설계하고 운영하고 관리하는 지침서다. 이것은 기업이 운영하는 '고해성사'다. 그런 의미에서 자소서는 개인을 권력의 입맛에 맞춰 하나의 '주체'로 만드는 체계, 곧 푸코가 '장치 dispositif'라고 불렀던 것의 대표적인 한국적 사례가 된다.

'학생부'가 중고등학생의 삶을 주조한다면, 자소서는 대학생의 삶을 주조하는 '주체화 장치'다. 자본은 상품을 생산하는 데서 그치는 게 아니라 청년의 삶을 생산하는 데로 나아간다. 이렇게 생산되는 '자기'란 '스스로를 인적자본으로 바라보고 투자 대비 이윤을 최대화하기 위해 자기를 관리하고 경영하는 인간', 곧 신자유주의적 인간형인 호모 에코노미쿠스이다. 그의 삶은 완벽한 자유로 이루어진 것처럼 보이지만, 사실 그는 자본에 구속된 인간으로 스스로를 관리한다. 오늘날 정치는 국회나 청와대에 있다기보다 기업의 자소서가 만들어내는 청년들의 삶 속에 있다. '삶 정치'란 이런 것이다. 한국의 현재와 미래가 청년에게 있다? 아니다. 그것은 청년의 삶을 생산해내는 자본에게 있다.

2016. 4. 29

자기소개서는 입시, 취업, 알바를 시작하기 위해 이력서와 함께 제출하는 필수 문서다. '자소서' '자개서'로 불린다. 내가 살아온 생애와 문제의식, 가치관, 삶의 태도 등을 강조하여 회사 또는 대학이 요구하는 인재상을 얼마나 충족시킬 수 있는가를 보여주는 무기로 인식되고 있다. 취업은 물론 상위권 대학 입시, 특목고, 자사고, 특성화고 등 고입에서부터 자소서가 보편화되었다. 애매하고 추상적인 표현은 자제하라, 적은 경험이라도 풍부한 의미를 끄집어내서 해당 직군과의 연결성을 강조하라 등 자소서 스토리텔링 능력이 또다른 스펙으로 여겨질 정도다.

'묻지마 살인'이 아니다

서울 강남역 화장실 여성 살인 사건은 한 포털 사이트에서
'강남역 묻지마'라는 이름으로 불렸다. 일면식도 없는 사람에
대한 살인을 '묻지마 살인'으로 칭하는 일은 마치 그 살인에
이유가 없다는 식의 환상을 불러일으킨다. 과연 '이유' 없는
살인이 있을까?

실제로 강남역 살인사건의 용의자는 '여성들이 그동안
자신을 모욕'했기에 살인을 감행했다고 말했다. 이 살인이
'묻지마 살인'이 아님을 보여준다. '묻지마 살인'이었다면 살인자는
그 누가 화장실에 들어왔더라도 살인을 저질렀을 것이다.
화장실에 숨어 1시간 반을 기다리다 남자들을 보내고 여자만을
노렸다면 이것은 '묻지마 살인'이 아니라 '여성혐오에 따른
계획적 살인'인 것이다.

2016

여성들이 추모의 글을 올리면서 이 살인 사건을 '여성혐오 살인'으로 규정하자 남성들은 발끈하고 있다. 정신병자의 행위를 여성혐오 범죄로 둔갑시켜서 남성 전체를 잠재적 살인자로 만든다는 논리다. 이러한 논리는 여성혐오 감정이 널리 퍼져 있는 가부장제 사회인 한국에서 폭력의 위험을 일상적으로 당하면서 살아가야만 하는 여성의 취약함을 모른척한다. 강남역 살인사건 용의자의 말이 설사 변명을 위한 거짓이라고 해도, 그가 그저 언제 터질지 모르는 정신병자에 지나지 않았다 해도, 이 사건 앞에서 한국 여성이 보이는 동일시는 사라지지 않는다. 그 시각, 그 장소에 자신이 들어갔다면 단지 자신이 여자라는 이유로 살해당했을 것이기 때문이다.

내가 강의실에서 만났던 20~30대 여학생들은 거의 모두가 크든 작든 여성이라는 이유로 폭력을 경험한 바 있다. 버스나 지하철에서의 추행에서부터 골목길의 강간미수에 이르기까지, 취객이 무턱대고 휘두르는 주먹질에서부터 헤어진 애인의 복수에 이르기까지 그 종류는 많고도 많다. 오늘 하루 무사했다면 그것은 '운'이 좋았던 것일 뿐이다. 에스컬레이터에서 치마 속 몰카를 찍고, 이별을 통보했다고 납치하며, 인사불성인 여성에 대한 성폭력을 온라인에서 모의하는 남성들에 대한 뉴스는 과연 '강남역 살인사건'과 무관한 것일까? 여성들에게는 이 모든 것이 강도만 다를 뿐 동일한 사건의 변주가 아닐까?

'여성혐오'의 역사는 인류의 역사와 함께해왔다. 혐오를 '당하는' 사람은 언제나 약자다. 유대인혐오, 동성애자혐오,

전라도혐오, 장애인혐오는 있어도 그 반대는 없다. 그것은 혐오가 아니라 혐오에 대한 '반발'이다. 강자인 남성에 의한 여성혐오는 성추행부터 살인까지, 취업차별에서부터 유리천장에 이르기까지 다양한 양상의 폭력을 부르지만, 그에 대한 여성의 반발은 오직 '말'의 영역에만 있으며 그 어떤 실제적 결과도 낳지 못한다. 남성 지배 사회에서는 '남성혐오'라는 말 자체가 성립하지 않는다.

여성혐오는 그래서 '약자' 일반에 대한 혐오의 다른 버전이다. 먹고사는 모든 일이 생존 전쟁이 되어버리는 시대일수록 강자와 약자 간의 차별과 혐오와 폭력은 더 강해진다. 전쟁터에서 그렇듯이 말이다. 오늘날의 전쟁터에서 강자와 약자의 구분은 유동적이다. 거주지 없이 알바를 하며 살았다는 이번 살인 사건의 용의자도 사회적으로는 약자였다. 그런 약자도 단 한 가지 점에서만은 '강자'였다. 그는 '남자'였던 것이다. 생물학적 성별이 일상적 차별과 폭력에서부터 죽음에까지 '쉽게' 연결되는 성차별 사회. 오늘 한국 여성들의 분노는 이 점에 대한 인식에서 나온다.

───────

2016. 5. 20

2016

2016년 5월 17일, 30대 남성이 20대 여성을 살해한 서울 강남역 화장실 살해 사건 이후 '여성혐오'에 대한 관심이 높아졌다. 사건 이후, 강남역에는 임시분향소가 설치됐고, 추모객들이 바친 국화꽃이 쌓였다. 강남역 외벽에는 피해자의 죽음을 추모하고 여성 차별 사회를 고발하는 수백 장의 쪽지가 나붙었다.

여성혐오(misogyny)란 '여성 멸시'를 뜻한다. 일본의 페미니스트인 우에노 지즈코 도쿄대 명예교수는 『여성혐오를 혐오한다』라는 책에서 "여성혐오는 여성을 남성과 동등한 주체로 인정하지 않는 것"이라며, "여성혐오는 남성에겐 '여성 멸시', 여성에겐 '자기혐오'로 나타난다"고 지적했다. 이러한 흐름에 맞춰 페미니즘 도서들이 출판계에서 판매 돌풍을 일으켰다. 페미니즘 도서 돌풍 현상의 배경에는 '일베'의 여성혐오 발화와 그 현상에 맞대응한 '여혐혐'(여성혐오를 혐오한다), 소셜네트워크서비스의 해시태그 페미니즘 운동(#나는페미니스트다) 등이 꼽힌다.

20~30대 여성들은 거의 모두가
크든 작든 여성이라는 이유로
폭력을 경험한다. '여성혐오'의
역사는 인류의 역사와 함께해왔다.

    •

혐오를 '당하는' 사람은 언제나
약자다. 유대인혐오, 동성애자혐오,
전라도혐오, 장애인혐오는 있어도
그 반대는 없다.

    •

강자인 남성에 의한 여성혐오는
성추행부터 살인까지,
취업차별에서부터 유리천장에
이르기까지 다양한 양상의 폭력을
부른다. 그에 대한 여성의 반발은
오직 '말'의 영역에만 있다.

·

남성지배사회에서는 '남성혐오'라는
말 자체가 성립하지 않는다.
생물학적 성별이 일상적 차별과
폭력에서부터 죽음에까지 '쉽게'
연결되는 성차별 사회.
오늘 한국 여성들의 분노는
이 점에 대한 인식에서 나온다.

·

광대의
인문학

스타 인문학 강사인 최진기 선생이 〈어쩌다 어른〉이라는
프로그램에서 '조선 미술사' 강의를 하던 중에 도판을 잘못 택한
일로 비판을 받고 사과문까지 올렸다. 언제든 일어날 수 있는
일이다. 자료나 설명의 오류가 밝혀지면 언제든 사과하고
제대로 고치면 된다.

　　　이번 일의 핵심은 자료 준비에서의 오류가 아니라 대중을
대상으로 한 인문학 강의가 가진 근원적 한계에서 찾아야
한다. '인문학 스타 강사'로 알려진 최진기 선생은 이미 유명한
'사회문화 과목 스타 학원 강사'였다. 사탐 과목에서 얻은
인기를 바탕으로 경제 강사가 되었고, 이제 인문학으로 분야를
확장해 인기를 얻었다. 학원 강사가 인문학 강사가 될 수도 있다.
문제는 그런 인문학 강의가 학원 강의의 틀을 벗어나기 힘들다는

데 있다. 학원 강의의 성패는 강의가 얼마나 이슈를 잘 요약하고, 핵심을 간파하고, 이를 알기 쉽게 정리해서, 궁극적으로 시험 성적을 올리느냐에 있다. 요약·핵심·정리를 하면 모든 것이 명쾌해진다. 시험을 앞둔 수강생들에게 이런 명쾌함을 준다는 것은 학원 강사의 실력이고 능력이다. 최진기 선생의 인문학 강의도 마찬가지의 명쾌함을 주었고, 이것이 그의 인기 비결일 것이다.

인문학이 학원 강의와 다른 점은 그것이 명쾌함과 단순함을 거부한다는 데 있다. 인문학이 명쾌하고 단순한 요약정리에 그친다면, 인문학 '부흥'은 최진기 선생 같은 스타 학원 강사들을 발굴해서 미디어에 노출시키는 일로 가능해질 것이다. 하지만 그렇지 않다. 문학이든 미술이든 음악이든 철학이든, 인문학 분야의 지식은 공부할수록 명쾌해지는 게 아니라 더 모호해지고 더 복잡해지기만 한다. 인문학이 탐구하는 대상인 '인간' 자체가 그런 존재이고, 그 인간들이 살아가는 사회가 그런 공간이기 때문이다. 장승업과 신윤복의 화풍 특징을 명쾌하게 정리하는 것은 흥미로운 일이다. 하지만 인문학적인 사고는 장승업과 신윤복 화풍 내부에 있는 불일치와 균열, 그들의 작품이 발생한 시대 상황, 나아가 장승업과 신윤복이라는 인물의 내면까지, 작품 안 대상으로까지 들어가려 한다. 그것은 명쾌하거나 단순하지 않으며, 삼성의 직무적성시험에 결코 나올 수 없는 문제다. 인문학이 '창조성'과 연결되는 지점은 이 명쾌하지 않음, 이 모호함, 이 복잡함과 관련된다.

"춤추는 별을 낳기 위해서 너는 네 안에 혼돈을 가지고

있어야만 한다"고 니체는 말한다. 니체의 『차라투스트라는 이렇게
말했다』에서 시장에 간 차라투스트라는 줄타기 묘기를 부리는
광대를 본다. 대중은 즐거워하지만 그가 줄에서 떨어지자마자
흥미를 잃고 자리를 뜬다. 차라투스트라는 죽어가는 줄타기 광대를
껴안으며 초인에 대한 사유를 전개한다. 철학은 줄타기에 모든
것을 거는 광대의 모습에서 '혼돈'을 발견한다. 니체에게 광대의
줄타기란 시장의 군중이 바라보듯 단순한 묘기, 엔터테인먼트가
아니라 자신의 현재를 초월하려는 의지의 현현이다.

　　광대의 줄타기는 명쾌해 보이지만 사실은 혼돈 그 자체이며,
이 혼돈을 사유하지 않고서는 그의 줄타기에서 어떤 것도 얻어낼
수 없다. 대중인문학은 이 혼돈을 제거한 채로 춤추는 별에만
집중하는 엔터테인먼트이다. 인문학은 혼돈 속에서 즐거움을
발견하는 사유 행위일 때만 의미가 있다. 바로 그럴 때만
그것은 '춤추는 별'을 낳을 수 있다. 신자유주의 시대의 모든
분야가 그렇듯, 인문학도 엔터테인먼트 비즈니스로 변했다.
엔터테인먼트가 된 인문학이 낳는 것은 명쾌하고 단순하다.
줄 타는 광대, 즐거운 대중, 증가하는 돈, 실패한 광대의 몰락,
그리고 새로운 광대의 등장.

2016. 6. 10

2016년 5월 19일 방송된 tvN 〈어쩌다 어른〉 34회에서 강사 최진기는 조선 미술을 강의하다가 우원 장승업의 그림을 소개하며 다른 화가의 그림을 장승업의 그림이라고 하는 등 오류를 저질러 시청자들의 비난을 받았다. 〈어쩌다 어른〉 측은 홈페이지를 통해 "잘못된 정보를 알려드려 혼란을 드려 죄송하다"며 "장승업의 〈군마도〉로 소개된 작품은 다른 작가의 작품으로, 강사 및 제작진 모두 사전 검증 과정에서 보다 정확하게 확인하지 못하여 잘못된 정보를 노출했다"고 밝혔다.

북극성